발로 찾아 쓴

조선족
근현대
교육사

발로 찾아 쓴
조선족
근현대
교육사

초판 1쇄 인쇄 2016년 2월 19일
초판 1쇄 발행 2016년 2월 26일

지은이 정미량
펴낸이 김승희
펴낸곳 도서출판 살림터

기획 정광일
편집 조현주
북디자인 꼬리별

인쇄·제본 (주)현문
종이 월드페이퍼(주)

주소 서울시 영등포구 양평로21가길 19 선유도 우림라이온스밸리 1차 B동 512호
전화 02-3141-6553
팩스 02-3141-6555
출판등록 2008년 3월 18일 제313-1990-12호
이메일 gwang80@hanmail.net
블로그 http://blog.naver.com/dkffk1020

ISBN 978-89-94445-76-2 93370

발로 찾아 쓴

조선족
근현대
교육사

정미량 지음

살림터

　이 글을 구상하게 된 것은 2007년이었다. 그때 필자는 조선족이 누구인지 잘 알지 못했다. 단지 한국연구재단(옛 한국학술진흥재단)의 지원으로 진행된 '일제강점기 재만 조선인 생활사 조사' 연구팀에 합류하면서, 처음으로 연길을 방문하여 그곳에 살고 있는 조선족들과 만나는 기회를 갖게 되었을 뿐이었다. 우리 연구팀은 일제강점기 만주지역에 거주하셨던 70~80대 조선족 어르신들을 만나 그들의 어머니와 아버지가 만주로 이주하게 된 이유와 과정, 그들 자신의 어린 시절과 젊은 시절의 경험과 생각, 앞으로의 소망 등을 오순도순 이야기 나눴다. 그때부터 필자는 한국의 근대사와 그로 인한 민족의 대이동, 그리고 한국이라는 지역적 경계를 넘어 이주한 사람들의 고단한 삶 등에 대해 조금씩 알아가기 시작했다. 그들의 기쁨과 슬픔, 그리고 삶의 척박함과 희망에 대해 공감할 수 있는 마음의 텃밭이 생겼다.

　그 후 필자는 함께 대화를 나누었던 그분들과의 인연을 이어가면서, 조선족 교육에 대해 소개하는 글을 써야겠다는 결심을 하였다. 대부분의 조선족은 목숨이 오가는 어려운 환경에서도 사람은 반드시 배워야 한다는 생각만은 놓지 않은 채 살아오셨다. 폭탄이 터지고 먹을 것을 찾아 헤매는 절박한 상황에서 잠시라도 안정된 시간과 공간이 주어지면 배우고자 했고 가르치려 했다. 힘겨운 인생의 터널을 지나오면서 기억과 생각이 어두워지고 찌그러지기도 했지만, 여전히 그들의 마음 한편에는 몇십 리 길을 바람과 추위에 맞서 강을 건너고 산을 넘어서 도착한 학교 교정에 대한 추억이 있었다. 조선어로 말하면 매를 맞거나 청소를 해야 하는 무서운 분위기에서도 따뜻하고 든든했던 친구들과의 우정, 선생님과의 사랑이 아련한 그리움으로 살아 있었다. 힘겨웠지만 훈훈했던 지난날의 학창 시절을 환한 한 줄기 빛으로 간직한 채 현재까지도 조선족이라는 자부심, 조선족은 조선의 얼과 글을 알아야 한다는 일념으로 생의 마지막 여력을 쏟고 계신 분도 있었다. 필자는 이분들의 모습을 보면서 궁금해졌다. 그들은 왜 오랜 세월이 흐른 지금까지도 자신의 뿌리는 조선인이라는 의식을 간직한 채 살고 있는 것일까? 죽을 만큼 척박한 환경 속에서도 왜 배움에 대한 열망만은 계속 타올랐을까? 도대체 민족은 무엇이며, 공부는 무엇이라고 생각해왔을까? 이러한 소박한 물음이 본 연구로 필자를 이끌었다. 익숙한 고향을 버리고 낯설기만 한 만주 땅 여기저기에 흩어져 살아온 그들의 진솔한 삶과 배움의 이야기보따리를 풀어 여러 사람들과 나누어보고자 결심하게 되었다. 마음을 가다듬어 바람을 크게 키워보자면, 본 연구는 다음과 같은 의의를 기대한다.

첫째, 학문적으로 본 연구는 20세기 전반기부터 현재까지의 중국 조선족 교육의 변화 과정을 세 곳의 조선족 소학교 사례 연구를 통해 밝혀보고자 한다. 이로써 본 연구는 통시적인 조선족 교육 연구의 기반을 마련할 수 있을 것이며, 중국 동북 지역 간 조선족 민족교육의 진행 과정을 비교할 수 있을 것이다. 특히 본 연구는 기존 교육사 연구 작업을 보완하기 위해 문헌 자료 이외에 구술 자료 수집을 시도하였다. 이는 구술을 통한 교육사 연구의 방법과 내용에서 새로운 논의를 불러일으킬 수 있을 것이다.

둘째, 본 연구는 사회적으로 중국 조선족 교육 발전을 위한 이해와 정책 방향 제시에 도움을 줄 수 있을 것이다. 최근 우리 사회에는 국가 세력의 확산이라는 국수적 필요에서 이루어지는 재외 한인 교육 지원책 논의가 넘쳐나고 있다. 이러한 필요에 기반을 두어 세계 각지에 한국어 교육 센터와 교육기관을 설립하거나 지원하는 프로그램에 대한 연구들이 많다. 그러나 정작 이러한 연구는 정책의 수혜자인 재외 한인의 요구와는 간극이 있다. 자신들이 거주하는 땅에서 사회적으로 성장해나가면서도 긍정적인 민족적·문화적 정체성을 확립할 수 있는 방안으로는 부족하다. 본 연구는 이러한 문제점을 극복하고자 현지 구술 조사를 진행하면서 조선족 어르신들의 생각을 직접 들어보고자 하였으며, 이를 통해 향후 조선족 교육 발전을 위한 제언을 도출하고자 노력하였다. 조선족의 삶과 의식에 본질적인 영향과 도움을 줄 수 있는 조선족 교육 지원 방향 수립에 기여하고자 하는 것이다.

셋째, 본 연구는 교육적으로 중국 조선족 교육사 연구의 후속 세대 양성에 도움을 줄 것이다. 본 연구는 수행 과정에서 대학원 학생 중 구술사와 교육사에 관심이 있거나 이를 통해 석·박사 논문을 쓰려고 준비 중인 학생들과 적극적인 논의의 장을 마련하였다. 조선족 출신 대학원생들과는 본 과제의 수행을 위한 현지 조사 시 동반하기도 하였다. 본 과제에 참여한 대학원생들에게는 구술사, 조선족사, 교육사 등의 연구 방법과 내용에 관한 관심을 기울이고 학문적 훈련을 쌓을 수 있는 계기가 되었다. 결국 이들은 향후 조선족 및 조선족 교육사를 연구하는 차세대 주요 연구자로 성장할 것이다. 더불어 본 연구를 통해 발간된 저서는 조선족 교육사 관련 과목의 교재로 사용됨으로써 향후 계속해서 조선족 교육사에 대한 학생들의 관심을 환기시킬 수 있을 것이다.

본 연구가 책으로 출간되기까지 수많은 도움이 있었다. 필자가 처음으로 조선족 연구에 관심을 갖도록 해준 일제강점기 재만 조선인 생활사 연구팀 선생님들, 필자와 조선족 교육에 관한 이야기를 나누어 주셨던 여러 지역의 조선족분들, 연구를 진행하는 데 도움을 주었던 연구자들과 현지 조사에 동참해준 대학원 학생들, 두서없고 보잘것없는 내용을 기꺼이 책으로 꾸며주신 살림터 출판사 대표님 등 헤아릴 수 없다. 본 연구가 세상에 나올 수 있도록 도움을 주신 분들, 그리고 지금도 조선족 교육을 위해 숱한 어려움 속에서도 큰 정성을 기울이고 있는 분들에게 이 책이 작은 기쁨이 되었으면 한다.

시습재에서
정미량

차례

제4장
사례 2: 조선족자치주-연길시 중앙소학교
연길 최상最上의 조선족 소학교,
평탄한 발전을 토대로 밝은 미래를 구상하다 121

제5장
사례 3: 조선족 민족향-오상시 민락조선족향중심소학교
오상 최대最大의 조선족 소학교,
옛 번영을 간직한 채 서서히 사라지다　181

제6장
보론 1: 중국 조선족 교육 경험과 교육 세계
1945년 이전 교육에 대한 구술 자료를 중심으로　225

제1장

서론: 왜 중국 조선족 교육사인가?

만주국 시기인 1942년(강덕 9년),
흑룡강성 조선족 마을 오상현 안가농장에 설립된 공립대동국민학교의 졸업 기념 사진

1. 사진 출처는 김도형 외(2009), 『식민지 시기 재만 조선인의 삶과 기억』(구술자료총서 4권), 195쪽.

2007년, 처음으로 중국 조선족 생활사 조사를 위해 중국을 방문했다. 그때 중국 장춘에 사시는 조선족 노인 한 분을 만났다. 일흔이 넘는 나이에도 불구하고 알 수 없는 기개가 느껴졌다. 그분은 자신이 졸업한 소학교를 소개해주셨다. '조선족 소학교'라는 조선어朝鮮語 현판과 한어漢語 현판[2]이 나란히 내걸린 학교였다. 학교에 들어서니 학생들은 조선어로 이야기하고 있었다. 학생들이 배우는 교과서도 조선어로 되어 있었다. 조선족 교장 선생님은, 이곳에 다니는 학생들은 물론 교사도 대부분이 조선족이라고 말씀하셨다. 중국 공교육 체제하에서 운영되는 단일한 조선족 민족학교[3]가 있다는 사실이 적잖이 놀라웠다.

근대 이후 국가는 대중 교육의 기획자였다. 국가가 기획한 대중 교육은 국가 구성원의 소속감과 일체감을 재생산하는 주요 기제로 등장하였고, 이에 따라 국가의 경계는 교육의 경계가 되었다. 교육의 목표가 충량한 국민을 양성하는 것으로 확정되자 교육에도 국적이 부

2. 소수민족 자녀들을 대상으로 이중 언어교육을 실시하는 소수민족 학교인 중국 조선족 학교에서는 한글을 '조선어(朝鮮語)'로, 중국어를 '한어(漢語)'로 부른다. 이에 이 글에서는 한글을 '조선어', 중국어를 '한어'로 부르기로 한다.
3. 중국에서 '민족교육(education for national minorities)'이란 한족(漢族)을 제외한 55개 소수민족에게 실시하는 교육을 의미한다[중국대백과전서총편집위원회(1985), 『중국 대백과전서(교육)』, 북경: 중국대백과전서출판사, 310쪽]. 이에 이 글에서도 '중국 조선족 민족교육'이란 '중국 사회의 조선족 소수민족교육'이라는 의미로 사용하고자 하며, '조선족 교육'으로 줄여 사용하기로 한다.

여되었던 것이다. 그런데 이주민은 이러한 근대 교육 체제에 새로운 문제를 던져주었다. '고유한' 지역적 뿌리의식을 잃지 않으려는 이주민을 따라 교육이 국경을 넘게 되면서 교육의 국적과 정착지의 국적이 불일치하는 상황이 벌어졌다. 중국 조선족의 민족교육은 바로 그러한 예이다. 조선족은 100년, 그 이전부터 국경을 넘어서 중국에 정착하였고, 고유한 지역의식을 잃지 않으려는 민족교육기관을 지속적으로 운영해 왔다. 그런데 중국 조선족 민족학교는 다른 국가의 이주민 민족교육기관과 다른 독특한 점이 있다.

첫째, 중국 조선족 민족학교는 중국의 공교육 시스템 속에서 운영된다. 한국[4]에도 100년 이상의 역사를 지닌 이주민인 화교가 있다. 이들도 현재까지 출발지에 뿌리를 둔 민족적 정체성을 유지하며 살고 있고, 화교 민족학교가 그것을 담당하는 주요한 역할을 하고 있다. 화교 학교의 운영은 대만 정부에서 맡고 있으니, 대만 국적의 교육을 하는 한국 소재 대만 학교인 것이다. 한국 정부가 하는 일은 단지 화교 학교가 한국 땅에서 운영되는 것을 방관하는 정도이다. 교육의 출발지 국적과 정착지 국적이 불일치하는 문제는 대부분 이와 같은 방식으로 해소되고 있다. 그러나 중국 조선족 민족학교는, 한국의 화교 학교와 같은 초국가적 교육이, 출발국이 아니라 정착국에 의해 실행되고 있다. 조선족들을 대상으로 100년의 역사를 지닌 조선족 민족학교가 중국 공교육 시스템 속에서 운영되고 있는 것이다.

둘째, 조선족 민족학교의 학생들은 중국 국적을 지닌, 즉 중국 공민으로서의 소수민족인 조선족이다. 보통 이민의 역사가 길어지면 많은 이주민이 정착지의 국적으로 전환하며, 점차 정착지의 교육을 받기 마

4. 이 글에서는 '한국', '북한'의 국명을 사용하며, '한국'과 '북한'을 총칭하여 '한반도'라고 한다.

런이다. 정착지를 떠나지 않을 것임이 확실할수록 출발국의 교육을 고집할 필요가 줄어든다. 중국 조선족 역시 1945년 만주국이 해체된 이후 대부분 정착지인 중국의 국적을 획득하고 살면서 지금에 이르렀다. 그럼에도 불구하고 많은 조선족이 현재까지 여전히 민족교육을 고수하고 있다. 예를 들어 2011년 현재 연변조선족자치주의 경우, 전체 조선족 학생 중에서 조선족 민족학교에 다니는 조선족 학생의 비율이 고중 58%, 초중 63.1%, 소학교 77.8%에 이른다.[5] 중국 국적을 취득한 지 50년 이상이 지났지만 중국 공민인 조선족의 대다수는 여전히 조선족 민족교육을 선택하고 있는 것이다.

셋째, 조선족 민족학교는 단일한 민족교육기관이다. 최근 다문화주의가 전 세계적으로 유행처럼 번지고 있다. 지리적 고유성에 뿌리를 둔 초국가적 문화의 다양성을 인정한다는 원칙 아래 국가적 정책으로서 다문화 교육이 실시되기도 한다. 그런데 다문화 교육에서 다른 민족의 교육을 정책적으로 유지하는 경우에는 대부분 기존의 정착지 교육 체계를 근간으로 하면서 다른 고유한 언어와 문화를 부분적으로 보충하는 방식을 취한다. 그러나 중국의 소수민족교육은 이와 다르다. 특정한 소수민족을 위해 전면적이고 단일한 소수민족교육기관을 운영하고 있으며, 조선족 민족학교 역시 전면적이고 단일한 소수민족교육기관으로 운영된다.

이처럼 조선족 민족교육은 중국 공교육 체제하에서, 중국 공민이자 소수민족인 조선족을 대상으로, 단일한 교육기관 형태를 유지하며 100년 이상 지속되고 있다. 그렇다면 중국 조선족 민족교육이 출발국의 개입 없이, 중국 국적의 조선족을 대상으로, 단일한 교육기관을 갖

---

5. 「이중 언어교육 한족 학교 입학열 잠재워」, 『연변일보』(2011. 7. 5). 현재 중국에서는 초등교육기관을 소학교, 중등교육기관을 초급중학교/고급중학교로 부른다.

추어 지속되고 있는 가장 중요한 힘은 무엇인가? 중국 조선족의 민족의식이 강하기 때문인가 아니면 중국 정부가 독특한 소수민족교육정책을 실시하기 때문인가? 조선족의 민족의식이 강하기 때문이라면 그처럼 강한 민족의식이 유지된 원인은 무엇이며, 중국 특색의 소수민족교육정책 때문이라면 그러한 정책을 실시하게 된 이유는 무엇인가? 더 나아가 중국 조선족 민족교육은 다른 국가의 이주민 교육과 비교하여 어떠한 역사적 특징이 있으며, 현재 조선족 민족교육은 조선족에게 그리고 한국인에게 어떠한 의미가 있는가? 그리고 이상을 통해 성찰해본다면, 이른바 민족교육이란 무엇이며 그 미래적 가치는 무엇인가?

이 글은 중국 소수민족인 조선족들에게 국가적 경계를 넘어 본래적 민족/국가를 상상하게 하는 조선족 민족교육이 어떠한 의의가 있는지를 역사적 흐름을 살펴봄으로써 파악하고자 한다. 이를 위해 중국 사회의 조선족 교육이 어떠한 역사적 관계와 맥락 속에서 진행되어왔는지를 되짚어보고, 이러한 역사적 흐름 속에서 현재의 중국 조선족 민족교육은 어떠한 특징과 의미를 갖는지를 밝혀보고자 한다. 구체적으로, 이 글은 중국 사회에 정착한 조선족의 민족교육 진행 사례를 역사적·사회적 맥락에서 되짚어보고 그 현재적 의의와 미래적 가치를 분석해보는 사례 연구이다. 다시 말해, 중국 동북 지역에 근대적인 조선족 학교가 세워지기 시작한 20세기 초부터 현재에 이르기까지 험난한 역사적 굴곡 속에서 성립되고 지속되어온 조선족 학교 세 곳의 변화 과정을 자세히 들여다봄으로써 중국 조선족 민족교육의 역사적 특성과 현재적 의미를 알아보는 연구이다.

그렇다면 왜 우리는 지금 이 시점에서 조선족과 그들의 민족교육 경험에 관심을 기울여야 하는가? 그 이유는 여러 가지이다. 무엇보다 먼저, 중국 조선족은 재외 한인[6] 중 양적으로 가장 큰 수를 차지한다. 국가 간 교류가 활발해지면서 재외 한인의 수는 꾸준히 증가하였다. 1991년 약 480만 명이었던 재외 한인은 2001년 약 560만 명으로 증가하였고, 2012년 12월 현재는 약 700만 명이 되었다. 남북한을 포함한 한반도와 그 이외 지역에 거주하는 전체 한인 수가 약 7,700만이므로, 전체 한인 중 재외 한인이 차지하는 비율은 약 11%이다. 이 가운데 가장 많은 수의 재외 한인이 거주하는 국가는 중국이다. 중국에는 재외 한인의 37%가량인 약 250만 명이 거주하고 있으며,[7] 이 중 중국 국적의 조선족은 중국에 거주하는 재외 한인의 88%인 약 220만 명에 이른다.[8]

최근 이러한 중국 조선족에 대한 관심과 이해, 대책이 시급히 요청된다. 중국 조선족의 민족 정체성을 구성하는 요소로는 민족언어와 문자, 민족 전통, 민족의식, 그리고 민족교육 등을 꼽을 수 있다. 그중에서 민족교육은 조선족의 민족 정체성을 형성하고 지속시키는 가장 근본적인 원천이다. 조선족은 교육을 중요하게 여겨왔기에 거대한 중국에서 수적으로 미세한 존재이지만 질적인 면에서는 문화적 소양이 높은 민족으로 살아왔다. 그 가운데 민족교육의 전통과 자부심을 유지하면서 오늘날까지 지속·발전시켜왔다.[9] 그런데 요사이 조선족 사회의 도시화, 해외 진출, 출산율 감소, 한족 학교 선호로 인해 농촌 지역

---

6. 현재 학계에서 우리 민족 전체에 대한 용어로 '한인', '한민족', '한국민족', '조선민족' 등을 서로 혼용하여 사용하고 있으며, 이에 대한 개념적 합의도 이루지 못하고 있다. 이 글에서는 이들 용어 중에서 가장 일반적으로 사용되는 '한인(韓人)'이라는 용어를 채택하여 사용하기로 하며, 그 개념은 한반도에 민족적 유대감을 갖고 있는 사람이라는 광범위한 내용으로 정의한다.

7. 2012년 12월 현재 중국은 재외 한인 국가별 분포 수에서 제1위를 차지하고 있다. 반면에 재외 한인 국가별 분포 수 제2위를 차지하는 미국은 2012년 현재 약 200만 명이 거주하고 있다. 이는 재외 한인의 약 30% 정도에 해당된다(http://mofat.go.kr/).

8. 외교통상부 홈페이지(http://mofat.go.kr/)의 〈재외동포 현황〉 자료를 참조하였다. 이 자료에 따르면 2012년 12월 현재 재외 한인 총수는 7,012,492명이고, 그중 가장 많은 수를 차지하는 중국 국적의 조선족은 2,223,399명이다.

의 조선족 학교뿐 아니라 전체 조선족 학교의 학생 수 자체가 크게 줄어들고 있다. 특히 2000년대 들어 조선족 농촌학교 폐교 현상이 더욱 가속화되면서 중국 조선족 민족교육은 고사枯死 위기에 처해 있다.[10] 한국 정부에서는 이러한 상황을 막기 위해 재외동포재단, 재외동포교육진흥재단, 교육인적자원부 재외동포교육과 등을 통해 중국 지역의 한국어 교육을 지원하고 있다. 그러나 이러한 지원은 조선족들의 한국어 습득을 위한 기초적 도움 정도에 머무를 뿐 현재 중국 조선족 민족교육에 불어닥친 문제를 해결하는 것과는 거리가 멀다. 중국 공민이면서 동시에 한인韓人으로서의 정체성을 확립할 수 있는 조선족 교육, 중국 내에서 제대로 된 사회적 위상을 확보하면서도 민족문화를 향유할 수 있는 조선족 교육 지원 방안은 아니다. 물론 최근 중국 조선족 사회와 한국 사회의 여러 논문과 언론에서는 조선족 민족교육을 되살리기 위한 다양한 방안이 제시되고 있다. 오히려 지나치게 많은 방안이 쏟아져 나오고 있다고도 할 수 있을 정도이다. 물론 이러한 방안들은 조선족 학교에 학생들을 끌어들이는 데 어느 정도 기여할 수 있을 것이다. 실제로 2010년대에 접어들면서 도시에 위치한 조선족 학교의 학생 수가 조금씩 증가하고 있다고도 한다. 그러나 조선족 민족교육의 바람직한 미래를 위해서는 올바른 민족교육이 뿌리를 내려야 하며, 이를 위해서는 조선족 민족교육에 대한 올바른 이해를 바탕으로 해서

9. 이러한 사실은 조선족이 중국 소수민족 최초의 민족대학을 세웠다는 점, 1993년 소수민족 인구 국제 학술토론회에서도 중국 전체 56개 민족 중 문화 자질이 가장 높은 민족으로 인정(황기우, 「중국 조선족의 민족교육 실태 분석」, 『교육문제연구』 21, 고려대학교 교육문제연구소, 2004, 96쪽)받았다는 점 등을 통해 알 수 있다. 또한 조선족 문맹률과 대학 졸업자 비율을 중국 전체 평균과 비교함으로써도 알 수 있다. 연변통신 홈페이지(http://www.yanbiannews.com) 〈2002년 한중수교 10주년 기획특집-조선족의 과거·현재·미래〉 기사에 따르면 조선족 문맹률은 중국 전체 문맹률 31.88%보다 20.34%가 낮은 11.54%이며, 대학 졸업자 비율은 전체 중국 대학 졸업자 비율 0.5%보다 1.16% 높은 1.66%이다.
10. 조선족 학교는 1950년대 초반 중국 동북지방에 1,500여 개의 조선족 학교가 있었으나, 2000년에는 1,195개교, 2005년에는 456개교, 2011년에는 255개교가 있는 것으로 추산된다(최우길, 「남북관계와 중국 조선족 사회」, 『디아스포라연구』 5(1), 전남대 세계한상문화연구단, 2011, 85쪽).

마련된 지원이 이루어져야 할 것이다.

더불어 중국 조선족 민족교육 경험에 주목하는 더 중요한 이유가 있다. 그것은 교육 내적인 그리고 본질적인 이유이다. 그것은 바로 조선족에게 조선족으로서의 문화적 호흡을 할 수 있는 교육의 장을 마련해주는 데 도움이 되기 위해서다. 인간은 누구나 일상적 경험을 통해 자신의 문화적 정체성을 구성한다. 그중에서도 교육은 인간 성장 과정에서 가장 강력하게 작용하는 문화적 체험이다. 특히 조선족에게 교육은 개인적으로 그리고 민족적으로 생명과도 같이 소중한 것이었다. 교육을 통해 삶의 위안을 얻었고, 한 사회의 구성원으로 자라났다. 조선족의 내면을 흐르는 문화적 본성은 민족교육을 통해 세대에서 세대로 이어졌다. 시대를 관통하여 문화적 본성을 향유하며 살아갈 수 있었던 이유의 핵심에는 교육적 경험이 있었고, 민족교육의 경험은 앞으로도 이를 가능하게 하는 원천이 될 것이다. 이를 위해서는 조선족 민족교육에 대한 역사적 이해와 성찰이 요청된다. 수많은 대책이 공허한 미봉책이 되지 않으려면 100년 이상을 지속해온 조선족 민족교육에 대한 올바른 성찰과 관심이 선행되어야 한다. 중국 조선족 민족교육의 전 과정을 어떠한 편견이나 여과 없이 살펴보아야만 그 특징과 의미를 제대로 이해하고 공감할 수 있을 것이며, 조선족 교육의 역사에 대한 올바른 이해가 선행되어야만 궁극적인 민족교육의 원리와 가치에 대해 알게 될 것이다.

중국의 소수민족은 오랜 기간 한곳에서 살아온 토착민이 대부분이다. 그러나 중국 소수민족 가운데 하나인 조선족[11]은 이주민이다. 그들은 대체로 19세기 후반기에서 20세기 전반기에 조선에서 만주[12]로 이주했다.[13] 그들은 만주라는 낯설고 새로운 환경에서 동향인同鄕人과 한마을을 이루며 살았다. 때문에 그들은 고유한 전통을 유지하였으며 비슷한 감성을 지니고 있다. 그중의 하나가 교육에 대한 열정이다. 만주로 이주한 그들이 "논밭을 일구어 생계 문제가 어느 정도 해결되기 시작하자 가장 먼저 서둔 것은 바로 후세 교육"[14]이었다. 조선인들은 만주로 이주하여 조선인 마을을 이루고 연이어 서당이나 신식 초등학교를 세웠다. 이후에는 중등학교까지 세웠다. 부모들은 끼니를 굶더라도 자식 교육을 위해서라면 허리띠를 졸라맸다. 학교에 보낼 형편이 안 되면 야학에라도 보냈다. 아이들도 학교에 가는 것이 소원이었다. 본인이 학교에 갈 수 없으면 동생이나 친지라도 학교에 갈 수 있도록 도왔다. 1949년 공산화 이후 조선족이 중국 내 55개 소수민족 중 가장 먼저 9년의 의무교육을 실시하게 된 것은 이러한 교육에의 열망이 시간과 공간을 넘어 지속되면서 빚어낸 역사적 결과이다.[15] 이 글은 이러한 중국 조선족의 교육 경험을 살펴보고자 한다. 오랜 시간 동안 그들의 일상을 통해 그들이 생각하고 경험했던 실제적 교육 환경과 교육

---

11. 이 글에서는 중국 '조선족'을 가리키는 용어를 시기에 따라 구분하여 사용한다. 즉, 1945년 이전 시기는 '(재만) 조선인'으로, 1945년 이후 시기는 '(중국) 조선족'으로 부른다. '조선족'은 1949년 중화인민공화국이 성립되는 과정에서 '재만 조선인'을 중국의 소수민족으로 규정하면서 사용된 말이기 때문이다.

12. '만주'는 오늘날의 랴오닝 성[遼寧省: 남부], 지린 성[吉林省: 중부], 헤이룽장 성[黑龍江省: 북부]으로 이루어져 있으며, 러시아 연방(북서쪽·북쪽·동쪽) 및 북한(남쪽)과 맞닿아 있다. '만주'는 1945년 이전에 주로 사용되었던 용어이고 1945년 이후 현재는 동북3성이라는 명칭이 쓰이고 있다. 이에 이 글에서는 1945년 이전 시기는 '만주', 1945년 이후는 '동북3성'이라는 용어를 사용하기로 한다. 보통 '만주'는 '동만, 북만, 남만'으로 구분된다. 동만은 1945년 이후 설립된 '연변조선족자치주(길림성의 연길, 화룡, 왕청, 훈춘, 왕청, 안도)'에 해당하며 1945년 이전에는 흔히 '북간도' 혹은 '간도'라고 불렸다. 이에 이 글에서는 '동만'을 1945년 이전 시기에는 '간도', 1945년 이후 시기에는 '연변'으로 사용하기로 한다. 남만은 요령성의 요하 동부와 길림성의 중남부, 북만은 흑룡강성을 의미한다(임계순, 『우리에게 다가온 조선족은 누구인가』, 서울: 현암사, 2003).

13. 재만 조선인의 수는 1860년대 7만 7,000명, 1910년 20만 명, 해방 직전인 1944년 160만 명까지 증가했다. 그러나 해방 후 귀환으로 1953년에 112만 명으로 감소(한상복·권태환, 『중국 연변의 조선족: 사회의 구조와 변화』, 서울: 서울대학교 출판부, 1994, 25~27쪽)했다가 2012년 현재에는 약 220만 명의 조선족이 연변조선족자치주를 포함한 중국 전역에 거주하고 있다(재외동포재단 www.korean.net 〈재외동포현황총계〉 참조).

14 허명철(1995), 「중국 조선족 문화에 대한 반성과 재건」, 김동화 편, 『당대 중국 조선족 연구』, 서울: 집문당, 141쪽.

15. 조선족의 교육열에 대해서는 한족과 조선족의 1987년 현재 고등학교 학력인구 비율과 문맹률에 대한 비교를 통해서도 알 수 있다. 즉, 한족이 각각 7.67%, 26.4%인 데 비해 조선족은 23.14%, 7.16%이다(한상복·권태환, 1994: 74~75).

내용을 구술 자료와 문헌 자료를 통해 알아보고자 한다.

그간 중국 조선족 교육사에 대한 연구는 주로 조선족 교육제도와 민족교육 운동 분야에 집중되었다. 그러나 교육사는 교육제도나 주요 사건을 포함하여 당시를 살았던 사람들의 실제적 교육 세계, 즉 교육을 무엇이라고 생각했으며, 교육을 통해 무엇을 절실하게 기대했는지 그리고 교육과 관련해 어떤 갈등과 문제를 겪었는지를 연구하는 학문이기도 하다. 이에 본 연구는 조선족의 교육 경험을 세 학교의 사례를 통해 살펴본 후 그들의 교육 세계를 정리해보고자 한다. 분석 대상 자료로는 문헌 자료와 구술 자료를 모두 이용하고자 한다.[16] 문헌 자료는 당시 교육 환경의 객관적 상황을 설명해주며, 구술 자료는 교육을 둘러싼 그들의 인식과 소망, 체험을 알기 위한 가장 적절하고 충실한 자료로서 당시를 살았던 그들의 자연스러운 삶의 이야기를 알 수 있기 때문이다.

이 글의 구성은 다음과 같다. 제2장에서는 이 글의 연구 설계를 설명한다. 본 연구와 선행 연구와의 차이점을 살펴본 후 이 글을 작성하기 위한 자료 수집 전 과정과 이 글의 내용을 이해하기 위한 바탕으로서 조선족 교육사의 간략한 정리를 시도한다. 그다음 제3장~제5장에서는 중국 조선족 민족교육의 경험을 조선족 학교 사례 연구를 통해 드러낸다.[17] 필자가 주목하는 것은 세 곳의 학교이다. 조선족 산거지역이자 도시인 장춘시, 조선족 집거지역이자 도시인 연길시, 조선족

---

16. 필자는 2006-2007년 한국연구재단(구 학술진흥재단)의 연구비 지원을 받아 "재만 조선인 생활사 구술 조사" 연구에 참여하면서, 조선족 약 30여 명과의 구술 면담을 진행하였다. 제6장은 사례 대상 3개 학교의 구술자 이외에 "재만 조선인 생활사 구술 조사" 연구 당시 면담하였던 조선족 노인들의 구술 자료(김도형 엮음, 『식민지 시기 재만 조선인의 삶과 기억: 구술자료총서 1-4』, 서울: 선인, 2009)를 기초로 작성한다.

17. 따라서 이 글은 "사실적 진실성과 서사적 진실성의 상호 연관 방식"(김성례, 「한국 여성의 구술사: 방법론적 성찰」, 조옥라·정지영 편, 『젠더, 경험, 역사』, 서울: 서강대 출판부, 2004, 50쪽)에 대한 다양하고 자세한 해석까지는 충분히 시도하지 못하고 있다.

농촌 집단농장 지역이자 민족향인 오상시에 위치한 학교이다. 제6장에서 이상의 3개 학교 및 조선족 구술자들과의 구술 자료를 바탕으로 1945년 이전 재만 조선인들의 교육 세계를 파악한다. 이상을 바탕으로 제7장에서는 중국 조선족 교육의 역사적 특징을 분석하며, 마지막으로 제8장에서는 이 글의 연구 내용을 종합적으로 요약한 후 향후 조선족 민족교육의 올바른 성장을 위해 민족교육의 진정한 의미와 가치를 정리한다.

제2장

중국 조선족 교육사 연구 설계

필자가 처음으로 조선족 학교에 대해 관심을 가지게 된 계기를 만들어주셨던
장춘시 관성구조선족소학교 동창회장님의 자택에서 구술 면담하는 장면(2009. 4. 16)

제1절 연구 방법

이 글은 중국 동북 지역에 위치한 조선족 소학교의 역사를 알아보는 것을 주요 과제로 한다. 구체적 사례를 통해 조선족 교육의 출발에서부터 현재까지 일련의 변화 과정을 통시적으로 그리고 동북 각 지역을 공시적으로 살펴볼 것이다. 조사 대상 학교는 연변조선족자치주의 연길시를 포함하여 길림성 장춘시, 흑룡강성 오상시에 각각 위치한다. 조사 대상 시기는 각 학교의 설립 시기인 20세기 초반부터 현재까지의 역사를 포괄한다. 중국에는 중요한 근현대사 사료들이 많이 남아 있음에도 불구하고, 역사적 굴곡과 국가 간 장벽으로 인해 자료 접근 및 획득이 어렵다. 이 글의 작성에 필요한 교육사 자료도 마찬가지이다. 이 글은 이러한 문제를 해결하기 위해 현지에서 문헌 자료와 구술 자료를 수집하였다. 문헌 자료에는 학교 당안, 학교가 자체 제작한 홍보물이나 행정 자료 및 교육 자료, 학교 관련자들의 자술서, 학교 관련 각종 서류 등이 있다. 특히, 조선족 교육사의 사실적이고 세심한 이해를 위해서 교직원과 학교 관련자들과의 구술 면접을 실시하였고 이를 자료로 이용하였다. 이 절에서는 이 글의 선행 연구와의 차별적 연구 방법 및 구술 자료 수집 과정을 소개한다.

1. 선행 연구와의 차별성

1) 공시적·통시적 관점

이 글은 공시적으로 남만·간도·북만 지역을, 통시적으로 1900년대 초기부터 현재까지를 연구 대상으로 한다. 우선, 일제 패망 이전의 중국 조선족 교육사 연구는 주로 재만 조선인 교육의 출발과 실태에 관한 것이었다. 중국 동북 지역의 조선인 근대 교육에서 서전서숙이 차지하는 위상에 대한 연구, 일제강점기 재만 조선인의 교육 상황에 대한 연구, 일제의 재만 조선인 교육정책에 대한 연구 등이 그것이다. 이러한 연구는 조선인의 항일 민족교육 대對 일제의 재만 조선인 식민지 교육이라는 대항적 구도를 기본 관점으로 한다. 조선인들이 민족적 의식과 열망을 어떻게 반일 교육 활동이라는 형식으로 구현하였는가를 밝혀내는 것이 연구의 최종 목적이다. 이에 따라 1945년 이전의 조선족 교육사는 1910~1920년대 일제강점 전반기와 1931~1945년 만주국 시기 재만 조선인 교육 실태에 대한 연구이다. 그중에는 연변 지역을 중심으로 일제강점기 조선족 교육의 역사를 연대기식으로 정리한 연변대 교육심리학교연실의 『연변조선족교육사』(1987)와 중국조선족교육사 편찬위원회의 『중국조선족교육사』(1991) 등이 대표적이다.[1] 이러한 조선족 교육사 연구는 지역적으로 간도에 관심이 집중되어 있다.[2] 이는 간도가 만주 지역에서 일제강점기 동안 가장 많은 조선인이 거주했던 곳이며, 일제가 만주를 본격적으로 지배하기 시작한 만주사변(1931년) 이전의 조선인 반일 민족교육의 역사를 격동하는 일본-조선-중국의 3각 관계 속에서 드러내기에 적절한 곳이기 때문이다. 간도는 기본적으로 중국 지역이며, 일제가 최초로 조선인 관리를 위한 사무소를 설치한 곳이고, 조선인 사립학교가 최초로 세워진 곳이며, 조선인들이 가장 강력한 민족교육 활동을 펼친 곳이다. 간도 지역은 민족교육의 시원지이자 조선족 최대 집거지인 것이다.[3]

간도 중심의 이러한 연구 경향에 따라 1945년 이전의 조선족 교육사는 간도, 즉 동만東滿 이외 지역에 대해서는 거의 다루지 못하고 있다. 남만과 북만 지역은 거주 조선인들이 간도에 비해 상대적으로 적을 뿐 아니라,[4] 뚜렷한 반일 민족교육 활동이 목격되지 않는다는 이

---

1. 일제강점기 재만 조선인 교육에 대한 연구는 槻木瑞生「日本 植民地における教育-滿洲および間島における朝鮮人教育」,『明古屋大學教育學部紀要』21, 1974; 서굉일,「1910년대 북간도의 민족주의교육운동-기독교학교의 교육을 중심으로(I)·(II)」,『백산학보』29·30·31호, 백산학회, 1984. 7~1985. 5; 천경화,「일제하 재만 조선인 민족교육에 관한 연구-1906~1920년대를 중심으로」, 건국대학교 박사학위논문, 1988; 이명화,「1920년대 만주지방에서의 민족교육운동」,『한국독립운동사연구』2, 독립기념관 한국독립운동사연구소, 1988; 연변대학 교육학심리학교연실,『연변조선족교육사』, 서울: 연변인민출판사, 1989; 중국조선족교육사 편찬위원회 편,『중국조선족교육사』, 연변: 동북조선민족교육출판사, 1991; 朴文一,「1906-1919年間 中國東北朝鮮族人民的私立學校教育運動及其歷史作用」,『朝鮮族研究論叢』(三), 延吉: 延邊人民出版社, 1991; 홍종필,「만주사변 이전 재만 조선인의 교육에 대하여」,『명지사론』6, 명지대학교 사학회, 1994; 박금해,「만주사변 이전 북간도 민족교육에 관한 일 연구」,『인문과학연구논총』18, 서명지대학교 부설 인문과학연구소, 1998. 12; 竹中憲一,『'滿洲'における教育の基礎的研究(第5卷-朝鮮人教育)』, 栢書房, 2000; 박신주,『간도 한인의 민족교육운동사』, 서울: 아세아 문화사, 2000에서와 같이 1930년대 이전 간도 지역 민족교육 운동이 주요한 주제였다. 최근 許壽童,「日本の在滿朝鮮人教育政策, 1932~1937」,『一橋研究』第27卷 2號, 2002; 박금해,「만주사변 후 일제의 재만 조선인교육정책 연구」,『동방학지』130, 연세대학교 출판부, 2005. 6. 30과 같이 1930년대 이후 재만 조선인 교육에 관한 연구도 이루어지고 있으나 역시 그 내용의 대부분은 간도 지역을 중심으로 하고 있다. 그 밖에 일본에서도 일제가 중국을 본격적으로 지배하였던 만주국 시기 재만 조선인 교육정책과 실태에 대한 연구들이 진행되었다(竹中憲一,『'滿洲'における教育の基礎的研究(第5卷-朝鮮人教育)』, 栢書房, 2000; 槻木瑞生, 1974; 許壽童,「日本の在滿朝鮮人教育政策, 1932~1937」,『一橋研究』27(2), 2002).

2. 일제강점기 전 기간 동안 간도 지역의 조선인 숫자는 전체 재만 조선인에서 가장 큰 비율을 차지했으며 그 수도 점차 증가하였다. 그러나 전체 재만 조선인 중에서 차지하는 비율은 1912년(163,000명)에 68.4%(간도 총인구의 76.9%), 1930년(394,937명)에 65.1%(간도 총인구의 70.4%), 1935년(469,937명)에 56.8%(간도 총인구의 75.6%), 1940년(616,019명)에 42.5%(간도 총인구의 72.8%), 1944년(631,733명)에 38.9%로 점차 감소하였다(한상복·권태환, 앞의 책, 1994 참조).

3. 일제강점기 간도 지역인 연변조선족자치주에 조선족 학교가 집중되어 있는 현상은 현재에도 동일하다. 실례로 2005년 동북 3성의 조선족 중소학교 현황을 나타내면 다음과 같다.

지역	학교 수	학생 수	교사 수
연변 지역	197	67,014	8,139
길림성 조선족 산거지구	54	19,936	3,533
요령성	92	24,289	3,142
흑룡강성	108	22,016	3,242

동북조선민족교육과학연구소 편찬,『중국조선족학교현황지』, 연변: 연변교육출판사, 2005, 11쪽.

4. 『동삼성(東三省)의 실황』에 의하면, 지역별 조선족 인구 비례는 자유 이민 시기인 1922년 봉천성(후에 요령성)에 25%, 흑룡강성에 0.001%, 길림성에 75%가 거주하였다(황룡국,『조선족혁명투쟁사』, 심양: 료녕민족출판사, 1988, 92~94쪽). 또한 1926년 동북 3성의 조선인 인구수는 북간도 127,974명, 서간도 12,324명, 총계 298,940명(현규환,『한국유이민사』(하), 서울: 삼화출판, 1976, 168쪽)으로 간도 지역에 동북 지역 조선인의 약 47%가 거주하였다.

유로 재만 조선인 교육사의 관심 밖에 놓여 있다. 그러나 남만과 북만 역시 조선족 민족교육의 역사적 유산을 일제강점기 이래 현재까지 지니고 있으며, 크나큰 수난과 긴 굴곡의 시간을 지나 오늘에 이르고 있다. 이에 이 글은 간도 이외의 남만과 북만 지역까지를 연구 대상 지역으로 한다.

사실, 남만南滿 지역은 일제가 만주를 침략하기 위한 교두보였다. 일제는 러일전쟁 승리 후 1905년 러시아로부터 요동반도 남단의 조차권을 할양받아 장춘에서 여순까지의 동청철도 남만지선에 대한 권익을 획득하였다. 1907년에는 남만주철도주식회사(이하 만철)를 설립하고 철도 수송 이외에 철로 연변 부속지의 행정권을 장악하기 시작하였으며, 남만 지역 수비를 위해 관동군을 주둔시킴으로써 일본 대륙 침략의 토대를 마련하였다.[5] 남만은 어느 지역보다도 일찍부터 강력한 일제의 세력권 안에 놓여 있었으며, 만철·관동군·조선총독부·일본 외무성 등 일본 제 세력들의 미묘한 경합에 따라 조선인 학교의 운영권이 이양되었던 곳이다. 따라서 남만은 일본 제 세력의 변화를 둘러싼 조선인 교육 운영권의 이양 과정뿐 아니라 그 속에서의 조선인 교육 활동과 그 의미를 살펴볼 수 있는 지역이다.

또한 1931년 일제가 만주국을 성립한 후 북만 지역에는 조선인 마을이 많이 생겨났다. 일제는 만주국을 일제 대륙 침략의 식량 공급지로 만들고자 1937년부터 많은 한국 농민을 만주로 이주시켰다. 1937년부터 1942년까지 약 26만 명의 조선인이 개인적으로 또는 집단적으로 만주로 향하였다. 이에 만주 지역에 수많은 조선인 안전농촌과 집단부락 등이 생겨났는데, 북만 지역은 이 시기에 조선인 마을이 급속

---

5. 이군호, 「일본의 중국 및 만주 침략과 남만주철도: 만주사변(1931) 이전까지를 중심으로」, 『평화연구』 12(1), 고려대학교 평화연구소, 2004, 23.

히 증가하였던 지역이다.[6] 북만 지역은 남만 지역이나 간도 지역과 이주 시기, 주민 구성, 사회계층 분화 정도, 정치적 성향 등에서 다른 모습을 보인다. 이주 시기와 주민 구성을 보면, 남만이나 간도 지역이 조선시대 말부터 3·1운동을 전후한 시기에 걸쳐 지리적 관계상 대부분 북부 조선인들이 이주하여 밭농사에 종사하였던 곳인 반면, 북만 지역은 논농사를 행하는 남부 조선인이 중심을 이루며, 주로 일제 말기에 이주한 사람들이 정착한 곳이다. 사회계층 분화 정도와 정치적 성향을 보면, 남만 지역이 농토 면적이 좁고 조선인 내부의 계급 대립이 없어 민족주의 운동 기반으로서 조선혁명군을 지원해줄 수 있었던 곳이었던 반면, 북만 지역과 간도지방은 소작인과 만주인 지주 사이에 대립관계가 성숙된 곳이며 공산주의 운동 진영이 민족해방 운동에서 주도적 위치를 차지했던 곳이다.[7] 이에 북만 지역은 일제 말기 성립된 조선인 농촌 마을에 위치한 조선인 교육기관을 살펴보기에 좋으며, 공산주의 세력의 교육적 영향력을 살펴볼 수 있는 지역이기도 하다.

다음으로, 그동안 조선족 교육사의 연구 대상 시기는 주로 일제강점기였다. 일제에 항거한 민족교육의 역사적 기원과 그 내용을 파악하는 것이 일차적 관심사였다. 이로 인해 1945년 이후 중국 공산화 과정에서 조선족들이 겪어왔고 지켜왔던 민족교육의 역사는 관심 밖에 있다. 물론, 최근에 한중수교(1992년) 이후 시기에 관한 연구가 집중적으로 이루어지고 있다.[8] 1990년대 중국과의 교류가 활성화되고 조선족 민족교육의 황폐화가 급속히 진전되자 그 문제점을 파악하고자 하

---

6. 유원숙은 만주사변 이후 일본인 만주 이민 정책의 전개과정을 '시험 이민기(1932~1935)', '본격적 이민기(1937~1941)', '만주 이민사업의 붕괴기(1942~1945)'로 구분하였다(유원숙, 「1930년대 일제의 조선인 만주 이민 정책 연구」, 『역사와 세계』 19, 부산대학회, 1995).
7. 軍政部軍事調査部 편, 『滿洲共産匪の硏究: 康德 3年(1935)』(영인판), 부산: 민족문화, 1989, 519~607쪽.

는 연구가 근래 상당히 이루어지고 있다. 그러나 이는 현재 상황에 대한 점검과 파악일 뿐이지 그 이전 시대와의 연속적 고찰을 통한 깊이 있는 이해는 아니다. 1945년 만주국 패망 이후 중국 공산화 과정에서 진행되었던 조선족 민족교육의 역사는 연구의 외곽지대에 놓여 있다. 특히 중국 문화대혁명(1966~1976) 10년간 민족교육이 철저히 봉쇄당하면서 그 당시의 역사적 자료가 대체로 소실되었다. 이 때문에 문화대혁명기 교육사 연구 자료는 턱없이 부족하며, 구체적인 사례 연구는 거의 없다. 1945년에서 1992년까지의 중국 조선족 교육에 대한 연구는 몇 건에 불과하다.[9] 이 시기는 조선족 교육사 연구의 공백기인 것이다. 이에 이 글은 조선족 학교가 설립되기 시작한 일제강점기부터 현재에 이르기까지의 중국 조선족 교육을 통시적으로 연구한다.

이 글은 지역적으로 간도 지역에 위치한 연길을 포함하여 남만인 길림성 장춘시와 북만인 흑룡강성 오상시에 위치한 조선족 소학교를 연구 사례로 한다. 시기적으로는 각 학교가 설립된 20세기 초반부터 현재까지를 연구 대상 시기로 한다. 즉, 조선족 교육 역사의 출발에서부터 현재까지 일련의 변화 전 과정을 통시적으로 그리고 동북 각 지역을 공시적으로 살펴본다. 이에 이 글은 간도 지역 재만 조선인 교육과는 다른 남만과 북만 지역의 교육 환경과 내용을 살펴볼 수 있게 함

---

8. 1992년 한중수교 이후 시기에 대한 연구의 중점 내용은 조선족 교육의 위기에 관한 것이다. 한중수교 이후 조선족의 해외 진출이 급속히 증가하면서 부모와 함께 살지 않는 학생들의 문제가 사회문제화되고 있으며, 조선족 사회의 출산율 감소, 한족 학교 선호로 인해 조선족 학교의 학생 수가 크게 줄어 폐교 위기에 처해 있다. 이러한 조선족 민족교육의 고사(枯死) 상태와 해결 방안에 대한 연구가 대부분이다. 현재 조선족 민족교육의 황폐화 문제에 대해 다양한 대책이 제시되어 있다. 최근 중국 조선족을 포함하여 재외 한인 민족교육의 출로를 위한 모형 개발에 관한 연구가 진행되기도 하였다(김정숙, 「재외 한인 민족교육 발전 방안」, 전남대 세계한상문화연구단 국내학술회의 자료, 2008). 그러나 학문적으로 수렴되어 있는 유력한 견해는 없다.
9. 이러한 연구로는 남일성, 「광복 후 중국 조선족 교육의 전개와 그 평가」, 한국교육사학회 학술발표논문집, 2002; 졸고, 「중국 조선족 민족교육, 그 지속과 변화: 길림성 장춘시 관성구조선족소학교(1945-2009)의 사례를 중심으로」, 『한국교육사학』 32(1), 한국교육사학회, 2010; 조정환, 「중국 건국 이전의 연변 조선족 교육」, 『교육행정학연구』 9(2), 한국교육행정학회, 1992 등이 있다.

으로써 만주 각지에서 행해졌던 조선인 교육을 알아보기 위한 비교 대상을 확대하는 계기를 제공할 것이며, 재만 조선인 교육 자체에 대한 이해의 정도를 심화시키는 단초가 될 것이다. 반드시 요청되지만 부재 상태인 중국 조선족 교육사의 여러 모습을 밝히게 될 것이다.

2) 현지 조사를 통한 사례 연구

이 글은 사례 연구이다. 만주 각 지역에 소재한 조선인 초등학교를 연구의 사례로 삼아 그 건립 과정과 운영권의 변화 및 교육 과정에 대한 전반적인 사실들을 여과 없이 드러내고자 한다. 사례 대상인 조선족 소학교는 세 곳이다. 세 학교의 특징을 표로 정리하면 다음과 같다.[10]

표 2-1 연구 사례 학교의 개요

학교명	설립 시기	특징
길림성 장춘시 관성구조선족소학교	1922년	- 조선족 산거지구 도시(남만)에 소재함 - 조선인 거주민이 설립한 학교임 - 만주철도 부속지의 조선인 보통학교로 운영됨 - 국공내전 시기 절멸의 위기에 봉착함 - 현재 장춘 최고(最古)의 조선족 소학교임
길림성 연길시 중앙소학교	1915년	- 조선족 집거지구(연변) 도시(연길)에 소재함 - 일제의 간도보통학교 분교로 출발함 - 문화대혁명 시기 교사(校舍)가 불에 탐 - 2005년 국가급현대화교육시범학교로 부상함 - 현재 연길시 최상(最上)의 학교로 평가됨
흑룡강성 오상시 민락조선족향중심소학교	1939년	- 조선족 집단농장(조선족향, 북만)에 소재함 - 조선인 농장의 교육계로 설립된 학교임 - 만주국 시기 조선족 농촌 중심학교로 성장함 - 인민공사 시기 '인민공사 조선족중심소학교'가 됨 - 현재 학생 감소로 폐교됨

10. 중국에 거주하는 조선인들은 중국 공산당의 민족정책에 의하여 중국의 1개 소수민족으로 인정받았을 뿐만 아니라 1952년 발표한 '중화인민공화국 민족구역자치 실시요강'에 의하여 '길림성연변조선족자치구'가 성립하였고, 1958년에 '장백조선족자치현'이 성립하였다. 이 외에 동북 3성과 내몽골 지방에는 모두 50개의 조선족 향 혹은 조선족과 타민족의 연합으로 이루어진 민족향(진)이 건립되었다. 그중 길림성에 11개, 흑룡강성에 21개, 요령성에 17개 향(진)이 있으며, 내몽골자치구에 신발조선족향이 있다. 그리고 1,000여 개 조선족 마을이 있다(김경식, 『재중한민족교육전개사(상)』, 서울: 문음사, 2004, 154쪽).

일제강점기 이래 현재까지 오랜 역사를 간직한 조선족 소학교들은 다음과 같은 차별성이 있다. 먼저, 세 학교의 설립 지역은 뚜렷한 지역적 차이를 드러낸다. 길림성 장춘시에 위치한 관성구조선족소학교는 한족이 대다수인 조선족 산거지구의 조선족 학교를 대변할 수 있으며, 길림성 연길시에 위치한 중앙소학교는 조선족의 최대 집거지구에 위치한 학교를 대변할 수 있다. 흑룡강성 오상시 민락조선족향중심소학교는 앞의 두 학교가 도시에 위치한 것과 달리 농촌 지역에 있으며, 1930년대 이후 조선인 농장회사가 설립하여 지금까지 조선족이 주로 거주하는 농촌의 조선족 자치향 지역에 위치하고 있다.

다음으로 세 학교의 최초 설립 세력은 일제강점기 만주 지역에 존재했던 다양한 세력을 대변한다. 즉, 각 지역 조선족 학교의 설립 위치에 따라 조선족 학교의 설립 주체 세력이 다양했음을 보여준다. 길림성 관성구조선족소학교는 조선인 이주민들의 설립 이후 만철 부속 지역에 위치하였기 때문에 만철에서 학교 경비와 운영을 담당하였고, 길림성 연길시 중앙소학교는 조선총독부가 최초로 만주 지역에 세웠던 조선인 초등학교인 간도보통학교의 분교로 출발하였기 때문에 조선총독부에서 설립하여 운영하였다. 흑룡강성 오상시 민락조선족향중심소학교는 조선인이 만주 지역 농장 개발을 위해 설립한 만몽산업주식회사에서 경비를 대어 설립, 운영하였다.

마지막으로 세 학교의 설립 시기와 운영 과정은 일제강점기 만주 지역 조선족 학교의 여러 운영 방식을 나타낸다. 길림성 관성구조선족소학교는 1920년대 조선인들이 설립한 후 만철에 의해 운영되면서 만주국 시기에도 일본식 학제에 따라 운영되었고, 길림성 연길시 중앙소학교는 1910년대 설립되어 조선총독부 학제와 만주국 학제에 따라 운영되었으며, 오상시 민락조선족향중심소학교는 만주국 시기인 1930년대 설립되어 조선인농업회사가 운영하는 농장의 교육계가 운영하다가 만주국 학제에 따라 농업중심초급학교로 운영되었다.

세 곳의 학교는 공통점도 있다. 이 학교들은 1945년 이전 만주 지역의 조선족 초등교육기관으로서 일제 세력하에서 운영되었고, 일본의 식민지 교육과정에 따라 운영되었다. 또한 1945년 해방 이후 중국 교육 체계 속에서 소수민족교육기관으로 자리매김하였으며, 정치적 상황에 따라 여러 어려움에 처하였다. 관성구조선족소학교는 1945년 해방과 국공내전으로 인한 급격한 학생 수 감소로 폐교에 위기에 처하였으며, 연길시 중앙소학교는 문화혁명 시기 교사校舍가 불에 타서 소실되었다. 흑룡강성 오상시 민락조선족향중심소학교는 인민공사 시기에는 인민공사 조선족중심학교로 발전하였으나 문화혁명 이후 조선인농장 교육계가 그 운영에서 배제되면서 쇠퇴하는 어려움을 겪었다.

이 글과 같은 사례 연구는 각 학교의 개별성과 공통성에 주목하는 작업이다. 보통 역사의 개별성에 주목하는 이유는 역사적 사실을 고도로 일반화된 범주로 사용할 때 다양한 형태의 역사적 궤적을 그리는 사례 간의 차이를 질식시킬 위험이 있기 때문이다. 민족문화와 정체성의 존재를 확립할 필요성을 상정하여 민족문화를 무조건 돌아가야 할 곳, 보호해야 할 것으로 상정하는 것은 객관적이지 않다. 객관적이고 공정한 이해를 위해서는 개별 사례의 역사성을 존중해야 한다. 그런데 여기에서 유의할 점은 개별 사례의 진실을 존중하되, 그 진실은 어디까지 개별 사례임을 밝힐 수 있어야 한다. 개별 사례 연구는 개별 사례의 목소리가 내는 특수성에 유의함으로써 그것이 집단, 순응의 논리에 함몰되는 억울한 일이 없도록 해야 한다. 사례 연구는 개별 사례의 진실이 총체적인 진실로 행세하는 일이 없도록, 특정한 개별 사례가 보편적인 상황을 대변하거나 왜곡되는 일이 없도록 보편적인 상황에 관한 큰 그림을 그려낼 역사적 안목을 갖춰야 한다는 것이다. 따라서 사례 연구는 마이크로한 시각와 매크로한 시각 사이를 조심스럽게 항해해야 한다. 각 사례의 특성을 살리면서도, 역사적 맥락에서 각 사례를 위치시킬 수 있어야 한다. 이에 이 글은 각 학교의 역사적 개별성을 제3장, 제4장, 제5장에서 자세히 설명하며, 제6장과 제7장에서는 각 학교 학생들의 공통적 경험과 각 학교 역사의 공통적 특성을 정리한다.

3) 구술 자료와 문헌 자료의 병행 활용[11]

이 글은 구술 자료와 문헌 자료를 활용한다. 20세기 초 이래 현재까지의 중국 조선족 민족교육의 역사를 실증적 예를 통해 밝히기 위해 문헌 자료와 함께 구술 자료를 수집하였다. 일반적으로 중국에는 중요한 근현대사 자료들이 많이 남아 있음에도 불구하고, 국가 간 관계와 민감한 정치적 상황 등으로 인해 자료 접근 및 획득이 어렵다. 최근 '이주Diaspora'가 연구의 화두로 떠오르면서, 조선족에 관한 연구들이 본격적으로 추진되자 어려움이 더욱 커지고 있다. 이 글을 위해 수집하고자 하는 조선족 교육사 자료도 마찬가지이다. 이를 해결하기 위한 방편으로 문헌 자료뿐 아니라 구술 자료를 수집·활용한다. 조선족 교육사의 사실적이고 세심한 이해를 위해서는 교직원을 포함한 학교 관련자들의 심층 면접이 반드시 필요하기 때문이다.[12] 구술 자료는 시

---

11. 최근 조선족을 대상으로 참여 관찰과 개별 심층 면접을 한 연구로는 한국 내의 조선족 노동자 집단 및 연변, 북경, 한국 세 곳의 조선족 여성을 구술한 권태환 편저, 『중국조선족사회의 변화: 1990년 이후를 중심으로』, 서울: 서울대출판부, 2005가 있으며, 조선족 생활사 구술 자료집인 김풍기·류승렬·허휘훈·장정룡·진용선·전신재·박창묵 편저, 『재중강원인생활사 조사연구-길림성 연변조선족자치주』, 강원도: 강원도 강원발전연구원, 2006; 『재중강원인생활사 조사연구-흑룡강성』, 2007과 김도형 엮음, 『식민지 시기 재만 조선인의 삶과 기억-구술 자료집 1~4』, 서울: 선인, 2009 등이 있다. 또한 중국 측 연구자가 만주국 시기 일제 교육의 폐해에 대한 조선족들의 고발성 구술 자료를 모아놓은 鴻德, 『日本侵略東北教育史』, 遼寧: 遼寧人民出版社, 1995 등이 있다.

간이 지나면 자료원資料原이 소멸된다. 특히 일제강점기와 1940~1950년대 중국 사회의 변화를 경험한 분들은 70세 이상의 노령이다. 이들에 대한 구술 자료 수집이 시급하다.

이 글의 충분한 자료 수집을 위해 준비, 실행, 정리 단계를 수행하였다. 준비 단계는 조선족 교육사에 대한 일반적 문헌 자료 수집과 구술 대상자를 확보하는 단계이다. 선행 연구 결과를 수집하여 그 성과를 분석함과 동시에 국내외 조선족 교육 관련 자료와 사례 대상 학교 관련 자료를 수집하였다. 연구 시작 시기에는 조선족 사회와 조선족 교육을 단적으로 설명할 수 있는 전체적 키워드를 추출하고, 키워드에 대한 문헌 자료를 조사하였다. 조사된 문헌 자료를 통해 조선족 교육 영역의 세부 사항에 대한 내용을 파악하여 정리하였다. 특히 사례 대상으로 선정한 세 곳의 학교와 관련된 자료들을 정리하는 데에 노력을 기울였다. 또한 중국 현지 조선족과의 연락을 통해 구술 대상자를 수집, 확보하였다. 연구를 위한 자문위원 초빙과 학술회의 참가 등을 통해 연구 계획의 방향을 검토하고 수정하였다. 조선족 교육사와 사례 대상 학교에 대한 파악이 어느 정도 이루어진 이후 연구 방향, 내용, 구술 자료 수집 및 정리 등에 도움을 얻고자 외부 연구자를 초청하여 자문 회의를 개최했다. 더불어 본 연구의 진행 과정 및 내용을 발표하고 조선족 대학원생들과 토론하는 세미나를 열었다. 이 글과 관련한 연구 업적을 갖고 있는 조선족 교육사 연구자와 구술사 연구자를 자문위원으로 초빙해서 이들의 조언을 들었으며, 출판 전에 원고를

---

12. 교육사학에서도 식민지 교육을 '경험'한 다양한 사람들을 인터뷰한 연구들이 계속해서 나오고 있다(현경미, 「식민지 여성교육 사례 연구: 경성여자고등보통학교를 중심으로」, 서울대학교 석사학위논문, 1998; 남신동, 「경성 苦學堂 연구: 1923-1931」, 서울대학교 석사학위논문, 1998; 정미경, 「일제시기 '배운 여성'의 근대 교육 경험과 정체성에 관한 연구」, 이화여자대학교 석사학위논문, 2000; 김경미, 「식민지 교육 경험 세대의 기억」, 『한국교육사학』 27(1), 한국교육사학회, 2005). 그러나 조선족 교육 분야로까지는 확대되지 못하고 있다.

자문위원에게 발송하여 연구에 대해 평가받는 기회로 삼았다. 더불어 조선족에 대해 관심이 있는 국내외 대학원 학생들과의 간담회 자리를 마련하였다. 필자는 교육 구술사에 대한 연구 모임을 갖고 중국 조선족 학생으로부터 조선족 교육 체험을 들었고, 다른 국가나 국내의 학생들과는 조선족 교육에 대해 생각해보는 시간을 마련함으로써 중국 조선족 교육사에 대한 내용과 이해를 확대, 심화시키는 기회를 확보하였다.

그다음은 실행 단계이다. 현지 조사를 통한 문헌 및 구술 자료 수집 단계이다. 중국 현지 조사 시 수집할 문헌 자료의 목록과 구술 대상자 명단 및 일정을 정리하였다. 구술 면접을 위해서는 질문지, 구술 자료 이용 허가서, 구술자 신상 카드, 구술 일지 등을 비롯한 전반적인 양식들을 작성해두었다. 그 후 장춘, 연길, 오상 지역 사례별 현지 조사를 수행하였다. 필자는 이러한 구술 자료 수집의 필요에 따라 중국 조선족과의 상호 협력 관계 형성에 주력하였다. 현지 조사를 원활히 수행하려면 한국에 거주하는 조선족 유학생, 조선족 교육 연구자뿐 아니라 중국 거주 조선족, 조선족 교육 연구자, 사례 학교 관계자들과의 관계와 소통이 대단히 중요하다. 이들과의 꾸준한 상호 관계를 통한 연구 협력이 반드시 필요하기 때문이다. 이에 필자는 2007년부터 '일제강점기 조선족 생활사 연구' 팀의 일원으로서 친분을 쌓게 된 사례 학교 관련자들과 연락을 주고받으며 이들과 자연스럽게 연구 협조 체제를 유지하였다. 구체적으로, 장춘시 관성구조선족소학교는 이 학교의 교장, 교무주임, 동창회장 등 여러 학교 관계자들과 소식을 주고받았으며, 현지 조사를 통해 구술 자료와 문헌 자료를 수집하였다.[13] 연길의 중앙소학교는 연변대 교수와 한국에 대학원생으로 체류하고 있는 중앙소학교 출신 졸업생의 도움으로 받아 현지 구술 자료 수집과 문헌 자료 수집을 진행하였다. 마지막으로 오상의 민락조선족향중심소학교는 학교 역사를 기록한 문헌 자료를 선행 연구 조사 및 현지 조사를 통해 수집하였으며, 중국 현지에 계신 마을 주민들과의 만남을 통해 구술 면접을 시행하였다.

마지막으로, 정리 단계로서 자료 정리 및 저술 단계이다. 문헌 자료와 구술 자료 등 연구 결과물은 시기별로 정리하고 이를 바탕으로 각 학교의 역사적 경험을 저술하였다.

이상을 통해 이 글은 문헌 자료와 구술 자료를 동시에 활용한 연구의 한 사례를 보여주고자 하였다.[14] 객관적이고 계량적인 문헌 분석이 간과한 주관적이고 개인적인 교육적 경험과 인식을 살펴봄으로써 좀 더 생생하고 사실적인 당시 교육적 현실과 세계에 대한 이해에 보탬이 되고자 한다. 문헌 자료는 일반적인 교육 및 학교 상황을 아는 데 도움이 되며, 구술 자료는 문헌 자료에서 누락된 세심하고 생생한 당시 상황 및 체험의 부분을 이해하는 데 보탬이 된다. 과도하게 이미지화된 근대 민족주의적 능동성이나 반대로 현대 국가주의적 수동성에 의해 간과된 '조선족' 개인과 개별 사례의 움직임을 살려내고 '현지인'의 목소리가 사견으로 묻히지 않고 역사적 맥락 속에서 공명하는 바를 짚어낸다.

---

13. 장춘보통학교를 연구 사례로 삼을 수 있었던 직접적 계기는 일제강점기 재만 조선인들의 생활사를 복원하기 위한 구술 조사 차 장춘을 방문했던 2007년 4월, 이 학교 동창회장을 만나게 되면서부터이다. 이분은 이 학교 출신자들의 증언과 관련 문헌 기록을 엮어 만든 학교 자료를 건네주셨고, 한국에 있는 이 학교 출신자들에게 올(2007) 9월 1일 개교기념일에 열리는 제85회 총동창회에 기회가 되면 오라는 말을 하고 싶다는 뜻을 간곡히 전달하셨다. 그 후 한국에서 이 학교 출신자들을 수소문한 결과 네 분의 소재를 파악하였고, 그들로부터 이 학교에 대해 더 자세한 이야기를 들을 수 있었다.
14. 구술 사료는 거시사의 적절성에 대한 의문과 역사적 현실에 대한 의문을 풀어줄 수 있는 문헌 자료보다 더 본질적 사료이기에 교육사의 내용과 그 수준을 한층 확대, 심화시킬 수 있다고 생각한다.

2. 구술 자료 수집

각 학교의 역사 및 조선족들의 교육 경험을 파악하고자 구술 자료를 수집하였다. 그 과정을 자세히 소개하면 다음과 같다.

1) 구술 면담 과정

① 구술 면담 수칙 수립
구술 자료 수집에 앞서 구술 면담 수칙을 아래와 같이 설정하였다.

구술 면담 수칙

1. 구술자 선정 원칙
- 시기적·내용적으로 다양한 경험을 가진 구술자를 섭외할 수 있도록 할 것
- 예를 들어 (전직, 현직) 교장, 교직원, 학부모, 동창회원, 졸업생, 재학생 등
- 일제강점기, 국공내전기, 인민공사 시기, 문화대혁명기, 한중수교 후 등의 경험자 등

2. 구술 면담 이전 준비
1) 구술 장비 및 구술 면담 양식 확인
- 보이스리코더(핀 마이크 장착), 디지털카메라, 캠코더, 구술자 신상명세서, 공개 및 활용 동의서, 구술 사례비, 본인 명함 등
2) 본인 소개
- 본인과 본 사업 설명(본인 명함 전달)

3) 질문할 내용 설명

- 예비 질문지 전달

4) 구술자 신상명세서 작성

- 가능한 구술자가 직접 작성하도록 함

5) 녹음과 촬영에 대한 협조 요청

- 보이스리코더 및 캠코더 설치

3. 구술 면담 진행 도중

1) 구술 장소의 소음 확인

2) 그림, 사진, 지도, 신문 등의 보조 자료 활용

3) 자연스럽고 편안한 분위기 조성

4. 구술 면담 완료 이후

1) 명함 및 관련 문서, 사진 등의 자료 받기(학교 교육과정표, 교
   과서 등)

2) 사진 촬영

3) 정보 공개 동의서 받기

4) 구술 후 곧바로 면담 후기 및 구술 녹취 상세 목록 작성

5) 필요시 향후 구술 면담 약속

② 예비 질문지 작성

구술 면담 수칙을 설정하여 구술자 예비 선정을 완료한 후, 모든 구술자에게 공통으로 적용될 예비 질문지를 작성했다. 그런데 예비 질문지 작성과 동시에 구술 조사 전개 방향에서 약간의 딜레마에 봉착했다. 문헌 자료를 보완하는 1차 사료 수집 차원에 집중할 것인지, 아니면 구술자의 주관성을 인정하는 가운데 그들의 교육 세계의 구조를

파악하고 더불어 당시의 생활과 교육을 현재와 관련하여 재구성하는 방법, 즉 지금 왜 그렇게 말하는지에 주목해야 할 것인지에 대한 혼란 때문이었다. 전자에 집중한다면 당시 그들의 생활과 교육 상태에 대한 정보를 면밀히 파악한 후 그 외에 새로운 내용을 확인하기 위한 예비 질문지를 마련해야 하고, 후자를 채택한다면 개괄적인 개방적 질문지를 마련하여 구술자가 자유롭게 자신의 삶을 이야기할 수 있도록 해야 한다. 결국 필자는 이 두 가지 방향이 적절하게 조합되는 방식을 채택하였다. 비교적 자세한 내용을 담은 예비 질문지를 만들되 질문지 순서대로 또는 질문지 내용대로 질문해나가는 것을 지양하고, 구술자가 자신의 경험을 스스로 풀어나갈 수 있도록 하였다. 구술 도중 이야기가 끊기거나 이야기 소재가 부족할 경우에만 면담자가 질문지 목록의 내용 중 필요한 부분을 질문하기로 하였다. 이에 따라 다음과 같은 2시간 정도의 구술 조사를 기준으로 한 면담 항목표를 만들었다.

그 후 구술 면담 항목표를 바탕으로 구술 면담 예비 질문지를 작성하였다. 예비 질문지 내용[15]은 구술자의 가족 관계, 개인적 이력, 학창 시절 경험과 기억, 현재 학교 상황, 조선족 교육에 대한 견해와 제언 등을 포함하는 것으로 구성하였다.

③ 구술 동의 얻기

예비 구술자 목록과 예비 질문지 작성이 끝난 후 구술자에게 구술 동의를 얻어야 한다. 이 글의 경우, 구술자의 대부분이 중국에 거주하기 때문에 중국에 거주하는 조선족 연구자의 도움으로 구술 동의를 얻는 작업을 해야만 했다. 한국의 연구진이 중국에 있는 구술자와 접

---

15. 예비지 질문지는 이 책 마지막에 〈부록 1〉로 수록하였다.

표 2-2 구술 면담 항목표

대범주	소범주	세부 질문	비고
가족 관계 (구술자 배경)	가족 및 주변 관계 가족사	부모, 형제, 처, 자녀 관계 부모 및 조부모 배경	대체적 파악 (5분)
개인적 이력	출생 학력 결혼 직업 거주 마을	본관, 태몽, 일화 최종 학력 직업 선택 동기, 직업 변천 거주 환경, 이동 경로 마을 형성(유래, 유적지, 산업, 교통로), 마을 일 참여	일반적 파악 (5분)
학교 역사에 대한 경험과 기억	학교사	학교 역사 (배경, 과정, 결과, 평가)	집중적 파악 (40-50분) 구술자별 주요 질문 계획과 연표를 참조함
현 학교 상황	학교 운영 학교생활 교육과정	학생 수와 교원 수 학부모의 직업 학교 교과 편성과 운영 학생 모집 현황 교원 수급 현황 한국 초등학교와의 교류 활동 한국인 유학생 초청 활동 학교 특색 사업 강화 활동 민족 특색 교육 활동	추가적 파악 (40-50분)
제언과 기대	제언 기대	조선족 교육에 대한 제언 중국 및 한국 정부에 대한 기대	핵심적 파악 (10분)

촉하려면 국제전화 이외에 이메일 등의 온라인 매체를 이용해야 하는데, 구술자가 대부분 70세 이상의 고령이라서 이를 사용할 수 없는 경우가 많았다. 따라서 이 글의 구술 조사처럼 다른 국가에 거주하는 구술자와 면담하기 위해서는 구술자의 소재지에 거주하는 연구진의 도움이 필요하다. 그래야만 구술자와 수차례 연락을 주고받을 수 있으며, 간혹 발생하는 면담 일자 조정 등을 차질 없이 할 수 있다.

구술자에게 구술 동의를 얻는 과정에서 다음의 몇 가지 점에 유의하였다. 첫째, 구술자에게 필자의 신분이나 구술 조사의 목적과 결과에 대해 자세히 설명하였다. 이러한 과정이 선행되어야만 구술자는 면담에 긍정적이고 적극적으로 참여한다. 구술자가 구술 조사를 경계하고 거부하는 가장 큰 이유는 누가 무슨 이유로 구술 조사를 하는지에 대한 의문에서 기인한다. 특히 중국 현지 조사의 경우에는 중국이라는 국가 특성상 다른 나라의 국민에게 자신의 생활을 소상히 이야기하는 것을 역사적 경험상 꺼려 한다. 즉, 중국은 자국의 정치, 종교, 민족관계 등에 대해 이야기하는 것을 금기시하기 때문에 자신의 과거 생활을 구술하는 것에 대한 거부감이 컸다. 이에 필자는 본인이 순수한 연구자이며 연구 결과는 학술적 목적으로만 사용된다는 것을 설명했다. 그리고 잊혀가는 조선족들의 생활상과 교육의 경험을 여러 사람들에게 남겨 전하려 한다고 간곡히 이야기하였다. 그러자 구술자들은 그 취지에 호응하며 흔쾌히 면담에 동의하였다.

둘째, 구술자에게 구술 조사 과정에 대해 설명하였다. 면담 전에 누가 몇 명 방문할 것인지, 몇 시간 정도 구술을 할 것인지, 사진 촬영은 가능한지, 관련 자료를 볼 수 있는지 등을 알려드리거나 문의하였다. 물론, 이 부분을 소홀히 하여 구술자가 필자를 만나면서 예상치 못했던 상황에 당황하거나 면담 분위기를 불편해하는 경우가 있었다. 면담 내용 녹음을 거부하는 경우도 많았다. 반대로 구술 과정을 미리 충분히 설명해둠으로써 구술 진행에 도움이 되는 경우도 많았다. 구술자는 풍부한 경험이 있는 다른 구술자를 소개해주기도 했으며, 문헌·사진·물건·편지·일기 등의 자료를 준비해두기도 했다.

셋째, 면담 일자와 장소는 구술자의 현재 여러 상황을 알아보고 정해야 했다. 구술자의 위치, 건강 상태 등을 확인하고 적당한 시간과 장소를 확정해야 한다. 이 글의 구술자들은 대부분이 70대 이상의 연로한 분들이기 때문에 먼 거리를 이동하는 것에 어려움을 느끼는 경우가 많았다. 이에 필자는 구술자에게 면담하기 편한 장소를 미리 알아보았고, 되도록 구술자의 자택을 방문하여 면담하고자 했다. 자택을 방문하는 것은 면담 이외 자료 수집에 도움이 되었다. 구술자가 생활하는 곳을 자료로 담을 수 있었으며, 집안에 있는 문헌이나 사진 자료 등도 직접 보고 설명을 들을 수 있었다. 힘들어하시지 않는 경우에는 중간에 쉬는 시간을 갖고 최대한으로 2시간 정도 면담을 진행하였다.

2) 각 학교별 구술 자료

① 장춘시 관성구조선족소학교

필자는 이 학교의 동창회장과 2007년부터 친분을 맺어왔다. 이후 그분이 제공한 학교 졸업생들의 자술 자료를 얻을 수 있었고, 한국이나 중국에 있는 다른 졸업생들과 면담을 하게 되었다. 또한 이 학교 교장 선생님을 비롯한 다른 교직원들과도 면담하였다. 이 학교의 역사를 정리하는 데 사용된 구술 및 자술 자료는 다음과 같다.

표 2-3 길림성 장춘시 관성구조선족소학교 구술 및 자술 자료 현황[16]

순서	면담(작성) 일자	이름(성별)	직업(이력)	면담 장소(자료 형태)
1	1997. 4.	김○환	본교 9기 졸업생	장춘 (자술 자료)
2	1997. 7. 5.	방○영	본교 졸업생	
3	1997. 6.	서○범	본교 졸업생	
4	1997. 6. 25.	리○덕(남)	전직 본교 교원	
5	1997. 7. 1.	리○욱	본교 졸업생	
6	1997. 8. 10.	이○성	본교 19기 졸업생	
7	1998. 2. 20.	홍○	전직 본교 교원	
8	1998. 2. 25.	이○욱	49~53년 장춘시 조선민회 회원	
9	1998. 2. 26.	김○일	본교 졸업생	
10	1998. 3. 5.	이○광	본교 졸업생	

16. 구술 자료 중 자술 자료는 이 학교 동창회에서 자체 제작한 『장춘시 관성구조선족소학교 75년 변천사 대강』(1997)에 수록되어 있는 자료를 사용하였다.

11	1998. 3. 10.	정○권(남)	본교 총동창회장	장춘 (자술 자료)
12	2007. 4. 17. 2007. 4. 22.			장춘(녹취록)
13	2007. 6. 14.	석○진(남)	본교 졸업생	서울(없음)
14	2007. 6. 15.	전○범(남)	본교 졸업생	서울(없음)
15	2007. 6. 5.	허○(남)	본교 졸업생	서울(없음)
16	2009. 4. 14.	권○, 황○태, 리○화 집단 구술	현 본교 교장, 당서기, 교무주임	장춘 본교(녹취록)
17	2009. 4. 15.	김○춘(여)	전직 본교 교장	장춘 제1실험중학교 (녹취록)
18	2009. 4. 15.	림○백(남)	전직 본교 교장	장춘 자택(녹취록)
19	2009. 4. 16.	정○권(남)	본교 총동창회장	장춘 자택(녹취록)

이후 2010년 7월 관성구조선족소학교 교장 선생님 일행의 한국 방문이 있었다. 급작스럽게 연락을 받아서 녹취를 하지는 못했으나, 최근 학교 소식에 관한 자연스러운 면담 기회를 한국에서 갖게 되었다. 당시 구술자 및 면담 내용은 다음과 같았다.

표 2-4 장춘시 관성구조선족소학교 교장 일행 면담 현황(2010. 7. 12)

구술자	면담 내용
현 본교 교장(중국인) 현 본교 학교 당서기(중국인) 현 본교 교직원 3명(중국인) 전 본교 태권도 사범(한국인)	1. 2010년 학생 수 변화 동향 2. 2010년 학교 운영 내용 3. 태권도 사범으로 본교에 재임했던 이유 및 감회 4. 조선족 교육의 미래에 대한 예견 5. 조선족 교육 발전 방향과 제언

② 연길시 중앙소학교

2010년 5월부터 연변 지역 사례 대상 학교 현지 구술 조사를 위한 구술 대상자 섭외와 구체적 구술 조사 실행 지침을 작성하였다. 구술 조사 이전 문헌 조사를 실시하였으며, 연변 지역에 소재한 연길시 중앙소학교 역사에 관한 개황을 파악하였다. 9월 1~4일에는 중국 현지 구술 조사를 실시하였다. 구술 대상자 선정을 위해서는 이미 안면이 있는 중국 조선족교육사를 전공하는 연변대 교육학과 교수와 조선족 국제결혼을 연구하는 연변대 사회학과 교수의 자문과 협조를 받았다. 특히 필자의 연구에 동참해준 대학원생은 본인이 연길중앙소학교 출신자이어서 구술자 섭외에 적극 협력해주었고 실제 구술 조사에도 동참해주었다. 이에 따라 연길중앙소학교 관련 구술자를 3명 섭외하게 되었고, 10월 21일(목)부터 25일(월)까지 현지 구술 조사를 실시하였다. 이를 통해 이 학교 역사의 개황을 파악하였으며, 문화대혁명 이후 학교의 변화 과정 및 조선족 교육에 바라는 점 등을 파악할 수 있었다. 연길시 중앙소학교 역사를 정리하기 위해 수집한 구술 자료 현황은 다음과 같다.

표 2-5 연길시 중앙소학교 구술 자료 현황

순서	일자	이름(성별)	직업(이력)	면담 장소(자료 형태)
1	2010. 10. 21.	이○자(여)	전직 본교 교도주임 (근무기간: 1993. 3~2011)	연길 녹원병원(없음)
2	2010. 10. 22.	박○화(여)	현직 본교 부교장	본교(없음)
3	2010. 10. 22.	여학생 4명	본교 재학생	본교(없음)
4	2010. 10. 23.	임○(여)	전직 본교 부교장	연길시(녹취록)
5	2010. 10. 23.	장○옥(여)	전직 본교 당지부서기, 부교장	연길시(없음)

현지 조사 시 연길시 중앙소학교 관련 구술자 대부분은 면담에는 응하지만 녹취는 거부하는 경우가 많았다. 따라서 수기로 받아 적을 수밖에 없었다. 구술자 중 가장 풍부한 구술 내용을 전달한 분은 전직 교도주임과 부교장이었던 분이다. 현직 부교장으로부터는 이 학교에서 직접 작성한 자료를 얻을 수 있었다. 전직 부교장은 학교의 산증인이라고 할 만큼 문화대혁명 시기부터 최근까지 재직하였기에 학교의 역사를 실제로 들을 수 있었다. 그러나 문혁 시기에 학교가 화재로 소실되는 바람에 학교 당안이 전부 없어졌으며 현재까지도 학교 당안

이 제대로 작성되지 못하고 있다는 점이 안타까웠다. 또한 현재 재학하고 있는 어린 재학생들과의 진솔한 면담을 통해 현재 이 학교 학생들은 조선족 학교에 대해 어떻게 생각하며, 미래에는 어떠한 꿈을 가지고 있는지를 파악할 수 있었다.

③ 오상시 민락조선족향중심소학교

오상시 민락조선족향중심소학교는 재만 조선인 생활사 연구팀에서 면담을 하면서 알게 된 학교이다. 2007년 재만 조선인 생활사 연구팀의 오상시 민락조선족향 현지 조사 시 수집된 구술 자료와 문헌 자료를 바탕으로 하여, 2011년 7월 20일(수)부터 25일(목)까지 오상시 민락조선족향을 방문하여 구술 면담을 실시하였다. 이 학교의 역사 정리를 위해 활용한 구술 자료는 다음과 같다.

표 2-6 오상시 민락조선족향중심소학교 구술 자료 현황[17]

순서	일자	이름(성별)	연령	면담 장소(자료 형태)
1	2007. 5. 11.	집단 구술 (민락촌 13개 마을 대표 12인)	50~80대	전○호 자택(녹취록)
2	2007. 5. 11.	강○구, 김○근	76세	자택(녹취록)
3	2007. 5. 11.	권○룡	-	자택(녹취록)
4	2007. 5. 12.	김○수	88세	자택(녹취록)
5	2007. 5. 12.	김○경	75세	자택(녹취록)
6	2007. 5. 12.	김○익, 유○호(남)	50~60대	전○호 자택(녹취록)
7	2007. 5. 11.	왕○상(남)	71세(한족)	자택(녹취록)
8	2007. 5. 12.	이○룡(남)	72세	자택(녹취록)
9	2007. 5. 12.	정○조(여)	85세	자택(녹취록)

비고: 연령은 2014년 현재 만 연령임.

필자는 위의 구술 자료를 바탕으로 현지 추가 구술 면담을 실시하

---

17. 민락조선족향 마을분들에 대한 구술 자료는 김도형 엮음, 『식민지 시기 재만 조선의 삶과 기억: 구술자료집 4』(선인출판사, 2009)에 수록되어 있다.

기 전에 서울에 거주하는 민락조선족향중심소학교 졸업생과 만나 학교생활 경험담을 들었다. 현재 민락조선족향에는 노인분들만이 있고 학생은 6명 정도밖에 남아 있지 않다는 것이었다. 그러나 필자는 2011년 이 학교 상황이 어떠한지를 정확히 파악하고 관련 자료를 수집하기 위해 현지 조사를 실시하였다. 민락조선족향에 도착하니 집단농장으로 만들어진 농촌 마을이 한눈에 들어왔다. 바둑판처럼 네모반듯하게 구획된 도로에는 주택이 한 채씩 들어앉아 있었으며, 주위로는 논과 저수지가 잘 정비되어 있었다. 마을에는 대부분 70대 이상의 조선족 어르신들만 있었으며, 학교는 거의 폐허가 되어서 그 형체만을 겨우 알아볼 수 있을 정도였다. 이 마을 조선족 어르신들과 면담을 실시하고자 했으나 녹취를 거부하셔서 학교에 대한 경험과 기억을 받아적을 수밖에 없었다. 어르신들은 이 학교의 전직 교원, 학부모였던 분이 대부분이었다. 이분들에게 마을 학교인 이 학교에 대한 이야기를 자연스럽게 들었고 자료도 얻을 수 있었다. 그런데 현재 재학하고 있는 학생들은 한 명도 만나볼 수 없었다. 대부분 현재 학교에 나오지 않고 있는 상태라고 하였다. 이에 필자는 오상시에 가장 큰 조선족 소학교인 오상시조선족실험소학교를 방문하여, 오상시에 소재한 조선족 소학교의 전반적 현황을 들을 수 있었다.

④ 중국 조선족의 교육 세계:
1945년 이전 교육 경험에 대한 구술 자료를 중심으로

이 글은 사례 대상이 된 3개 학교의 역사를 정리한 후 제6장에서 중국 조선족 교육 세계의 공통점을 분석하였다. 제6장 작성을 위해 활용한 구술 자료interviewee는 총 30개이다. 연구 사례 대상이 된 3개 학교 관련 구술 자료 및 일제강점기 재만 조선인 생활사 연구팀에서

수집한 구술 자료이다. 구술 자료의 주인공인 구술자들은 대부분 일제강점기 만주에 거주했던 조선족으로서 2014년 현재 만 72세~만 95세이신 분들이다. 이에 이 글에서는 중국 조선족의 교육 세계를 시기적으로 1945년 이전 교육 세계에 국한하여 알아보았다. 제6장 작성을 위해 사용한 구술 자료 현황은 다음과 같다.

표 2-7 중국 조선족의 교육 세계 구술 자료 현황[18]

순서	성명	성별	생년월일(연령)	직업(이력)	면담 장소	구술 일시
1	강귀길	남	1930년(84세)	교수	자택	2006. 10. 19.
2	강영석	남	1931년(83세)	공안(경찰)	연길 백산호텔	2006. 10. 20.
3	김룡호 조봉숙	남 여	1926년(88세) 1931년(83세)	의사 교사	자택	2007. 4. 20.
4	김룡훈	남	1925년(89세)	농업	자택	2006. 9. 30.
5	김성진	남	1938년(76세)	연구원	장춘호텔	2007. 4. 24.
6	김인호 주기돈	남 남	1931년(83세)	교장	용정 사회복지관	2006. 10. 22.
7	김재율	남	1928년(86세)	신문기자	연길 백산호텔	2006. 10. 20.
8	리경숙	여	1936년(78세)	음식점 경영	연길 백산호텔 연길 세기호텔	2006. 10. 2. 2007. 4. 20.
9	리명순	여	1924년(90세)	농업	자택	2007. 4. 21.
10	리명춘	남	1939년(75세)	교사, 공무원	연길 백산호텔	2006. 10. 20.
11	리복녀	여	1923년(91세)	공사 근무	자택	2007. 10. 8.
12	리승낙 부부	남	1930년(84세)	교사	연길 백산호텔	2006. 1. 20.
13	리승대	남	1919년(95세)	농업	서울 연세대학교	2006. 10. 22.
14	리현균	남	1939년(75세)	농업	서울 연세대학교	2007. 1. 23.
15	박경옥	남	1926년(88세)	교사	회사 사무실	2007. 4. 10.
16	박귀임	여	1927년(87세)	농업	서울 연세대학교	2007. 2. 21.
17	박문일	남	1932년(82세)	대학 총장	연변대 연구실 연변대 연구실	2006. 10. 19. 2007. 4. 21.
18	박순일	여	1922년(92세)	농업	자택	2007. 4. 10.
19	박진석	남	–	교수	연변대학교	2006. 10. 19.
20	박창욱	남	1928년(86세)	교수	연변대 자택 연길 세기호텔	2006. 10. 19. 2007. 4. 20.

18. 구술자들의 구술 자료는 김도형 엮음,『식민지 시기 재만 조선의 삶과 기억: 구술 자료집 1-3』(선인출판사, 2009)에 수록되어 있다.

21	변철호	남	1928년(86세)	교사	자택	2007. 4. 25.
22	방현숙	여	1925년(89세)	농업	자택 자택	2006. 10. 20. 2007. 4. 21.
23	송성호	여	1942년(72세)	-	북경 한인타운 음식점	2006. 10. 26.
24	정봉권	남	1928년(86세)	당원	길림 민족연구소 장춘호텔	2007. 4. 13. 2007. 4. 24.
25	주옥복	여	1922년(92세)	농업	자택	2006. 10. 20.
26	채규억	남	1927년(87세)	교사	장춘호텔	2007. 4. 24.
27	천순호	여	-	농업	자택	2006. 1. 20.
28	한수은 김금순 부부	남	1923년(91세)	교장	자택	2007. 5. 18.
29	현송원	남	1929년(85세)	농업	자택	2006. 10. 26.
30	홍병국	남	1930년(84세)	농업	자택 자택	2006. 10. 23. 2007. 4. 22.

비고: 연령은 2014년 현재 만 연령임.

제2절 조선족 교육에 대한 이해와 시기 구분

조선족 교육은 시기적으로 크게 일제 패망(1945년) 이전과 이후로 나누어볼 수 있다. 일제 패망을 경계로 조선족 교육정책의 입안자와 조선족의 정치적 신분이 변화되었기 때문이다. 이에 이 글에서는 3개 사례의 조선족 소학교 역사를 1945년 이전과 이후로 구분하여 살펴본다. 1945년 이전 한반도에서 만주로 이주한 사람들 및 그 후손으로 중국 국적을 취득한 조선족 형성은 세부적으로 세 시기로 구분된다. 첫째는 1806~1904년 청 정부의 묵인하에 조선인이 두만강과 압록강을 넘어 잠입한 시기이며, 둘째는 1905~1930년 자유롭게 이민했던 시기이고, 셋째는 1931~1945년 강제 집단 이민을 했던 시기이다. 이 글에서 1945년 이전 시기는 두 번째 시기와 세 번째 시기를 중심으로 정리한다. 만주 조선인 근대 교육기관은 1906년 서전서숙의 설립으로 시작되었기 때문이다. 또한 1945년 이후 조선족 민족교육은 중국의 정치적 상황에 따른 영향하에서 지속되었다. 사회주의 성립 및 건설기를 거쳐 문화대혁명기, 개혁개방기에 이르는 정치적 부침에 따라 조선족 교육은 탄압 또는 지원을 받으며 현재에 이른 것이다. 이 절에서는 연구 사례 대상인 3개 학교의 역사적 환경을 이해하기 위해, 1906년부터 현재까지의 조선족 교육사 개요를 1945년 이전과 이후로 설명하고, 3개

연구 사례 학교 역사와 이러한 역사적 환경이 어떻게 연관되어 있는지를 소개한다.

1. 1945년 이전의 재만 조선인 교육

조선인들이 농사를 짓기 위해 만주로 이주하기 시작한 시기는 1860년대이다. 당시 청 정부는 재정 확충과 러시아의 남하를 막고자 두만강 이북 해란강 이남의 약 700여 리의 지역을 조선인 개간지로 정하고 조선 농민의 이주를 유도했다. 그 후 1900년대 을사늑약 체결, 조선 군대 해산, 한일병합 등이 연이어 발생하자 생계 문제 이외에 민족독립 문제로 만주에 이주하는 조선인들이 생겨났고, 조선이 일제의 식민지로 전락한 이후에는 경제적 궁핍을 해결하려는 조선 농민들의 수가 급속히 증가했다. 구체적으로 1900년대 초기에는 함경도, 평안도 주민들이 두만강과 압록강을 넘어 그 인근 지역에 조선인 마을을 만들기 시작했고, 1931년 일제가 만주국을 수립하고 집단부락이나 안전농촌 등의 형식으로 조선인 촌락을 구성했을 때는 경상도, 전라도, 충청도 등 남부 일대 조선들이 만주로 대거 이주하였다. 이로써 1900년대 전반기 만주로 이주한 조선인 수는 1911년 20만여 명에 이르렀고, 1920년에는 45만여 명, 1930년에는 60만여 명, 1944년에는 170만여 명에까지 이르렀다.[19] 그중 간도 지역은 1911년에는 전체 조선 이주민의 62%, 1944년에는 약 38%가 거주하는 조선인 최대 집거지였다. 1911년부터 1944년까지 만주와 간도 지역의 조선인 인구 규모는 다음과 같다.

---

19. 김기훈, 「1930년대 일제의 조선인 만주 이주 정책」, 『전주사학』 6, 전주대학교 역사문화연구소, 1996.

표 2-8 1911~1944년 재만 조선인 인구 규모[20]

연도	1911	1915	1920	1925	1930	1935	1940	1944
만주	205,571	282,070	459,000	531,973	607,119	826,570	1,450,384	1,658,657
간도	127,500	182,500	289,000	346,194	388,366	469,937	616,019	631,733

단위: 명

조선인의 만주 이주 초기, 조선인 마을이 생긴 곳에서는 전통적인 사설 초등교육기관인 서당이 들어섰다. 그 후 최초로 설립된 근대적 조선인 교육기관은 1906년에 간도 용정촌의 '서전서숙瑞甸書塾'이었다.[21] 이상설, 이동녕, 이회영 등 민족운동가들은 용정촌을 독립운동기지의 한 예정지로 삼고 그 경영에 착수하였다.[22] 곧이어 서전서숙은 재정난과 일제가 용정촌에 설치한 '통감부간도파출소'에 의한 통제로 1907년 문을 닫았지만[23] 재만 조선인의 전통 교육으로부터 근대 교육으로의 전환이라는 측면에서 상징적·실질적 의의가 깊다. 서전서숙이 설립된 이후 간도 지역에는 반일적인 조선인 사립학교 설립이 확대되었던 것이다.

사실 조선인 교육은 만주의 지역적·정치적 특성에 따른 영향을 받으며 전개되었다. 청 정부와 공산당, 일본의 조선총독부와 만철, 조선인 개인과 단체, 외국 선교사와 기관 등 조선인 근대 교육에 관여한 주체는 다양했다. 청말민국초 만주의 조선인 지역에서는 민족주의자, 종교단체, 유림 인사, 민간 인사 등 다양한 계층에 의해 민족사립학교

---

20. 이 표는 金哲, 『韓國の人口と經濟』, 岩波書店, 1965, 28쪽; 沈茹秋,年邊調查實錄, 1929(연변대학출판사 1987, 16쪽); 滿洲國民政部總務司調查科 編, 在滿朝鮮人事情, 1933, 200쪽(박금해, 『중국 조선족 교육의 역사와 현실』, 서울: 경인문화사, 2012, 7쪽에서 재인용); 김기훈, 위의 논문, 1996; 한상복·권태환 1994 등을 종합하여 작성함.
21. 조선족 근대 학교의 효시에 대해서는 다른 의견도 있다. 김경식은 서전서숙 설립 이전인 1904년 훈춘현 옥천동(현 경신향)에 설립되었던 동광학교(東光學校)를 조선족 근대 학교의 출발로 제시하였다(김경식, 앞의 책, 2004, 187쪽).
22. 한국독립유공자협회, 『중국 동북 지역 한국독립운동사』, 서울: 집문당, 1997, 56쪽.
23. 윤병석, 『이상설전』, 서울: 일조각, 1984, 54쪽.

설립이 추진되었고, 중국 지방정부는 조선 이주민들을 자국 국민에 편입시키기 위해 조선인이 집중된 지역에 관립학교를 설립하고 사립 조선인 소학교에 경비를 보조하거나 청어교사淸語敎師를 파견하여 관립학교 조직으로 편성하는 등 적극적으로 조선인 자제들을 수용하려고 나섰다. 한편 일제는 간도 일대를 대륙 침략의 주된 무대로 삼게 되면서 1907년 간도통감부 파출소 설립과 더불어 '제국신민보호'를 명분으로 간도 지역의 조선인 사무에 대한 권리를 행사하려 하였으며, 1908년 용정촌에 간도보통학교를 설립하는 것을 시작으로 하여 조선인 교육기관 설립, 조선인 사립학교나 서당에 보조금 지불 등으로 조선인 교육을 일제 교육 체제 속으로 편입하고자 하였다.[24]

조선인의 자주적인 민족교육은 1915년 이후 큰 어려움에 봉착했다. 중일 간에 체결된 '남만주 및 동부내몽골에 관한 조약'(21개조)을 계기로 중일 양측으로부터 강경한 간섭을 받게 되었다. 일제는 21개 조약으로 남만 지역의 철도부설권, 토지상조권 등 특권을 향유하면서 만철 연변뿐 아니라 국자가 상부지 내에 간도보통학교 국자가 분교를 설립하는 등 조선인 교육기관을 더욱 확대하여 설립하였고, 점차 일본영사관과 분관의 관할 범위에 있는 조선인 교육기관에까지 간섭하기 시작하였다. 중국 측에서도 21개 조약을 계기로 반일 감정이 고조되면서 재만 조선인의 치외법권으로 인한 일제 세력 신장을 차단하고자 1915년 '획일간민교육변법劃一墾民敎育辨法'을 반포하여 조선인 사립학교, 종교학교, 일제가 운영하는 보통학교 부속 서당에 중국어 수업을 하도록 하고 각 학교에 중화민국 국기를 게양하고 국가를 부르게 하고자 하였다.[25]

24. 박금해, 앞의 책, 2012, 173~174쪽.
25. 중국조선족교육사 편찬위원회, 앞의 책, 1991, 77쪽.

특히, 조선인 사립학교는 대부분 그 시초부터 반일민족독립운동의 일환으로 설립되었고 당시의 교육자 대부분이 반일민족주의자들이었기 때문에 많은 사립학교들은 반일운동의 진원지가 되었다. 이에 일제는 반일 조선인 사립학교들에 대해 공개적인 무력간섭과 탄압을 서슴지 않았으며 조선인 학교를 소각하고 교사와 학생들을 체포하고 살해하는 등 일련의 만행을 저질렀다.[26] 1919년 명동·정동 등 조선인 민족사립학교 학생들을 중심으로 한 대규모적인 3·13반일운동 이후 일본의 간도총영사관에서는 조선인 사립학교에 대한 탄압을 더욱 강화하였는데, 1920년 '경신년대토벌' 당시에는 각지의 조선인 사립학교가 일본의 중점적 토벌 대상이 되었다. 훈춘·연길·화룡·왕청 4개 현의 경우 경신년 토벌 중 5,058명이 체포되었고 3,500명이 피살되었으며 2,500여 채의 민가와 30여 개소의 사립학교가 소각되었다.[27] 이에 따라 1920년대 조선총독부 산하의 보통학교와 보조 학교들은 크게 증가하였고 조선인 사립학교 수는 감소하였다.

조선인 학교를 둘러싼 간도 지역의 갈등과 분쟁은 만주국 성립(1932년) 후, 만주에서 일제가 그 우세를 확정 지음으로써 종결되었다. 각종 조선인 사립학교들은 만주국의 학제에 편입되어 자주성을 상실하였던 것이다. 물론 1937년 재만 조선인의 일본인으로서의 치외법권治外法權이 철폐되면서 재만 조선인 학교는 명목상 조선총독부에서 만주국으로 그 관리·감독권이 이양되었다. 그러나 만주국이 일제의 괴뢰 정권인 만큼 실질적으로 조선인 학교에 대한 일제의 통제 및 조선인에 대한 동화·황민화 교육은 여전했으며 태평양전쟁(1941~1945년) 기간에는 더욱 강화되었다. 게다가 만주국 수립 이후 재만 조선인 교육은 더

26. 박금해, 앞의 책, 2012, 241쪽.
27. 朝鮮族簡史 編寫組, 『朝鮮族簡史』, 延吉: 延邊人民出版社, 1986, 45쪽.

어려운 처지에 놓였다. 재만 조선인은 소위 일본 신민이지만 만주국 경내에 거주하는 만주국 국민이기도 하기에 조선 경내에서처럼 '충량한 일본 신민' 양성이라는 교육 목표와 '만주국의 민족협화'라는 교육 목표 사이에 갈등이 존재하였던 것이다. 이에 일제는 만주국 구성분자이면서도 일본제국의 신민이라는 상호 모순되는 이중적 교육 방침을 수립하고, 그 교육 내용은 되도록 실업 과목에 중점을 두면서 보통과를 통해 원만한 국민성 함양을 기하도록 하였으며, 일본어를 각 민족의 공용어로서 중시하였다. 1945년 이전 재만 조선인 교육은 시기적으로 1931년을 기점으로 다음과 같은 특징을 지닌 것으로 정리할 수 있다.

표 2-9 1945년 이전 재만 조선인 교육사 시기 구분과 교육 상황

시기 구분	교육 상황
자유 이민 시기 (1906-1930)	- 재만 조선인 교육의 출발 - 반일 민족사립학교 설립과 확대 - 일제(조선총독부, 만철 등)에 의한 조선인 사립학교 탄압 및 조선인 교육기관 운영 - 중국에 의한 조선인 교육 간섭
강제 집단 이민 시기 (1931-1945)	- 1931년 만주국 수립 - 1937년 재만 조선인의 치외법권 철폐 - 1937년 신학제 실시, 차별적인 황민화 교육 실시

1945년 이전 재만 조선인 교육의 시기별 특징은 이 글의 연구 사례 3개교 설립 과정 및 운영을 통해서도 확인할 수 있다.

우선, 만철 부속지에 설립된 장춘시 관성구조선족소학교는 장춘 지역 조선인 수가 증가하면서 1922년에 조선인 민회의 주도로 설립되어 조선총독부의 관리와 보조금 지급하에 운영되었다. 이후 1927년 조선총독부와 만철 간의 〈재만 조선인 교육에 관한 협정〉이 체결되자 만철에서 학교 보조금을 전액 출자하였고, 1933년부터는 만철이 독자적으로 학교 관리와 운영을 맡게 되었다. 또한 1931년 만주국 수립 이후

일제가 1937년 신학제를 발표하면서 재만 조선인의 교육권을 만주국(민생부)에 이양하였을 때, 만철 부속지의 14개 조선인 초등학교는 제외시켰다. 이에 만철 부속지에 위치한 이 학교는 관동군 세력권에 속해 있는 일본대사관 교무부 관하管下의 신경보통학교조합(후에 영락소학교조합으로 개칭)에 의해 영락심상소학교, 영락재만국민학교 등으로 개칭되어 운영되었다. 이 학교는 남만에 위치한 만철 부속지라는 정치적 특수성으로 인해 조선인 민회, 조선총독부, 만철, 관동군(일본대사관 교무부) 등으로 그 운영의 주도권이 변화되어갔다.

다음으로, 간도 지역에 설립된 연길시 중앙소학교는 일제가 조선 이주민의 대량 증가와 더불어 조선인 교육을 간섭하려고 일본영사관 및 분관의 상부지에 설립한 조선인 보통학교이다. 일제는 1907년 통감부 간도파출소에서 용정 서전서숙의 교사를 매입하여 1908년 처음으로 간도보통학교를 설립한 후 점차 일본영사관 분관 상부지 내에 조선인 보통학교를 설립하였는데, 이는 바로 1915년 국자가 상부지 내에 설립된 간도보통학교 국자가분교이다. 따라서 이 학교는 조선총독부에서 직접 경영을 맡았고 학제, 교육과정, 교과서 등 모든 학교 운영이 조선 국내의 교육제도와 동일하였고 교사도 조선 국내에서 파견하였으며, 운영 경비는 함경북도 지방 경비에서 충당되었다. 그 후 1937년 12월에 만주국 학제에 따라 연길가공립대화국민우급학교로 개칭되었고 간도성에서 관할하였다. 이 학교는 조선인들이 밀집해 있는 간도 영사관 분관 상부지라는 특수성으로 인해 조선총독부와 일제 괴뢰국인 만주국에 의해 관리되었으며, 전형적인 일제 측 조선인 교육기관으로 운영되었다.

마지막으로 오상시 민락조선족향중심소학교는 농토부동산 경영회사인 만몽산업주식회사 조선인 개척조합이 1939년 오상시 안가 지역에 안가농장을 개장하면서 인가농장에 교육계를 설치하여 설립한 소학교로서, 농장이 설립된 1939년 겨울부터 교육을 실시하였다. 모든 학교 설립과 운영에 필요한 자금은 만몽회사에서 부담하였다. 이 학교는 모든 운영비를 만몽회사가 부담하는 민간 교육단체의 성격을 띠었기에 만주국 정부에서는 재정 지원을 하지 않았다. 그 후 이 학교는 1942년 오상현공립안가농장동국국민우급학교가 되었다. 일제가 조선인에 대한 정치적 통제와 안전정책을 더욱 강화하던 시기였기에, 민영인 이 학교를 만주국 신학제에 맞추어 우급학교(완전소학교)로 승급시켜 일정한 교육 경비와 설비를 지원하면서 만주국 공립학교로 운영하였던 것이다. 이처럼 연구 사례가 된 3개 학교의 역사는 1945년 이전 만주 지역에 존재하였던 다양한 조선인 교육의 사회적·정치적 상황을 그대로 반영하고 있다.

2. 1945년 이후의 조선족 교육

1945년 이후 조선족 교육은 그 이전과 다르게 진행되었다. 1945년 이후 조선인들은 중국 공민이 되었고, 조선족 교육은 중국 교육의 일부분이 되었다. 정책이나 예산에 있어 중국 공산당 정부의 지시와 지원을 받는 사회주의 교육 체제하에서 조선족으로서의 소수민족교육이 시작되었다. 조선족 교육 체제는 중화인민공화국이 성립된 이후 유치원에서 대학에 이르는 완전한 단일 민족교육 방식으로 확립되었다.

1945년 일제 항복 이후 중국은 국·공 내전 상태가 되었다. 그중 공산당과 그 지방인민정부에서는 조선인 이주민들에게 민족 자체적으로 자금을 모아 학교를 설립하거나 혹은 민간이 학교를 건립하고 정부에서는 보조하는 등 여러 가지 형식으로 학교를 건립할 것을 호소하였다. 그리하여 조선인들은 원래 있던 중소학교를 회복하였고, 민족의 언어와 문자로 교수하기 시작하였다.[28] 이러한 학교교육의 회복에 이어 조선인 학교의 관리 체제가 형성되기 시작하였다. 예를 들어 연변행정독찰전원공서에서는 1946년 7월 23일 훈령을 발표하여, "시市급에 1개 내지 2개의 중심완전소학교를 설립하고, 구區급에 1개의 중심완전소학교를 설립하며, 만일 2개의 중심완전소학교를 설립할 경우에는 조선족과 한족이 각각 1개의 학교를 설립"하도록 하였다. "조선족 학교와 한족 학교가 통합할 때에는 학급을 민족별로 편성"하도록 하였다.[29] 이에 따라 동북민정국의 통계 자료에 따르면 1949년 3월 동북 3성 경내의 조선족 중학교는 70여 개로 늘었고, 교원은 550명, 학생은 16,700명에 이르렀다. 소학교는 1,500여 개이고, 교원은 5,500명이었으며, 학생은 180,000명이나 되었다.[30] 1949년 동북 조선족 중소학교 현황을 정리하면 다음 표와 같다.

표 2-10 1949년 동북 3성 조선족 중소학교 현황표[31]

학교	성	길림	요동	요서	심양	합강	송강	흑룡강	저리무맹	합계
소학	학교	660	327	34	3	150	226	–	–	1,400
	교사	3,046	657	85	24	458	892	–	–	5,162
	학생	121,630	22,282	3,206	1,040	13,164	32,077	–	–	193,399
중학	학교	40	8	2	1	3	9	1	–	64
	교사	575	38	11	15	16	120	2	–	777
	학생	15,474	905	297	410	464	2,616	49	–	20,215

28. 김경식, 앞의 책, 2004, 666~667쪽.
29. 연변대 교육심리학교연실, 앞의 책, 1987, 154쪽.
30. 동북민정국, 1949. 3, 「3년내 조선민족사업자료」(박금해, 앞의 책, 2012, 316쪽에서 재인용).
31. 중국조선족교육사 편찬위원회, 앞의 책, 1991, 253쪽.

이후 국·공 내전은 공산당의 승리로 종결되었고, 1949년 10월 1일 중화인민공화국이 창건되었다. 이때부터 중국 정부는 소수민족교육에 대한 원칙을 수립하기 시작하였다. 즉, 1951년 중앙인민정부 교육부에서는 제1차 전국민족교육회의를 소집하여 "소수민족교육은 신민주주의적(민족적, 과학적, 대중적)인 내용에 따라 여러 민족들의 발전 형식과 진보에 알맞은 민족 형식을 취해야 한다"라는 원칙을 발표하였고, 1956년에는 제2차 전국민족교육회의를 통해 조선족 중학교 교원은 연변대학에서, 소학교 교원은 연변사범학교에서 양성하기로 하고, 조선족 학교의 교수요강·교과서 등은 연변교육출판사에서 계속 맡기로 하였다.[32] 1947년 중국에서 첫 번째로 세워진 민족 출판사인 연변교육출판사가 설립되고, 1949년 중국에서 첫 번째로 세워진 소수민족 대학교인 연변대학교가 설립됨으로써, 연변에서는 조선족 소학교부터 대학에 이르기까지 민족의 언어로 수업하는 민족교육 체계가 확립되었던 것이다.

조선족 학교의 특징적 교육과정은 조선어, 조선역사, 조선지리라 할 수 있다. 그런데 1950년대 후반에 접어들어 정풍운동과 사회주의 교육운동이 심화됨에 따라 전반적 사회 풍조는 '한족 중심의 민족대단결'을 강조하였고, 조선역사와 조선지리 등의 교과목은 독립적인 교과가 아닌 세계역사와 세계지리에 편입되었으며, 중국어 교육이 점차 강화되었다.[33] 특히 문화대혁명 시기(1966~1976)에는 극좌파적 사조의 영향으로 소수민족 문자는 '쓸데없는 것'이며 '한어를 배우는 것이 방향'이라고 강조되면서 '조선어 무용론'이 대두하였다.[34] 이에 따라 조선족

32. 중국조선족교육사 편찬위원회, 앞의 책, 1991, 284~287쪽.
33. 박금해, 앞의 책, 2012, 332~333쪽.
34. 연변대 교육심리학교연실, 앞의 책, 1987, 311쪽.

학생 중 민족언어 문맹이 증가하였고, 1950년대 후반부터 70년대 중반까지 약 20여 년간 조선족의 민족언어는 종속적 지위로 전환되었다.

그러나 문화대혁명 이후 중국 정부는 단절되었던 교육을 회복하기 위해 1979~1983년 사이 5,000여 명의 문맹을 퇴치하였으며, 1984년에는 민족구역자치법을 통해 민족자치기관의 자주적 교육권을 규정하였다. 또한 1986년 '중화인민공화국의무교육법'을 반포하였고, 연변에서는 1996년 이전에 9년제 의무교육을 실시하였다.[35]

한편 1980년대 농촌 경제 체제의 개혁과 시장경제가 발전하면서 사회·경제생활에서 중국의 공통어인 한어漢語가 중요시되어, 일상생활어로 자리 잡았다. 개혁개방 이후 중국 정부가 교육을 국책 사업으로 정하고 의무교육을 추진하면서 한족 교육이 크게 발전하여 조선족 교육의 질적 비교 우위가 상실되기 시작했다. 민족언어만을 습득하는 것은 사회 이동과 지위 상승의 제약 요인으로 작용하게 되었다. 한족이 전체 인구의 93%를 차지하여 한어가 중국의 공용어로서 개인의 능력을 평가하는 주요 기준인 상황에서 민족언어는 지식의 지리적·사회적 유용성이 축소되기 때문이다. 민족언어 사용의 장이 학교 수업에만 한정되고 있고, 산거지구 조선족 학교에는 조선어 과목을 제외한 기타 과목의 수업이 한어로 이루어지면서 조선족 학교의 민족문화 전승 기관 기능이 점차 상실되어갔던 것이다. 더불어 민족문화의 전승과 민족문화를 습득한 구성원이 감소하였다. 조선족 인구의 도시와 외국으로의 이주 등으로 연변조선족자치주 조선족 인구가 감소하면서, 1996년 말 연변조선족자치주 218만 5,000명 중 조선족 인구는 85만 5,000명으로 연변조선족자치주 인구총수의 39.1%에 불과하게 되었다. 1985년

35. 박금해, 앞의 책, 2012, 339쪽.

419개였던 조선족 소학교가 1995년 177개, 118개였던 중학교가 49개로 줄었다. 다음의 표는 1990년대 중반 이후 연변 지역 조선족 중소학교의 감소 현황을 보여준다.

표 2-11 1989-2002년 연변 지역 조선족 중소학교 수(민족연합학교 제외)[36]

학년도	소학			초중			고중			완전중		
	농촌	縣鎭	계	농촌	縣鎭	계	농촌	縣鎭	계	농촌	縣鎭	계
1989-1990	188	46	234	19	24	43	-	9	9	-	13	13
1995-1996	77	57	134	6	26	32	-	8	8	-	7	7
1998-1999	67	54	121	1	24	25	-	8	8	-	7	7
2001-2002	43	42	85	2	23	25	-	8	8	-	7	7

이 글은 1945년 이전뿐 아니라 1945년 이후 현재까지의 민족교육 역사가 변천되어온 과정을 3개 학교의 예를 통해 밝히고자 한다. 사례 대상이 된 3개 학교는 앞에서 언급한 기본적 교육 상황을 공통적으로 겪었다. 이에 따라 1945년 이후 조선족 교육사는 중국의 정치적 변혁과 궤를 같이하며, 다음과 같이 시기를 구분할 수 있다.

표 2-12 1945년 이후 조선족 교육사 시기 구분과 교육 상황

시기 구분		교육 상황
사회주의 성립기	국공내전 전반기 (1945. 8. 15~1948. 11. 14)	-내전의 격전지 -정치계몽 교육, 간부 양성
	국공내전 후반기 (1948. 11. 15~1949. 11. 30)	-신형 정규화 교육 -경제 건설 인력 양성
사회주의 확립기	대약진운동기 (1950~1965)	-민족교육기관으로 성장 -학생 수 증가
	문화대혁명기 (1966~1976)	-조선어 교육 폐지 -민족교육기관 압살
개혁개방기	한중수교 이전 (1978~1991)	-민족교육정책의 활성화 -중국어 교육의 시작, 이중 언어교육
	한중수교 이후 (1992~2014)	-민족교육의 새로운 활로 모색 -다양한 민족교육 아이디어 창출 -농촌 학생 수 감소에 따른 폐교 위기

36. 연변조선족자치주교육위원회 편, 『교육통계자료』(박금해, 앞의 책, 2012, 342쪽에서 재인용).

이 글은 제3장, 제4장, 제5장에서 학교가 소재한 지역의 일반적 교육에 관한 개황을 설명한 후 연구 대상 학교의 역사를 표에서 구분한 시기별로 재구성하여 실제로 민족교육이 진행된 모습을 드러낸다. 수집된 자료는 시기별로 구분하여 정리될 것이며, 학교별로 정리된 자료를 바탕으로 그 변화 과정을 분석한다.

제3장

사례 1(조선족 산거지구):
장춘시 관성구조선족소학교[1]

-장춘 최고最古의 조선족소학교,
역경을 딛고 꾸준한 발전을 이어가다

조선어와 중국어 현판이 나란히 걸려 있는 장춘시에서
가장 오래된 조선족소학교인 장춘시 관성구조선족소학교 정문

---

1. 제3장은 졸고, 「일제강점기 재만 조선인의 교육과 그 체험: 장춘(신경)보통학교(1922~1945)의 사례를
중심으로」(『한국교육사학』 29(2), 2007. 10)와 「중국 조선족 민족교육, 그 지속과 변화: 길림성 장춘시
관성구조선족소학교(1945-2009)를 중심으로」(『한국교육사학』 32(1), 2010. 4) 2편의 논문을 수정·보
완하여 작성하였다.

제1절 1945년 이전의 역사

관성구조선족소학교는 1922년 장춘 만철 부속지에 설립된 장춘 지역 최고最古의 조선족 소학교이다. 장춘은 남만 지역의 대도시이다.[2] 장춘長春(만주국 성립 이후는 신경新京으로 개칭)[3]은 1932년 만주국의 수도가 되었으며, 1934년 말에 이르러 만주국 내에서 인구수로 하얼빈과 봉천(심양)에 이은 3번째 대도시가 되었다.[4] 이 학교는 이러한 남만 지역의 조선족 산거지구에 위치한 단일한 조선족 초등교육기관으로, 올해(2014년)로 개교 92주년을 맞이하는 장춘 최고의 조선족 학교이다.[5] 간도 지역의 조선인 초등학교 대다수가 사립학교로 시작하여, 1931년

2. 2009년 현재 장춘 지역은 장춘시구에 속하는 6개구(조양구, 남관구, 관성구, 이도구, 녹원구, 쌍양구) 와 장춘지구에 속하는 4개 현 및 시(유수시, 농안현, 구태시, 덕혜시)로 이루어져 있다.
3. 관성구조선족소학교(寬城區朝鮮族小學校)는 1940년까지 '장춘(신경)보통학교'로 불리다가 1940년 이후 '신경영락심상소학교(新京永樂尋常小學校)', '신경영락제만국민학교(新京永樂在滿國民學校)'로 그 명칭이 바뀌었다. 1922~1945년 가장 오랫동안 불린 이름은 '장춘(신경)보통학교'였던 것이다.
4. 조현경(趙賢景)은 만주국에서 봉천이 아닌 신경을 왕도(王都)로 정한 이유는 지리상 만주국의 중앙에 있을 뿐 아니라 정치, 교통의 중심지이며 물이 좋고 지가가 싸기 때문이라면서, 신경의 발전하는 모습에 대해 "건설도상에 있다는 이 도시의 호화(豪華)란 동양제일조의 대도회를 계획 중이라니까 더 기다려서 할 말이 있겠지만 지금만 해도 면목이 뚜렷하다"라고 했다(趙賢景, 「新京生活雜感」, 『朝光』 1(2), 조선일보사출판부, 1935. 12; 趙賢景, 「新京閑談」, 『女性』 4(4), 조선일보사출판부, 1939. 4).
5. 이 학교는 현재 인성교육과 결합한 민족 특색 교육 사업으로 조선 민족의 예의범절, 민족 전통 예술, 민족 음식 문화, 태권도 등에 대한 교육을 실시하고 있다(「장춘시관성구조선족소학교-민족 특색 교육 예서 꽃핀다」, 『(인터넷)吉林新聞』, 2005. 11. 26). 그러나 최근(2006) 학교 시설 및 교원 대우 등의 저하와 학생 수(207名)의 급감에 따라 장춘시 내에 있는 다른 2개의 조선족 소학교(녹원구, 이도구)와 통합해야 한다는 합병론에 휩싸여 있다(「장춘시 조선족 소학교 합병설 화제」, 『(인터넷) 吉林新聞』, 2006. 3. 16).

이후 일본 보통학교 체제로, 1937년 이후 만주국 국민학교 체제로 변화되어갔던 것과는 달리, 이 학교는 일제의 만철 부속지에 위치한 만큼 설립 시기부터 1945년 일제가 패망할 때까지 철저히 일제 여러 세력의 관리하에 일본 초등교육 체제로 운영되었다. 즉, 초기에는 외무성과 조선총독부의 보조금 지원을 받으면서 조선총독부 관리하에 조선인 민회에서 운영하다가, 1927년부터는 만철 보조금만을 받게 되었고, 1933년부터는 만철의 직접적인 경영 체제하에 들어가게 되었다. 1937년 이후 조선인 초등교육 관리권이 만주국에 이양되었을 시에도 일본 대사관문교부 관할하에 신경영락소학교조합인 일만日滿 양국 정부의 지원금에 의해 운영되었다. 이 절에서는 이러한 이 학교의 역사를 이해하기 위해 장춘 지역의 조선인 교육 개황을 살펴본 후, 관성구조선족소학교의 역사를 알아본다.

1. 장춘 지역의 조선인 교육

1) 조선인 인구수와 조선인 초등학교의 개황

1906년, 장춘에 일본영사관을 개관할 당시 장춘 지역[6]의 조선인은 십수 호에 지나지 않았다.[7] 조선인들은 장춘영사관 주변인 만철 부속지 동남단과 상부지 사이에 있는 상업지구 일대에 정착했다. 그러나 조선인 시가를 형성할 만큼은 아니었다. 그 후 장춘 만철 부속지의 조

---

6. 장춘은 그 내부에 4개의 상이한 지역이 서로 시기적으로 발전하여 어우러진 도시이다. 4개의 지역이란 구도시(성내), 만철 부속지, 상부지(외국인 교역 장소), 신시가지이다. 특히 장춘은 1932년 3월 만주국의 수도로 정해지면서 신경으로 개칭되었고, 1937년 12월에는 만철 부속지를 병합하여 1942년 현재 신시가지구 10개, 농촌지구 6개로 확장되었다(김경일 외, 『동아시아의 민족 이산과 도시-20세기 전반 만주의 조선인』, 서울: 역사비평사, 2004, 174~186쪽).
7. 新京總領事館, 『管內在住朝鮮人ノ概況』, 1933, 1쪽.

선인 인구는 1920년 286명, 1925년 418명(92호), 1926년 689명(149호), 1928년 954명(212호), 31년 2094명(423호)로 증가했고,[8] 장춘 지역 전체로서는 1927년 2,285명, 1929년 2,507명으로 증가했다.[9] 1931년 만주국이 성립되고 장춘이 만주국 수도로 발전하자, 조선과 만주 각지에서 오는 조선인 수는 격증하기 시작하였다. 조선인들은 신경의 상부지, 성내, 신시가지로 거주 지역을 점차 확대해갔던 것이다.[10] 1930년대 연길에서 장춘으로 이사를 온 한 조선족은 장춘 조선인 마을에 들어섰을 때의 상황을 다음과 같이 말했다.

　　3학년 때, 내 열 살 때, 그래 정거장에 떡 내리니깐 처음이지, 촌골 아이가 처음 큰 시내에 오니까…… 으리으리하지, 집이 크지…… 대마로大馬路 남쪽 이도하자二道河子입니다. 이도하자라는 게 빈민굴입니다. 옛날에 빈민굴이 이도하자하고 반리보半里堡라는 데 있습니다. 장춘 동쪽에 있습니다. 지금은 개발구가 됐는데, 그래 거기 가는데 말에서 내려서 반 시간, 한 40분 가서 척 선 게 어떤 데로 갔는가 하면 흙으로 만든 집이고 지붕 위는 빠이후이白灰로 이런데 그런 집에 떡 섰지.[11]

조선인 수가 크게 증가하던 1931년부터 1945년까지 만철 부속지를

8. 田志和 馬鴻超 王德才, 『長春市志 少數民族志 宗敎志』, 吉林人民出版社, 1998, 90쪽(김경일 외, 앞의 책, 2004, 189쪽에서 재인용)
9. 滿蒙協會, 『滿蒙年監』, 1930, 24-25쪽.
10. 신경의 대표적 조선인가(街)는 매지정(梅技町), 조일통(朝日通), 영락정(永樂町) 등이 그 지구로서 형성되어 있었다. 이 부근 일대에 거주하는 조선인의 수는 1938년 7월 현재 2,000여 명 정도(그 나머지 지역에 약 1만 2,000여 명이 산재)였다. 이곳에는 조선인뿐 아니라 일본인, 몽골인, 약간의 러시아인이 혼합되어 거주하고 있었다. 이 지구 내에는 일본영사관을 비롯해 신경조선인협화회분회, 신경조선인협화문화부, 신경조통(曹通)학교(조선인 아동 약 900여 명 수용), 기타 사회 각 단체 등 조선인사회의 친목단체와 만주국 지도단체가 몰려 있었다(李台雨, 「新京의 朝鮮人街」, 『四海公論』 4(7), 1938. 7).
11. 「정봉권 구술 자료」(2007. 4. 13; 2007. 4. 24).

포함하는 신경특별시의 조선인과 일본인 인구수는 다음과 같다.

표 3-1   1931~1943년 장춘의 조선인과 일본인 인구수[12]

연도	총인구(명)	조선인(명, %)		일본인(명, %)	
1931	124,332	2,502	2.0	10,743	8.6
1932	152,017	3,332	2.2	16,350	10.8
1933	193,558	4,762	2.5	28,249	14.3
1934	218,686	5,620	2.6	39,332	17.8
1935	248,042	7,221	2.9	57,038	23.0
1936	310,849	7,411	3.1	62,887	26.0
1937	334,692	7,032	2.1	65,228	19.5
1938	378,325	10,115	2.7	82,146	21.7
1939	415,473	12,468	3.0	95,593	23.0
1940	555,009	16,424	3.1	110,138	19.5
1941	527,445	17,118	3.2	130,705	24.8
1942	566,540	20,971	3.7	132,052	23.3
1943	740,262	24,507	3.3	139,105	18.8
1944	899,997	22,531	2.5	162,974	18.1
1945	716,815	10,620	1.5	143,453	20.0

위의 표에 의하면, 장춘 지역 조선인 수는 만주국 성립 이전 2,502
명을 기록하였으나, 그 후 4배 이상 급속하게 증가하면서 1938년에
10,000명을 넘었고, 1943년에 최고치인 24,507명에 이르렀다. 또한 장
춘 지역은 조선인 수의 증가와 더불어 재만 조선인 전체에서 차지하
는 인구 비율도 점차 증가하였다. 1930·1935·1940년 재만 조선인 중
장춘 지역의 조선인 수와 비율을 만주 전체 및 간도 지역과 비교해서
나타내면 다음 표와 같다.

표를 살펴보면, 장춘 지역의 조선인 인구가 재만 조선인 내에서 차

---

12. 이 표는 김경일 외, 앞의 책, 2004, 191쪽을 참조해서 작성하였다.

표 3-2 1930~1940년 간도 및 장춘 지역의 조선인 인구 개황[13]

연도	만주 지역		간도 지역		장춘 지역	
	인구수	비율	인구수	비율*	인구수	비율*
1930	607,119	100	394,937	65.0	2,989	0.0049
1935	826,570	100	469,461	56.7	7,221	0.0087
1940	1,450,384	100	616,019	42.4	16,424	0.0113

비고: *비율은 만주 지역 전체에서 차지하는 인구 비율을 나타냄.

지하는 인구 비율은 간도 지역에 비해 극히 적었음을 알 수 있다. 그
런데 그 비율은 간도 지역과 반대로 점차 증가하는 추세였다. 1930년
에서 1935년 사이와 1935년에서 1940년 사이 장춘 지역 내 조선인 증
가 비율은 각각 2.41배, 2.27배로 간도 지역의 1.18배, 1.31배에 비해
더 높았다. 장춘 지역의 조선인 인구는 간도 지역보다 더 빠른 속도로
성장하였다.

일제의 남만주철도주식회사는 1904년 러일전쟁 이후 남만철도 및
부속지 내[14]의 토목, 교육, 위생 등 사업을 관장하였다. 만철이 처한 지
리적 위치로 볼 때 만철의 영역 범위가 대부분 만주의 대도시를 중심
으로 했기에 만철은 조선인에 대한 동화교육보다 부속지 내의 중국
인 청소년에 대한 동화교육이 더 시급했다. 관례상 만주 지역의 조선
인 교육은 조선총독부에서 관리하였고, 1921년 5월 제1차 동방회의에
서 채택한 '재외조선인보호취체에 관한 구제방책'에서도 재외 조선인
교육은 조선총독부에서 하도록 되어 있었다. 그러나 1920년대에 들어
서면서 만철 및 그 부속지에 조선인 이주민이 대폭 증가함에 따라 각

---

13. 滿洲國警務總局, 『滿洲帝國現住人口統計』, 1941; 滿洲國國務院總務廳, 『臨時國稅調查報告』,
    1940; 김경일 외, 앞의 책, 2004 등을 참조하였다.
14. 만철 부속지는 장춘으로부터 대련에 이르는 철도 및 그 연선 양측의 30리 이내의 구역을 지칭하는
    것으로 長春·四平·開原·鐵嶺·沈陽·遼陽·鞍山·營口·盖平·瓦房店·撫順·本溪·丹東 등 10개의 대
    중도시를 포함한다.

지 영사관과 조선인 민회의 압력하에 만철은 조선인 교육에 대해 더는 수수방관할 수 없게 되었다. 만철 부속지에는 일본영사관·거류민단·경찰서의 지원하에 조선인 학교들이 설립되기 시작하였고, 1919년 8월 만철은 처음으로 철령육영학교에 경비를 지불하였으며, 만철 사원을 교원으로 파견하였다. 그 뒤를 이어 봉천, 장춘, 안동, 개원 등지의 조선인 학교도 만철회사의 보조를 받게 되었다.[15]

장춘 지역의 경우는 조선인 수가 증가함에 따라 1922년 9월, 처음으로 조선인 초등학교가 조선인 민회에 의해 만철 부속지에 설립되었다. 그것이 장춘보통학교였다. 그 후 1928년 장춘총영사관 내(사평가四平街, 공주령公主嶺 포함) 소재한 조선인 초등학생 수는 장춘 지역 공립학교인 장춘보통학교의 186명 이외에 2개의 사립학교와 1개의 사숙에 있는 학생을 포함해 총 228명이었고,[16] 1934년에는 학교 수가 6개, 교원 29명(일본인 3명, 조선인 26명), 학생 수 1,446명, 경비 40,720원(조선총독부 1,680원, 만철 33,870원)로 확대되었다.[17] 이는 당시 재만 조선인 초등학교 수(226교)의 2.65%, 학생 수(37,587명)의 3.84%, 교원(794명)의 3.65%, 경비(619,305원)의 6.57%로[18] 재만 조선인 인구수에 대한 신경 지역 조선인 인구수의 비율에 비해, 조선인 초등학교 관련 제 비율은 더 높았음을 알 수 있다. 또한 1935년에는 만주 전체 조선인 초등학교 278개 가운데 총 8개가 신경총대사관 내에 소재하게 되었다. 당시 이들 조선인 초등교육기관은 3개를 만철(보통학교)에서, 4개를 조선인 민회에서, 1개를 일본인이 운영했으며, 모두 일제 측(만철, 조선총독부, 일본 외무성)이 그 운영금을 보조하였다.[19] 1935년 신경총대사관

---

15. 박금해, 앞의 책, 2012, 199~201쪽.
16. 『長春市誌敎育誌』, 204쪽.
17. 在滿日本帝國大使館, 『在滿朝鮮人槪況』, 1934(1934년 6월 말 현재), 398쪽.
18. 在滿日本帝國大使館, 『在滿朝鮮人槪況』, 1934, 372쪽.

내 조선인 초등학교 개황을 표로 나타내면 다음과 같다.

표 3-3 1935년 신경총대사관 내 조선인 초등학교 개황[20]

교명	경영자	교지(校地)	설립 연도	교원 수	학생(명)
신경보통학교	만철	신경 만철 부속지	1922. 9.	일본인 3, 조선인 14	837
사평가보통학교	만철	사평가 만철 부속지	1933. 10.	일본인 1, 조선인 4	227
공주령보통학교	만철	공주령 만철 부속지	1934. 2.	조선인 3	106
孤楡樹학교	신경조선인민회	伊通縣 고유수	1933. 4.	조선인 4	186
萬寶山학교	신경조선인민회	장춘현 만보산	1935. 5.	조선인 2	70
寬城子학교	신경조선인민회	신경 관성자	1935. 5.	조선인 3	201
五家子학교	공주령조선인회	懷德縣 오가자	1933. 4.	조선인 3	328
廣明학교	茶谷榮次郎	伊通縣 赫爾蘇	1934. 4.	조선인 2	45
합계				일본인 4, 조선인 35	2,000

표에 의하면 신경총대사관 내 조선인 초등학교는 1933~1935년 사이 집중적으로 설립되었다. 이는 1931년 만주에서 일제 측이 그 운영금을 보조하는 조선인 초등학교는 63개였으나, 1938년에는 138개로 대폭 증가했던 만주 지역 전체의 전반적 조선인 초등교육 상황과 대체로 일치한다.[21] 또한 1935년 신경총대사관 내 총 8개 학교 중에서 사평가와 공주령을 제외한 지역인 신경특별시의 5개 초등학교에는 1,667명의 조선인 학생이 재학하고 있었다.[22]

신경 지역에는 이러한 조선인 초등학교 이외에도 1935년 현재 6개의

19. 在滿日本帝國大使館, 『在滿朝鮮人槪況』, 1935. 61쪽.
20. 『長春市誌 敎育誌』에 의하면, 표에 있는 학교 중 신경 지역에 있는 학교인 신경보통학교, 고유수학교, 만보산학교, 관성자학교의 학생 수는 841, 184, 48, 243명으로 표의 수치와는 약간의 차이를 보인다.
21. 滿洲帝國國務院文敎部, 『在滿朝鮮人學校調査計』, 1936, 1~49쪽.
22. 신경총영사관 내에는 3개의 조선인 보통학교가 있었으나 그중 사평가와 공주령 지역을 제외한 지역인 신경 지역 내에서는 일제강점기 내내 신경보통학교가 유일한 보통학교였다. 1935년 당시 신경보통학교는 조선총독부가 관리, 감독하고 조선인 민회에서 운영하는 신경 지역 조선인 소학교 평균보다 학생 수는 4배, 경비는 11배 정도 컸다. 신경 지역 최대의 조선인 초등학교였던 것이다(滿洲帝國國務院文敎部, 『在滿朝鮮人學校調査計』, 1936, 1~49쪽).

조선인 서당에 306명의 조선인 학생이 다니고 있었다.[23] 일제(조선총독부)는 신경 지역에서 교원 2명인 조선인 초등교육기관은 학교로, 교원 1명을 둔 초등교육기관은 편의상 서당이라고 칭했으며, 이러한 조선인 서당 역시 1933~1935년 사이에 여러 개를 설립하게 했던 것이다.[24] 1935년 현재 신경 지역 조선인 서당의 개황을 표로 나타내면 다음과 같다.

표 3-4 1935년 신경 지역의 조선인 서당 개황

교명	경영자	교지	창립 연도	교원 수(명)	학생 (명)
와중고(洼中高) 서당	조선인 민회	장춘현 와중고	1934. 4.	조선인 1	69
하가둔(賈家屯) 서당	조선인 민회	구태현 매가둔	1934. 1.	조선인 1	44
소영자(小營子) 서당	조선인 민회	쌍양현 소영자	1934. 4.	조선인 1	22
하구태(下九台) 서당	조선인 민회	구태현 하구태	1935. 8.	조선인 1	26
광동(光東) 서당	김창풍(金昌風)	유수현(楡樹縣)	1933. 4.		48
고산(靠山) 서당	둔립	유수현 고산둔	1934. 4.		62

이러한 1935년 신경 지역 조선인 초등교육기관의 현황을 당시 만주국 전체 현황과 비교하여 표로 나타내면 다음과 같다.

표 3-5 1935년 만주국과 신경 지역의 조선인 초등교육기관 개황[25]

	만주국			신경		
	학교 수	교원 수	학생 수	학교 수	교원 수	학생 수
보통학교	188(188)	634	28,349	1(1)	17	837
사립학교	257(94)	595	28,253	4(4)	11	830
서당	72(15)	34	3,032	6(6)	4	360

비고: ( ) 안의 수는 일제 측으로부터 보조금을 받는 학교 수를 나타냄.
단위: 명

23. 『長春市誌·敎育誌』, 205쪽.
24. 在滿日本帝國大使館, 『在滿朝鮮人槪況』, 1934, 381~383쪽, 장춘 지역 서당의 교사는 보통학교 졸업 정도의 학력을 가진 자로 임금은 30~40원 정도의 봉급을 주었다. 서당에서는 조선총독부가 편찬한 교과서를 사용했으며, 심상과 4년 정도의 수업까지 진행하였다.

위의 표를 살펴보면, 1935년 현재 만주국 내의 조선인 초등교육기관 중에서 일제가 운영하는 보통학교를 제외한 사립학교와 서당의 절반 이하가 일제 측으로부터 보조금을 받았었으나, 신경 지역의 조선인 초등교육기관은 전부가 일제 측의 보조금을 받고 있음을 알 수 있다. 신경 지역은 철저히 일제 측의 관리하에 조선인 초등교육기관이 운영되었던 것이다. 그 후 신경 지역은 1940년부터 초등교육 3개년 계획에 의해 교원의 증원, 교사의 확장, 학교 내부의 정비·확충 등을 실시하였다. 이에 따라 신경특별시 내 전체 초등학교는 1939년에 비해 1940년에는 학급 수가 264개에서 324개로, 교육 경비는 363,289원에서 5,708,04원으로 증가했고, 1941년에는 학급 수를 405개로 늘릴 계획을 세우기도 했다.[26] 신경 지역에는 만주국 성립 이후 조선인이 급속히 증가하였고, 이러한 조선인들의 자제를 수용할 조선인 초등교육기관들은 모두 일제의 관리하에 운영되었다.

2) 조선인의 초등학교 취학 및 중등학교 진학

장춘 지역 조선인 수가 증가함에 따라 조선인 초등학교 취학생과 졸업생 수 역시 증가했다. 장춘보통학교의 예를 통해 이를 살펴보자. 다음은 만주국 성립 이전의 장춘보통학교 입학생 수와 졸업생 수를 표로 나타낸 것이다.

1925년, 신경 지역의 조선인 100명당 조선인 초등학교 취학생 수는

---

25. 滿洲帝國國務院文敎部, 『在滿朝鮮人學校調査計』, 1936, 1~49쪽; 在滿日本帝國大使館, 『在滿朝鮮人槪況』, 1935. 61쪽.
26. 한편 1940년 5월 말 현재 일본인 소학교(신경일본인학교조합이 경영)는 11개였고, 학급 수는 191개, 아동 수 9,128명이었다. 또한 일본 청년학교는 학급 수 61개, 학생 수 2,327명, 일본 실천여학교 학급 5개, 생도 수 144명이 있었다(新京特別市長官房, 『國都新京』, 滿洲事情案內所刊, 1940, 72~73쪽). 신경 전체 인구수의 19.8%를 차지하는 일본인이 신경 전체 초등학교 학급 수의 44.23%를 점유하고 있었던 것이다.

표 3-6 1925~1930년 장춘보통학교의 입학생 수와 졸업생 수[27]

	1924		1925		1926		1927		1928		1929		1930	
	입학	졸업	입학	졸업	입학	졸업	입학	졸업	입학	졸업	입학	졸업	입학	졸업
남	9	-	8	-	10	-	19	-	21	9	17	15	25	18
여	5	-	5	-	9	-	7	-	13	4	19	4	11	8
합계	14	-	13	-	19	-	26	-	34	13	36	19	36	26

단위: 명

4.55명이었다.[28] 이는 만주 지역 전체의 2.08명보다 2배 이상 높은 수치였다.[29] 그러나 만주국의 다른 도시에서와 마찬가지로 조선인 중등학교의 부실로 인해 신경 지역 역시 조선인 초등학교 졸업생의 상급 학교 진학에는 여러 어려움이 있었다. 신경 지역에는 일제의 우민화 교육정책에 따라 정규 조선인 중등학교는 끝내 없었다. 게다가 조선인 교육권을 만주국에 이양한 1938년부터 일제는 신학제를 실시하면서 종래의 초급중학교와 고급중학교를 국민고등학교로 통합하여 중등학교 학제를 6년제에서 4년제로 단축시켰는데, 국민고등학교에서는 신학제에 따라 마련된 초등학교인 국민우급학교와 마찬가지로 '민족공학'을 표방하며 만주어(한어)를 교수하였기에, 만주어를 하지 못하는 조선인 학생들은 그곳에 진학하기가 어려웠다. 따라서 만주어를 하지 못하는 신경 지역의 조선인 초등학교 졸업생들은 중등교육을 받기 위해 일본어를 교수 용어로 하는 일본계 학교 또는 학급에 진학해야 했고, 이들 일본계 중등학교 입학은 쉽지 않았다. 예를 들어 1940년 신경보통학교 졸업생은 6년제인 보통과(13기) 남자 110명, 여자 55명, 8년제

27. 南滿洲鐵道株式會社, 『在滿朝鮮人學校調』, 1930 참조.
28. 1940년 초 신경의 초등학교 취학률은 만 6~14세 학령 아동 1,614명 가운데 1,187명이 취학하여 73.5%가 되었다(『滿鮮日報』, 1940. 1. 1).
29. 중국조선족교육사 편찬위원회, 앞의 책, 1991, 88쪽; 南滿洲鐵道株式會社, 『在滿朝鮮人學校調』, 1930, 참조.

인 고등과(2기) 남자 22명, 여자 7명으로 모두 194명이었다.[30] 이들 중 일본계 중등학교인 신경중학교 37명, 신경상업 21명, 신경고등여학교 27명 등 총 95명이 중등학교에 응시(중등학교 응시를 포기한 학생 수는 107명)했고,[31] 각각 25명, 9명, 15명이 합격했다. 36명은 탈락했던 것이다.[32]

다시 말하면, 1940년대 초반 신경 지역 중등학교는 "급이 서너 개 정도"로 차등이 있었다. "제일 수준이 높은" 중등학교는 "일본계 중학교(5년제)"였으며, 만주국 학제에 따라 마련된 민족공학제인 국민고등학교(신경 제1국민고등학교는 공과, 제2국민고등학교는 상업, 제3국민고등학교는 농업)는 모두 실업계 고등학교(4년제)로 그 수준이 낮았다. 그런데 일본계 중학교는 "조선인이 들어가기 어려웠다." 그 이유는 "시험을 잘 봐서 들어가는 게 아니라 뭔가 일제와 관련이 있는 사람", 즉 "조선인 학부형회 회장이나 조선인 민회의 회장" 등 "일본 사람이랑 친한 사람의 아들이 거기 들어갔기" 때문이었다.[33] 당시 중학교 합격자들은 그 명단이 『滿鮮日報』에 실렸었는데, 1940년 현재 조선인 초등학교에서 가장 많은 중학교 합격자를 낸 곳은 단연 신경보통학교였다.[34]

이처럼 조선인 인구의 변화에 따라 장춘 지역의 조선인 학교는 성립, 발전하였다. 최초의 조선인 초등학교가 세워진 것은 1922년 9월 조선인 민회에 의해서였다.[35] 이후 장춘(신경) 지역의 조선인 초등학교

---

30. 『滿鮮日報』, 1940. 3. 26.
31. 만주국 전체로 보면 일본계 중등학교(중학교 8개고, 여학교 144개교, 실업학교 8개교)의 수용 인원은 5,170명인데, 지원자가 7,140명으로 2,700명은 수용하지 못할 형편이었다. 전체 지원자 중 일계 7,140명, 만계 28명, 선계 736명, 기타 10명이었다(『滿鮮日報』, 1940. 3. 26).
32. 『滿鮮日報』, 1940. 2. 22.
33 「정봉권 구술 자료」(2007. 4. 24) " "는 구술 자료에서 직접 인용한 내용임을 나타낸다.
34. 한 예로 신경상업의 조선인 합격자 9명 중 6명이 신경보통학교 졸업자였다(『滿鮮日報』, 1940. 3. 4: 『滿鮮日報』, 1940. 3. 7).
35. 이 글에서 조사 대상으로 하고 있는 조선족 소학교가 바로 이 학교이다.

는 1933~1935년 사이에 집중적으로 세워졌다. 즉, 1935년 장춘 지역의 조선인 초등교육기관으로는 일제가 운영하는 공립 보통학교 3개와 조선인들이 운영하는 사립 초등학교 4개 및 서당 6개가 있었으며 1945년까지 지속적으로 확대되었다.[36] 그러나 만주국 시기의 조선인 초등학교였기에 만주국 학제에 따라 운영되었다. 또한 당시 단일적인 조선인 중등학교는 아예 없었다. 즉, 1935년 장춘에는 공립, 사립 중등학교가 각 1개씩 있었고 1942년에는 13개까지 증가했다. 그러나 만주국 국민인 조선인들은 대부분 민족공학제인 국민고등학교에 다녔고, 일부는 일본인 중학교에 다녔다.[37]

2. 관성구조선족소학교의 역사

1) 조선인 민회의 학교 설립과 학교 경영 참여[38](1922~1927)

장춘 지역에 조선인들이 증가하자 장춘 조선인 거류민회(이하 조선인 민회)에서는 1922년 9월 1일 장춘 지역에 최초의 조선인 초등학교인 '부여학교'를 설립했다.[39] 사실, 장춘 일본영사관 관할 지역 내의 학교로서 '부여학교'라는 이름을 사용한 것은 그 자체가 일본에 대한 도

---

36. 滿洲帝國國務院文敎部, 『在滿朝鮮人學校調査計』, 1936, 1~49쪽; 新京特別市長官房, 『國都新京』, 滿洲事情案內所刊, 1940, 72~73쪽.
37. 만주국 시기 장춘 지역의 민족공학제 중등교육기관으로는 공립 국민고등학교(이하 국고)인 제1국고, 제2국고, 제3국고, 여자1국고, 여자2국고와 사립 국고 4개, 그 이외 직업학교 4개가 있었다. 또한 일본인 중등학교에 다닌 조선인 학생의 수는 신경중학교 14명, 신경상업학교 19명, 신경고등여학교 8명으로 총 41명이었다(차철구, 『長春朝鮮族』(미간행 도서), 2009, 37쪽).
38. 최초의 교사 및 그 이후의 교사 건축에 대한 내용은 문헌 자료 이외에 주로 장춘보통학교 출신자들인 「김○환 자술 자료」(1997. 4), 「방○영 자술 자료」(1997. 7. 5), 「서○범 자술 자료」(1997. 6), 「정○권 자술 자료 및 구술 자료」(1998. 3. 10: 2007. 4. 17: 2007. 4. 22) 등을 주로 참조하였다.
39. 新京總領事館, 『管內在住朝鮮人の槪況』, 1933, 68쪽. 장춘 조선인 민회는 1919년 2월에 설립되었다. 설립 목적은 조선인 통제, 산업교육, 위생지도, 장려, 빈곤자 구제, 기타 회원의 복지 증진이며, 사업은 농무계(農務契)의 지도, 산업 장려, 사상 선도, 빈곤자 구제, 학교 경영 등이었다.

전이기도 했다. "학교가 건립되던 1922년 당시 전체 장춘 지역에 조선인 가구는 19호"였다. 조선인 민회에서 "학교를 세우자니까 돈이 없"어 "조선인 민회 회장 김도근金道根이 돌아다니면서 돈을 꾸고, 집은 빌"리고 했다. 그런데 "애들이 너무 적어" "흑룡강에 있는 학생들을 돈도 안 받고 우리 집에 와 있어라 이렇게 해서 학교를 만들었"다.[40] 당시 장춘 지역 내 조선인 거주민들은 민회의 이름으로 자체 자금을 모으고, 적령 아동 8명에 그리고 멀리 카룬 조선인 농장의 적령 아동 16명까지 데리고 와서, 조선인 거주민들이 숙식을 전담하면서 학교를 세웠다. 장춘 조선인 민회가 처음 이 학교를 세운 목적은 "살길을 찾아온 조선 이주민들이 자기 후대를 교육하여 제 나라 제 민족의 훌륭한 인재를 배양하기 위해서"였다. 이 학교의 최초 교사校舍는 "장춘 만철부속지 노송정老松町(현 관성구寬城區 향항로香港路)에 있었던 당시 일본인이 경영한 미쯔이三井 공장의 빈방"이었다.[41]

이후 학교 운영 경비는 조선총독부에서 지급하는 보조금으로 충당하였으며, 학교 관리 역시 조선총독부에서 맡았다.[42] 조선총독부는 조선교육령에 의해 부여학교의 이름을 장춘보통학교로 바꾸고 교과서는 조선총독부에서 편찬한 것을 사용하는 등 완전히 조선 식민지 교육체제를 따르게 하였다. 이 학교의 관리권이 조선인 민회에서 조선총독부로 이양되었던 것에 대해 졸업생인 조선족 한 분은 다음과 같이 말했다.

내 정말 15키로 걸어 다녔다고…… 이도하자에서 치마루七馬路

40. 「정○권 구술 자료」(2007. 4. 22). 이 학교가 설립될 당시 민회 회장은 김도근, 부회장은 박태진, 이사는 박춘섭이었다고 한다.;장춘시 관성구조선족소학교, 「장춘시 관성구조선족학교 변천사 관련 좌담회 일별」(내부 자료), 2008. 11. 21.
41. 장춘시 관성구조선족소학교, 앞의 자료, 2008. 11. 21.
42. 1933년 9월 말 현재 신경 조선인 민회(신경 일본총영사관 내 소재)의 회원 수는 455명으로 호구당 조직률이 50% 정도였다. 1933년 신경 조선인 민회 경비 1만 424원 중 회비수입은 1,440원에 불과하고 나머지는 외무성 보조금 4,600원과 조선총독부 보조금 3,608원 등으로 충당했다.

라 합니다. 샹하이루(상해로), 거기에 조선학교, 보통학교 거기에 걸어 다니는 게 한 시간 반 걸립니다…… 1922년에 조선학교가 생겼습니다. 근데 이거 철로에서 한 것이 아닙니다. 조선 사람이 세운 겁니다. 조선 사람이 세웠다가 이거 학교라는 게 자꾸 일본 놈한테 넘어갔지…….[43]

1930년 이후, 조선 이주민의 대폭적인 증가에 따라 전학생과 신입생이 격증하였다. 이에 따라 원래의 교사校舍로는 새로 늘어난 학생들을 수용할 수 없게 되었다. 장춘 조선인 민회에서는 이 곤란을 해결하기 위해 새로운 교사 건설 준비에 착수했다. 건책 기금을 모으기 위해 장춘에 거주하는 조선인들을 동원했을 뿐 아니라 외지(하얼빈, 봉천, 상해 등지)에 사람을 파견하여 자금 모집을 했다. "이러한 사정은 당시 장춘에 있었던 조선인들 중 모르는 이가 없을 정도"[44]였다. "1949년 전후 장춘 조선인 민회 회장직을 맡은 김룡각은 새로운 교사 건설을 위해 상해에 가서 한 조선인 인사에게 중화민국 통화권으로 20만 원이란 거액의 기부금을 받아왔다."[45] 결국 각지 각계의 조선인들과 부형들의 힘으로 1932년 여름, 교사를 새 장소로 옮길 수 있게 되었다. 새 교사는 당시 동2조가東二條街의 서쪽 영락정永樂町(현 광주로)와 노송정(현 향항로) 사이의 공지空地에 세워졌다. 25개 교실로 이루어진 붉은 벽돌 2층 건물이었다.

1922년 학생 수 20여 명을 어렵게 모집하여 출발한 이 학교는 1925년에 와서 학생 수 100명 대를 넘기게 되었고, 1937년에 1,000명 대를

---

43. 「정○권 자술 자료 및 구술 자료」(2007. 4. 13/4. 24).
44. 「서○범 자술 자료」(1997. 6).
45. 「방○영 자술 자료」(1997. 7. 5).

넘었다.[46] 1922~1940년까지의 학생 수 및 전반적인 학교 현황은 다음과 같다.

표 3-7 1922~1940년 장춘보통학교의 학교 개황[47]

년도	학급 수	학생 수	졸업생 수	교원 수	교장
1923	1	30	–	2	정두훈
1924	1	46	–	2	정두훈
1925	4	129	–	4	정두훈
1926	4	133	–	4	정두훈
1927	5	162	13	5	정두훈
1928	6	186	19	6	정두훈
1929	6	223	26	6	정두훈
1930	6	247	–	6(조선 3, 일본 3)	정두훈
1933		644	–	12(조선 10, 일본 2)	森口市大郎
1934	13	744	–	15(조선 13, 일본 2)	森口市大郎
1935	15	824	–	19	森口市大郎
1936	16	909	–	17(조선 14, 일본 3)	森口市大郎
1937	18	1,034	–	20	森口市大郎
1940	21	1,470	–	–	–

조선총독부 관리와 보조금 지급하에 조선인 민회가 운영하던 장춘보통학교는, 1927년 조선총독부와 만철 간의 〈재만 조선인 교육에 관한 협정〉으로 그해부터 만철에서 학교 보조금을 전액 출자하게 되었고 1933년부터 만철 직접 운영 체제로 개편되었다.[48] 학교 운영권이 조선인 민회에서 만철로 이양되었던 것이다. 그러나 여전히 조선인 민회에서는, 1940년 늘어나는 학생들을 유치하기 위해 장춘보통학교 분교를 설치할 때에도 기부금을 모아 전달하였고, 학부형들과 함께 학교

46. 「방○영 자술 자료」(1997. 7. 5).
47. 南滿洲鐵道株式會社地方學務課, 『本社經營學事統計表』, 1928년 4월 말 현재; 南滿洲鐵道株式會社, 『在滿朝鮮人學校調』, 1930; 南滿洲鐵道株式會社地方學務課, 『滿鐵經營學事統計表』, 1930. 10; 新京總領事館, 『管內在住朝鮮人の概況』, 1933; 民政府總務司調查課, 『在滿朝鮮人事情』, 1933. 9; 在滿日本帝國大使館, 『在滿朝鮮人槪況』, 1935; 滿洲帝國國務院文敎部, 『在滿朝鮮人敎育調查表』, 1935년 12월 말 현재; 文敎部總務司調查課, 『在滿朝鮮人學事及宗敎統計』, 1936년 6월 말 현재; 新京特別市長官房, 『國都新京』, 滿洲事情案內所刊, 1940 등을 참조해서 작성함. 기록하지 않은 년도는 그 내용을 확인할 수 없는 부분이다. 그러나 구술자들의 진술에 의하면 1942~45년 사이 학급 수와 학생 수는 본교와 분교를 합쳐 30개 반 1,500명 정도로 추정된다.
48. 南滿洲鐵道株式會社地方學務課, 『本社經營學事統計表』, 1928. 4. 23쪽; 在滿日本帝國大使館, 『在滿朝鮮人槪況』, 1935, 30쪽.

강당을 지어주기도 했다.[49] 또한 수업 내용, 학교 교칙, 일본인 교원 파견, 교육 경비를 제외한 기타 방면의 일은 조선인 민회에서 계속 참여하였다. 조선인 민회는 관동군사령부의 1936년 8월 〈재만 조선인 지도 요강〉 발표 이후[50] 협화회로 통합되었으나,[51] 1943년까지 조선인 단체로 존속하면서[52] 장춘보통학교의 경영에 일부 참여했던 것이다. 이처럼 장춘보통학교는 일제강점 기간 동안 일제의 세력하에 관리되었으나 그 과정에서 조선인들은 학교의 설립과 발전에 가장 중요한 토대로 작용했다. 장춘 지역 조선인 민회에서는 조선인 거주 인구가 늘어나자 조선인 인사들의 기부금을 모아 어렵게 본 학교를 만들어 운영하기 시작했고, 그 운영권이 일제 측에 이양된 이후에도 학교의 발전을 위해 힘을 기울였다. 그들은 학교 건립 시부터 조선인 학생들을 모으고자 노력했으며, 1932년 새 교사를 건축하거나 1940년 분교와 강당을 지을 때에도 변함없는 정성을 쏟았다.

2) 만철의 학교 운영권 회수(1927~1937)

만철 부속지에 소재한 조선인 보통학교는 안동에서 시작(1914년 2월)되어, 철령(1917년 5년), 봉천(1920년 1월), 하얼빈(1920년 9월), 무순

---

49. 「서○범 자술 자료」(1997. 6).
50. 신경조선인 민회는 협화회의 분과위원회로 흡수되어갔다. 즉 1936년 9월 5일 신경조선인 민회는 협화회수도본부조선인분회(신경 일본총영사관 관내)로 설립되었고 1941년 11월 협화회수도본부조선인분회의 의용봉공대, 조선인의 생활교육에 관한 교육후원회, 실무학교유지회 등 동원 정책에 직접 관계가 없는 사업에 대해서는 측면적 지원이 중지되고 전시 동원에 집중되었다. 또한 협화회수도본부조선인분회의 회장은 일본인으로 교체되었다(『滿鮮日報』, 1941. 11. 5).
51. 설립 당시 회원은 3,813명, 회장은 김도근(金道根), 부회장은 박태진(朴泰晋), 이사는 박춘섭(朴春燮)이었다. 1936년 현재 가입 회원 수는 2,115명이었다(『全滿朝鮮人民會聯合會會報(全滿洲朝鮮人民會聯合回會報)』 44, 1936. 10). 그 후 1938년 1월 협화회 중앙본부가 〈분회조직 및 분회활동 요강〉을 제정하여 민족별·직업별 조직 원칙을 폐지하고 지역별 조직 원칙을 도입함에 따라 신경조선인 민회 명칭은 계림분회(鷄林分會)로 개칭되었다. 1940년 1월 현재 계림분회장은 박준병이고, 임원과 고문은 일본인 2명, 최남선, 박석구, 윤상필 등이었고, 1940년 8월 회장에 김응두가 취임했다. 1940년 10월 말 현재 협화회수도본부에 가입한 조선인은 5,705명이었다(『滿鮮日報』, 1940. 7. 13).
52. 김태국, 「남만지역 조선인회의 설립과 변천(1913~1931)」, 『한국근현대사연구』 17, 한국근현대사학회, 2001, 24~25쪽.

(1921년 7월), 장춘(1922년 9월), 개원(1924년 3월)으로 그 설립이 이어 졌고, 1919년 7월부터 만철회사가 점차 그 경비를 보조해 주기 시작했 다. 그 후 1924년 4월, 만철에서는 이른바 〈선인 교육에 대한 본사의 현 방침〉을 제정하여 조선인 교육에 대한 만철의 기본 방침을 제시하 였는데, 그 내용은 다음과 같다.

1. 방인邦人과 공학하는 제도
초보 교육 단계에는 일상용어 및 생활습관의 부동으로 인해 관 리상 일정한 곤란이 예상되나 향후에는 될수록 빠른 시일 내에 광범하게 공학제의 방침을 실시하여야 한다.

2. 교육 방침
조선교육령의 기본 정신에 따르는 기초 상에 만주의 특수 사정에 근거하여 아래와 같은 두 가지 점에 유의하여야 한다. 내선인 간 의 사상 감정상의 상호 동정과 융합에 유의하여야 한다. 국제정 조의 함양에 중시를 돌려야 한다.

3. 제도
과정 설치상 수요에 근거하여 특히 중국어과를 보충하여야 한다. 교사 임용 시 1~2명의 자격 소유자인 내지인 교사를 초빙하는 외 에 나머지는 선인 및 중국인 교사를 초빙한다. 선인 및 중국인교 사를 초빙하는 경우 굳이 제한을 받을 필요가 없다. 학비를 전연 받지 않는다.[53]

53. 『만철교육연혁사』, 2000, 1,368쪽(竹中憲一, 『「滿洲」における教育の基礎的研究』第5卷 東京: 柏書 房, 2000, 155쪽에서 재인용).

만철은 이처럼 부속지와 연선 지역의 조선인 교육에 대하여 어느 정도 관심을 보이기 시작하였지만 전체적으로 소극적이었다.[54] 1924년 만철이 만철 부속지 내의 일본인을 위해 설립한 학교는 소학교 23개, 분교 5개, 중학교 9개, 고등학교 4개, 실업보습학교 39개, 가정여자학교 12개, 상업학교 1개 등이 있었고, 중국인을 위해 설립한 학교에는 공학당 11개, 일어학당 1개, 중학당 2개, 상업학당 2개, 농업학당 2개, 광산학당 1개, 이 밖에 일본인과 중국인을 위해 설립한 만주의과대학 등이 있었다.[55] 이에 반해 만철 산하 조선인 교육기관은 7개 보통학교(봉천, 철령, 개원, 장춘, 할빈, 무순, 안동)와 5개의 보조학교(안동노동공제회야학교, 안동현육도구서숙, 우장명윤의숙, 안동봉황서숙, 장춘사평가배야학교)뿐이었고 중등교육기관은 하나도 없었다.[56] 만철 부속지 내의 조선인 학교 경영 주체는 모두 조선인 민회, 거류민회, 혹은 개인 명의로 경영하는 사립학교나 조선총독부에서 경영하는 공립 보통학교이었으며, 만철에서 직접 설립하거나 경영하는 학교는 하나도 없었다.[57]

그 후 1927년 조선총독부와 만철 간 〈재만 조선인 교육에 관한 협정〉이 체결되자 만철 부속지[58]와 그 부근 시가 및 하얼빈 시의 조선인 교육은 만철이 경영하게 되었다. 만철과 조선총독부는 만철 부속지 내의 조선인 교육 행정관할 문제를 둘러싸고 교섭을 거친 후 1927년 6월 조선인 교육에 대한 협정을 다음과 같이 타결하였던 것이다.

54. 『만철교육연혁사』, 2000, 1,368쪽(竹中憲一, 『「滿洲」における敎育の基礎的硏究』 第5卷 東京: 柏書房, 2000, 155쪽에서 재인용).
55. 盧鴻德 主 編, 『日本侵略東北敎育史』, 沈陽: 遼寧人民出版社, 1995, 49쪽.
56. 滿洲國文敎部學務司, 『滿洲國敎育方案』, 1932, 116쪽.
57. 박금해, 앞의 책, 2012, 221쪽.
58. 러일전쟁 후 남만철도의 운영권을 획득한 만철은 그 부속지 가운데 봉천 만철 부속지와 장춘 만철 부속지의 시가지 건설에 가장 큰 힘을 쏟아부었고, 남만철도 장춘역은 봉천, 대련, 여순, 무순과 함께 5대 역으로 불렸다. 만철 부속지의 토목, 교육, 위생 등 행정은 만철 장춘 지방사무소가 담당했고, 재판과 외교 사무는 영사가, 군사는 관동군 사령부가, 경찰권은 관동장관이, 기타 일반 행정은 만철 사장이 보유했다(김경일 외, 앞의 책, 2004, 174~186쪽).

1. 조선총독부는 만철 연선의 교육행정을 만철회사에 이양한다. 만철회사는 칙령에 근거하여 부속지 내의 교육·토목·위생 등 지방행정을 관장한다.

2. 만주 지역 내의 각자의 담당 구역을 명확히 한다.
1) 만철회사의 관할 범위
- 회사 부속지 및 그 접속 시가지(신경, 개원, 철령, 봉천, 무순, 안동 등 보통학교)
- 할빈(할빈보통학교)
  비록 상술한 지역 범위 내에 속하지 않더라도 상술한 지역 내의 교육을 원하는 자에 한하여서는 조건이 허락되는 범위 안에서 가능한 한 그 요구를 들어주도록 하여야 한다.
2) 조선총독부의 관할 범위: 간도 및 만철 경영지 외의 오지
  ……
4) 조선인에 대한 만철의 교육 방침을 명확히 하여야 한다.
- 반드시 조선총독부의 조선인 교육 방침 및 유관 규정을 따라야 한다.
- 교과서는 반드시 조선총독부 편찬의 교과서를 채용하여야 한다.[59]
- 교사를 초빙할 때 가능한 한 조선에서 장기간 교육 사업에 종사한, 일정한 자격을 소유한 자를 채용하여야 한다.
  그러나 만철의 요구에 따라 조선총독부는 봉천, 철령, 무순, 안동, 할빈의 5개 학교에 보조금을 지불하되 그 보조금은 주로

---

59. 南滿洲鐵道會社經濟調查會, 『滿洲敎育方案』, 1935(許青善·姜永德·朴泰主 編, 『中國朝鮮民族敎育史料集』 第2卷, 延吉: 延邊敎育出版社, 2003, 131쪽에서 재인용).

교원들의 월급으로 충당하고 나머지 경비는 만철에서 지불하도록 하였다.[60]

위의 협정에 따라 조선총독부는 학교 경비 중 교원 봉급의 일부는 계속 지원하는 대신 매년도 예산서 및 학교 상황을 보고받는 정도가 되었다. 반면, 만철은 만철 부속지에 있는 조선인 보통학교에 만철 사원 1명을 교원으로 파견하는 등 학교를 직접 경영하기 시작했다.[61] 그런데 만철에서 경영하는 일본인 학교와 중국인 학교 교사는 일본 본국의 법률, 규정에 따르도록 하였다. 그러나 만철 부속지의 조선인 학교에 한해서는 다만 만철회사의 사원을 교사로 파견하여 조선인 교육을 감독하고 통제하는 사명을 맡도록 하는 것 이외에 다른 조치는 없었다. 조선인 학교에 가능한 한 일정한 자격을 소유한 자를 채용해야 한다는 조항은 있었으나, 자격 있는 조선인 교사와 중국인 교사를 초빙할 경우 월급 지출이 무자격 교사보다 2배 정도 많아질 뿐만 아니라 조선인 교육은 식민 교육의 수요에서 진행하는 부수적 사업이기에 높은 교사 수준을 유지할 필요가 없었던 것이다.[62]

이에 따라 만철 부속지에 건립된 장춘보통학교도 설립 초기 조선총독부 관할하에 조선총독부 및 일본외무성으로부터 보조금을 받고 조선인 민회에서 학교를 경영하였으나, 1927년부터 장춘총영사관 관할하에 전액 만철에서만 보조금을 지원받았고, 1933년부터는 만철 사원 1명이 교원으로 파견되는 동시에 만철이 직접 경영하게 되었다.[63] 특히

60. 박금해, 앞의 책, 2012, 225쪽.
61. 桑畑忍, 『在滿朝鮮人と敎育問題』, 大連: 社團法人中日文化協會, 1929, 46-93쪽; 滿洲帝國國務院文敎部, 『在滿朝鮮人學校調查計』, 1936, 1-49쪽.
62. 桑畑忍, 『在滿朝鮮人と敎育問題』, 大連: 社團法人中日文化協會, 1929, 45쪽.
63. 在滿日本帝國大使館, 『在滿朝鮮人槪況』, 1934, 411쪽.

다른 만철 부속지 조선인 공립학교가 만철과 조선총독부에서 계속해서 보조금을 받았던 것과 달리 장춘보통학교는 만철에서만 그 보조금을 받았으며[64] 조선총독부에 그 운영을 보고하는 학교에서도 제외되었다.[65] 또한 1930년 현재, 만철 부속지에서 만철이 보조금을 지급하는 조선인 공립학교가 모두 조선총독부가 편찬한 교과서를 사용했던데 비해 장춘보통학교는 조선총독부 및 일본 문부성 편찬 교과서를 겸해서 사용했다.[66] 이는 장춘보통학교가 다른 만철 보조금 지급 조선인 보통학교에 비해 조선총독부보다는 만철이나 일본 외무성의 간여를 더욱 심하게 받고 있었음을 말해준다.

만철 직접 경영 체제로 변화한 1933년, 초대 조선인 교장으로 그 직전까지 재임하고 있던 정두훈鄭斗勳은 부교장이 되었고, 새로운 일본인 교장 모리구치 이치다로森口市大郎가 만철에 의해 새로이 파견되었다. 그러나 교원의 대다수는 여전히 조선인이 차지하고 있었다. 1935년말 신경보통학교의 직원 상황은 표 3-8과 같다.

표에 의하면 1935년 12월 현재 총 17명 교원의 평균 나이는 29세로 대체로 젊은 층이 많았으며, 월급 평균은 59원이었다. 또한 3명의 일본인 교원을 제외한 14명의 조선인 교원 중 평북 출신자가 8명으로 그 대부분을 차지했고, 주로 조선에 있는 사범학교를 졸업(10명)하고 신경으로 건너와 이 학교의 교원이 되었음을 알 수 있다. 이들 교원들에게는 월급 이외에 기거할 수 있는 주택이 주어졌으며 본봉 이외에 특별수당이 주어졌다. 특히 이들 중에 농업학교 출신인 교원(최원청)이 있는데, 이는 만철이 1934년 현지 상황에 대한 이해와 직업교육을 실

---

64. 1928년 현재 일제 측에 의해 경영되는 재만 조선인 보통학교는 12개였다. 그중 간도지방 일본 영사관 소재지에 위치한 5개 보통학교를 제외한 나머지 7개는 전부 만철 부속지에 건립되었다.
65. 民政部總務司調査課,『在滿朝鮮人事情』, 1933, 67쪽.
66. 南滿洲鐵道株式會社,『在滿朝鮮人學校調』, 1930, 부록 1-3, 1쪽.

표 3-8 1935년 신경보통학교 직원 상황[67]

직원명	나이(세)	본적지	월급(원)	약력
森口市太郎(교장)	45	복정현(福井縣)	130	복정사범학교
정항록(鄭恒菉)	31	평북	63	검정
최문이(崔文已)	26	경북	63	경성사범학교
임병섭(林炳涉)	32	평북	60	평북사범학교
강건원(姜鍵元)	29	평남	63	평남사범학교
유영기(劉永起)	30	평북	57	평북사범학교
김리선(金利善)	27	평북	55	평북사범학교
박장길(朴長吉)	30	함남	55	함북사범학교
중촌문(中村文)	26	석천현(石川縣)	53	석천여자사범학교
위대하(韋大河)	27	평북	50	평북사범학교
나은보(羅恩寶)	25	경북	50	경성사범학교
좌등삼장(佐藤三藏)	24	추전현(秋田縣)	45	검정
김기준(金基俊)	32	평북	65	검정
최원청(崔元靑)	27	평북	63	의주농업학교
최하룡(崔河龍)	30	평북	54	검정
조지정(趙志情)	30	경북	40	봉천문회고급중학교
윤경순(尹敬順)	23	충북	45	용정광명고등여학교

시한다는 명분 아래 신경 만철 부속지 조선인 보통학교에 농업학교 졸업생 1명을 교사로 채용하여 농업실과 교육을 실시하였던 것과 관련이 있다. 1933년 9월 현재 교수 과목은 수신, 국어(일본어), 조선어, 산술, 역사, 지리, 이과, 습자, 도화, 창가, 체조, 수공, 직업, 가사, 재봉, 만주어였다.[68]

3) 신경보통학교조합에 의한 학교 운영(1937~1945)

1933년부터 만철을 관동군이 장악하면서 만철의 채산성은 낮아지기 시작했다. 관동군은 만주 내부의 유일한 라이벌 만철을 장악하고 만주국 개발에 적극적으로 개입했던 것이다.[69] 이에 따라 1937년 이후,

---

67. 滿洲帝國國務院文敎部, 『在滿朝鮮人敎育調查表』, 1936, 141쪽.
68. 新京總領事館, 『管內在住朝鮮人の槪況』, 1933, 28쪽: 在滿日本帝國大使館, 『在滿朝鮮人槪況』, 1934, 392쪽.
69. 고바야시 히데오(小林英夫) 지음, 임성모 옮김, 『만철: 일본제국의 싱크탱크』, 서울: 산처럼, 2004, 162~163쪽.

만철이 운영하던 신경보통학교의 운영은 관동군 세력권에 속해 있는 일본대사관 교무부 관리하에 신경보통학교조합에서 맡게 되었다. 즉, 일제는 1937년 재만 조선인의 교육권을 만주국(민생부)에 이양[70]했는데, 그 가운데 만철 부속지에 설립된 14개 조선인 초등학교는 제외시켰다. 이에 신경보통학교는 일본대사관 문교부 관하管下의 신경보통학교조합(후에 영락소학교조합으로 개칭)에 의해 운영되었다. 즉, 일제는 일본계 초등교육 시설의 감독기관으로서 일본대사관에 문교부를 신설하고 신경 지역에 일본인학교조합(일본인심상소학교)[71], 일본학교조합 연합회(일본인중등학교) 이외에 조선인 초등교육기관 조합인 신경보통학교조합을 경영했다. 신경보통학교 조합장은 신경특별시 부시장이 맡았다.[72] 그 후 관동군은 1940년 4월 10일 〈관동국에 재만 문교부를 신설하는 건〉을 발표하면서 일본대사관 문교부를 그들 산하에 두었다. 이에 일본대사관 문교부 산하의 신경보통학교조합은 관동군의 감독 하에 들어가게 되었던 것이다.[73] 1940년 신경보통학교조합의 예산 총액은 53,500여 원으로, 그 경비는 일日·만滿 양국 정부의 보조금, 조합

---

70. 사실 이에 대해서는 조선총독부와 이 시기 만철을 누르고 만주국의 주요 세력이자 만주 지역의 강자로 대두한 관동군 사이에 의견 충돌이 있었다. 만주국 초기 일본 측의 조선인 교육은 기본적으로 조선총독부가 관할하고 있었다. 그 후 1935년 관동군과 만주국 정부가 조직했던 만주국 치외법권 철폐 현지위원회는, 일본인 교육에 관한 〈교육행정 처리요강〉과는 별도로 〈재만조선인 교육행정 처리요강〉을 결정했다. 〈재만조선인 교육행정 처리요강〉은 "재만 조선인 자제에 대한 교육은 치외법권 철폐와 함께 만철 부속지 행정권 이양에 수반해, 별기 교육 요령에 근거하여 만주국 측에 이관함"이라고 규정했다. 즉 만주국 치외법권 철폐 조치에 의해서도, 일본인 교육은 일본 측에 온존되었던 데 비해, 재만 조선인에 대한 교육은 만주국 측에 이관되었다. 이는 재만 조선인을 내선일체 원칙 아래 일본제국 신민으로 할 것인가, 오족협화라는 원칙 아래 만주국민으로 할 것인가 라는 조선인 정책의 근간과 관련되는 문제였다. 관동군은 일본 육권 중앙에 대해 재만 조선인 정책을 조선총독부로부터 만주국 측에 이관할 것을 요구했다. 조선총독부는 재만 일본인과 조선인 교육을 구별하는 것은 제국의 조선인 통치가 내선일체를 표방하는 관계상 조선 통치의 장래에 중대한 영향을 주기 때문에 인정할 수 없다는 입장이었다(田中隆一,「日帝の'滿洲國'統治と在滿韓人問題: '伍族協和'と'內鮮一體'の相剋」,『만주연구』1, 만주학회, 2004. 6, 104~105쪽).
71. 신경일본인학교조합은 1937년 12월 1일 대사관고시 제1호에 의해 설치되었고, 신경시 공서(公署) 내에 조합사무소를 설치하고 특별시장이 조합장을 겸임했다(新京特別市長官房,『國都新京』, 滿洲事情案內所刊, 1940, 72쪽).
72. 新京特別市長官房,『國都新京』, 滿洲事情案內所刊, 1940, 28~29쪽.
73. 新京特別市長官房,『國都新京』, 滿洲事情案內所刊, 1940, 71~74쪽.

비, 수업료, 일반 기부금, 기타 잡수입으로 충당했다.[74]

신경보통학교조합은 1940년 학생 수가 급속히 증가하자 더 많은 학생들을 수용하기 위해 화순구 이도하자二道河子에 분교를 짓기 시작했다. 계획한 증축비 98,000원 중 일반 기부금 68,000원, 총독부보조금 30,000원을 경비로 하여 공사에 착수했다.[75] 이 시기 조선인 학부형과 각계 인사들은 부조금을 내어 본교에 커다란 강당도 지어주었다.[76] 이에 따라 신경보통학교는 본교 25개 교실 이외에 분교 8개 교실과 본교 강당 체제의 큰 규모를 자랑하게 되었다. 또한 일본대사관 문교부는 1940년 5월 만철 부속지의 14개 조선인 보통학교 명칭을 조선총독부 학제에 따라 소학교로 바꿨다.[77] 이에 1940년 5월부터 신경보통학교는 영락심상소학교로 불렸다. '영락'이라는 이름은 일본인 초등교육기관 심상소학교와 구별하기 위해 학교가 위치한 거리 이름인 '영락'을 붙인 것이다. 다른 "학교 앞길 이름 '노송老松'보다 '영락永樂'이라는 명칭이 더 좋다고 생각"했기 때문이었다.[78] 그 후 1940년 12월부터 영락심상소학교는 또다시 조선총독부 학제에 따라 '영락재만국민학교永樂在滿國民學校'로 고쳐 불렸다.

간도 지역의 조선인 초등학교가 대부분 사립학교로 시작하여, 1931년 이후 일본 보통학교 체제로, 1937년 이후 만주국 국민학교(또는 국민우급학교) 체제로 변화되어갔던 반면, 장춘보통학교는 장춘 만철 부속지에 위치한 만큼 설립 시기부터 1945년 일제가 패망할 때까지 철저히 일제 측의 관리하에 일본 초등교육 체제로 운영되었다. 즉, 초기

---

74. 新京特別市長官房, 『國都新京』, 滿洲事情案內所刊, 1940, 74쪽.
75. 『滿鮮日報』, 1940. 4. 3.
76. 「서○범 자술 자료」(1997. 6).
77. 『滿鮮日報』, 1940. 4. 3.
78. 「김○환 본교 자술 자료」(1997. 4).

에는 외무성과 조선총독부의 보조금 지원을 받으면서 조선총독부 관리하에 조선인 민회에서 운영하다가, 1927년부터는 만철 보조금만을 받게 되었고 결국 1933년부터는 만철의 직접적인 경영 체제하에 들어갔다. 그러다가 1937년 이후 조선인 초등교육 관리권이 만주국에 이양되었을 시에도 본교는 일본대사관 문교부 관할하에 신경 영락소학교 조합인 일만日滿 양국 정부의 지원금에 의해 운영되었다.

이 학교의 교육 정도는 조선 공립 보통학교 정도로 6년제였고, 일본인 소학교와 같이 한 기당 3학기제였다. 그리고 1942년부터는 일본인 소학교와 마찬가지로 8년제로 운영되었다. 1938년 일제가 만주국 초등교육 학제를 국민학교제로 바꾸면서 대부분 4년제로 단축시킨 것과 비교해본다면, 학제가 일본인 교육기관과 동일한 수준이었음을 알 수 있다. 교과서는 조선총독부와 일본 문부성에서 편찬한 책을 사용하였다. 초기에는 조선어를 중심으로 조선어로 수업을 하였으나, 1937년부터 조선어 과목을 취소하고 조선어 사용을 금지하였다.[79]

---

79. 장춘시영락소학교동창회, 『장춘시관성구조선족소학교 75년 변천사 대강』(미간행), 1997. 12. 20, 2쪽.

제2절 1945년 이후의 역사

　　1945년 만주국이 패망하자 장춘 지역은 공산당이 지도하는 동북민주연합군과 국민당군 간의 격렬한 격전장이 되었다. 이 학교는 국민당과 공산당의 세력 교체 때마다 교명과 성격이 변경되는 등 존폐 위기에 처했다. 중국 공산당에 의해 사회질서가 회복되자 장춘시 제3구조선소학교(1950. 11~1952), 장춘시 조선소학교(1952~1954), 장춘시 관성구조선족소학교(1954~현재)로 개명되었고, 문화대혁명 전까지 역대 최고의 학생 수인 900명 대로 확대되었다. 그러나 문화대혁명 시기 학생 수는 급속히 감소해 1980년대 100명 대로 떨어졌고, 그 후 현재까지 200~300명 대를 유지하고 있다.[79] 2006년 이후 학교 시설 및 교원 대우 등의 저하와 학생 수(207명)의 급감에 따라, 장춘시구 내에 있는 다른 2개의 조선족 소학교(녹원구, 이도구)와 통합해야 한다는 합병론에 휩싸였다가 최근 다소간의 학생 수 증가로 합병 움직임이 소강 상태를 맞이하고 있는 상태이다.[80] 최근 인성교육과 결합한 민족 특색 교육 사업으로 조선 민족의 예의범절, 민족 전통 예술, 민족 음식 문화, 태권도 등에 대한 교육을 실시하고 있다.[81] 이 절에서는 이러한 학

---

79. 학교의 교명과 학생 수 변화에 대해서는 〈부록 1〉과 〈부록 2〉를 참조할 것.
80. 「장춘시 조선족 소학교 합병설 화제」, 『(인터넷)吉林新聞』(2006. 3. 16).

교의 역사를 이해하기 위해 장춘 지역의 조선족 교육 개황을 살펴본 후, 관성구조선족소학교의 역사를 알아본다.

1. 장춘 지역의 조선인 교육

1) 사회주의 성립기 및 확립기(1945~1965)

1945년 8월 15일 해방과 더불어 8월 20일 만주국이 해산되자, 신경은 장춘으로 다시 개칭되었다. 일제로부터 광복을 맞이하여 권력을 회복한 중국 국민당은 민족 압박 정책을 실시했다. 중국에 거주하는 조선인들을 "한국 교민"이라고 규정하였고, 1946년에는 모든 조선족들을 5년 이내에 한국으로 귀환시키고자 하는 〈동북한국교민처리통칙 東北韓國僑民處理通則〉을 발표했다.[82] 그러나 1948년 10월 19일 공산당에 의해 장춘이 해방되면서 국민당 세력은 축출되었고 공산당의 민족 지원 정책에 따라 조선인들은 조선 귀환 대상자가 아닌 중국의 소수민족으로 정착하게 되었다. 이후 1950년대 장춘에는 대기업과 단위 기업이 건설되었고, 이것은 조선족 증가의 중요 요인이 되었다. 즉, 1950년대 이후 장춘에는 제일기차집단공사, 장춘영화제작공장, 장춘객차공장 등 국가 대형 기업과 단위 기업이 건설되면서 조선족들이 점차 늘어났다.[83]

---

81. 「장춘시관성구조선족소학교-민족 특색 교육 예서 꽃판다」, 『(인터넷)吉林新聞』(2005. 11. 26).
82. 이 과정 중에 장춘은 한국 교민 조선 귀환 대기 집중지로 정해져 조선족들이 몰려들었다. 특히 장춘 조일통(朝日通)의 소학(永樂小學)에는 당시 일시에 중국 거주 조선인 일만여 명이 몰려들기도 했었다(차철구, 앞의 책, 2009, 9쪽). 소학은 이 글의 연구 대상 학교로서 만주국 시기 일반적으로 불렸던 명칭이며, 당시의 명칭은 '장춘대한제1국민학교'였다.
83. 참고로 1990년의 경우 장춘 지역 조선족의 직업 중 가장 많은 비율을 차지하는 것은 농수산업(35.9%)이고, 다음이 공업(23.5%), 상업(12.3%), 체육문화예술사업(8.99%) 순이다(『長春市志 少數民族志 宗敎志』上卷, 長春: 吉林人民出版社, 1998, 137~139쪽).

장춘 지역은 1945년 해방 후 문화대혁명 전까지 민족교육의 발전기였다. 1948년 10월 19일, 공산당에 의해 장춘이 해방되었을 당시 장춘지역의 조선족 학교는 관성구寬城區의 영락소학교永樂小學校, 쌍양현雙陽縣의 삼가자소학三家子小學, 구태현九台縣의 음마하조선족소학飮馬河朝鮮族小學 등 4개에 불과했으나 문화대혁명이 본격화되기 직전인 1967년에는 조선족 소학교가 22개, 조선족 중학교가 4개로까지 증가했다.[84] 국가적으로 본격적인 민족교육 사업이 실시되기 시작한 것은 1954년 길림성 교육청에 민족교육과가 설치되고 각 지구에도 이를 설치하여 각 지구 민족교육 업무가 시작되면서부터였다. 특히 1959년에는 길림성교육청이 길림성조선족중학교, 장춘시조선족중학교, 통화시조선족중학교를 각 지구의 중점 민족학교로 지정하였고, 동북3성 조선족들은 함께 토론하여 유치원부터 대학까지의 조선족 학교 교재를 민족출판사에서 통일적으로 출판하였다.

2) 문화대혁명 시기(1966~1976)

문화대혁명 시기에는 조선족 학교의 교학 용어가 중국어가 되었으며, 단일적 조선족 학교를 철폐하여 민족연합학교를 세웠다. 즉, 1961년 2월 장춘시 교육청의 민족교육과는 철폐되었고, 1967~1976년 문화대혁명으로 중학교[85] 학생은 수업을 중지하고 파사구운동(구사상, 구문화, 구풍속, 구관습)에 동참했다. 1971년 장춘시조선족중학교는 관성구로 옮겨져 4년제 민족연합중학교로 변경되었고, 쌍양현조선족중학교는 1968년에서 1970년까지 한족 중학 수업만 가능했다. 구태현조선

---

84. 滿洲帝國國務院文教部, 『在滿朝鮮人學校調查計』, 1936, 1~49쪽.
85. 중국의 학제는 한국의 학제와 다르다. 중국은 소학교(6년) → 중학교(초중 3년 + 고중 3년) → 대학교(4년)으로 되어 있다. 따라서 이 글에서 표기하는 '중학교'는 중국의 초중과 고중을 통합한 형태의 중국식 중등학제를, '조중(朝中)'은 중국의 '조선족 중학교'를 가리키는 것으로 정의한다.

족중학교는 1967년 조선족 학교로서의 지위가 취소되고, 1969년 농업 중학교와 통합되어 구태현 제4중학으로 변경되어 한어로 수업했다. 또한 음마하조선족소학교는 40% 학생이 한족 학생으로 충원되었고, 관성구영락조선족소학교의 조선족 학생도 대량으로 빠져나가 1966년 19개 반 881명이었던 학생이 1976년 10개 반 340명으로 줄었다. 덕혜조선족소학교는 덕혜 제4소학에 통합되었다.[86]

이처럼 국공내전의 참화를 지나 1949년 신중국이 성립되었고, 1950년대를 거치는 동안 동북지방의 조선족 사회는 중국 공산당의 지도 아래 민족교육의 호황기를 맞았다. 신중국 성립 후, 중국의 조선인들은 소수민족으로서 중국 국적을 획득하고 일정 부분의 자치권과 민족 평등권을 보장받았으며, 민족언어와 문자를 사용하는 민족교육을 할 수 있게 되었다. 즉, 조선족들은 1951년부터 중국 교육부 소수민족교육 지원 정책에 따라 일제 치하의 조선인 학교를 신속하게 조선족 민족학교로 전환하여 발전시켰다. 그러나 66년부터 전국적으로 진행된 문화혁명은 중국 사회의 발전에 큰 피해를 주었을 뿐 아니라 조선족 민족교육에도 큰 피해를 남겼다. 문화대혁명 시기에는 조선어 무용론이 고취되는 바람에 조선어는 통용어로 사용되지 못하였고 조선족 교육은 질적, 양적으로 저하되었던 것이다.

3) 개혁개방기(1978~현재)

① 한중수교 이전 시기(1978~1991)

---

86. 1971년 당시 장춘시 조중의 경우, 전체 850명(18개 반)의 학생 중 한족 학생이 500명이었다. 그리고 문화대혁명 10년 동안 졸업생이 937명에 불과했다. 그러나 문화대혁명 이전 시기인 1952년에는 장춘 지역 조선족 중학생 수가 283명에서 1957년에는 1,093명까지 증가했었다(차철구, 앞의 책, 39쪽).

침체에 빠진 장춘 지역의 조선족 교육은 1977년 이후 민족교육 사업의 복구로 인해 새로운 발전의 시기를 맞이하였다. 무엇보다 1978년 7월 장춘시 교육국과 장춘시 조선족중학교가 복구되었다. 길림성 재정청은 1975년에서 1981년까지 산거지구의 민족학교 교사校舍 마련 비용으로 300만 원을 지원했으며 이후 매년 100만 원을 민족학교 교사 수리에 사용하고, 8만 원을 물품 사용에 충당하도록 지급했다. 그중 장춘 지역 민족교육 사업비로는 1980년에 41만 원, 1981년에 42만 원을 지급했으며, 매년 증가하여 2006년 장춘시조선족중학교에 5,000만 원을 지급했다. 이러한 민족교육 회복 정책과 예산 확대로 인해 1988년 장춘 지역에는 조선족 소학교만 22개, 142개 반, 학생 2,704명, 교직원 333명에 이르렀으며, 조선족 중학교는 4개, 29개 반, 학생 970명에 이르렀다.

표 3-9 1988년 장춘 지역 조선족 소학교 개황

교명	교지	담당 기관 (교육국)	설립 연도	반 수	학생 수	교사 수
長春市寬城區朝小	珠江路	구	1922	6	209	49
長春市綠圓區朝小	大屯街	구	1963	6	140	23
長春市二道區朝小	樂群街	구	1959	6	93	25
市郊區先鋒村朝小	東伍里屯	촌	1933	7	73	14
楡樹縣延河鄉朝小	鄉駐地	향	1949	6	208	19
德惠縣德惠鎭朝小	德惠鎭	진	1986	4	44	8
九台朝鮮族中心校	飮馬河鎭	진	1948	7	288	21
九台九郊新立朝小	新立一社	촌	1950	9	246	22
九台其塔木鎭朝小	新鮮村	촌	1949	6	96	42
其塔木鎭解放朝小	解放村	촌	1968	5	49	8
其塔木鎭三興朝小	三興村	촌	1960	7	232	13
其塔木鎭紅旗朝小	紅旗村	촌	1948	18	442	29
龍家堡鎭水鄉朝小	水鄉三舍	촌	1934	6	49	8
放牛淘新盛村朝小	新盛村	촌	1964	4	48	5
雙陽山河三家朝小	東大峪屯	촌	1948	6	88	13

雙陽山河伍家朝小	五家子村	촌	1959	5	34	8
雙陽縣蓮花村朝小	蓮花村	촌	1947	8	91	13
雙陽河東方村朝小	楊瘌子淘	촌	1962	6	74	9
雙陽河新楊村朝小	泥屯	촌	1967	5	35	9
雙陽齊家曙光朝小	西葛屯	촌	1964	6	64	10
雙陽雙營新胜朝小	小營子屯	촌	1932	4	39	5
雙陽土頂新村朝小	新村	촌	1948	5	62	10
합계(22개교)				142	2,704	363

② 한중수교 이후 시기(1992~현재)

1990년 이후 조선족의 한국 유출, 출생률 감소 및 한족 학교 선호 등으로 인해 2001년 3월 현재 장춘 지역 조선족 중소학교 학교 수와 학생 수는 다소 감소하였다.[87] 물론 조선족 집거지구인 연변 지역이나 농촌 지역, 산거지구의 하나인 길림 지역 등에 비하면 미약한 감소율 이다.[88] 2001년 현재 장춘 조선족 중소학교 현황을 표로 정리하면 〈표 3-10〉과 같다.

2001년 장춘 지역의 조선족 소학교는 1988년과 비교하여 학교 수는 22개에서 16개교로 28%, 학생 수는 2,794명에서 1,869명으로 33% 감소하였다.[89] 그러나 2008년 현재 조선족 소학교는 20개교로 다소 증가 하였다. 장춘 지역은 최근 전반적인 한국어 교육 수요 확대에 따라 다

---

87. 2004년 현재 길림성 조선족 산거지구의 조선족 소학교는 40개, 2,782명, 중학교는 14개, 9,375명 으로 총 54개 학교와 16,936명의 학생이 있다(동북조선민족교육과학연구소 편찬, 『중국조선족학교 현황지』, 연변교육출판사(2005). 그중 2008년 현재 장춘 지역의 전체 중학교는 389개, 재학생 수는 44.2만 명, 초등학교는 1,814개, 재학생 수는 51.5만 명인데, 이 중 조선족 학교는 중학 4개, 소학 20 개로 전체의 각각 1%, 1.1%를 차지한다(차철구, 앞의 책, 40쪽).

88. 예를 들어, 조선족 집거지구인 연변 지역의 조선족 소학교 입학생은 1990년에 13,755명이었으나 2005년에는 2,672명으로 81% 감소하였고, 연변 농촌 지역 조선족 소학교 수는 1989년 188개였으 나 2002년에는 43개로 73% 감소하였다. 이러한 현상은 조선족 산거지구의 경우도 마찬가지여서 길 림성 길림 지역의 조선족 소학교는 1989년 137개였으나 2004년에는 9개로 93% 줄었고, 흑룡강성 할빈 지역의 조선족 소학교는 1997년 102개였으나 2003년 32개로 69% 줄었다(김순녀, 「연변조선족 교육과 청소년교양문제」, 『중국조선족교육』, 연변: 중국조선족교육잡지사, 2005, 32쪽; 정신철, 「조선 족교육 발전현황과 대책에 대한 사고」, 『중국조선족교육연구』, 연변: 동북조선민족교육출판사, 2006, 220쪽).

소간 학생 수 증가세를 보이고 있으며 학교의 발전을 위한 다양한 교육 프로그램을 운영하고 있다.

표 3-10 2001년 장춘 지역 조선족 중소학교 일람

학교 \ 항목		반 수			학생 수			교직원 수
		소학	초중	고중	소학	초중	고중	
중학 (4개)	長春市朝中	–	14	10	–	816	504	129
	長春市第二朝中	6	3	–	175	28	–	24
	九台朝中	–	4	–	–	176	–	34
	楡樹市延和中學	–	3	–	–	–	–	11
소학 (16개)	長春寬城區朝小	6	–	–	409	–	–	42
	綠園區朝鮮小學	11	–	–	266	–	–	37
	二道朝鮮族小學	6	–	–	158	–	–	24
	九台朝族中心校	6	–	–	114	–	–	19
	九郊新立朝小	6	–	–	135	–	–	17
	其塔木新鮮朝小	6	–	–	65	–	–	14
	放牛淘新盛朝小	3	–	–	11	–	–	7
	龍家堡水鄕朝小	3	–	–	14	–	–	3
	其塔木新鮮朝小	6	–	–	65	–	–	14
	雙陽三家村朝小	6	–	–	88	–	–	13
	雙陽河東方朝小	6	–	–	74	–	–	9
	齊家鄕曙光朝小	6	–	–	64	–	–	10
	土頂鄕新村朝小	5	–	–	62	–	–	10
	雙陽三專朝小	6	–	–	72	–	–	14
	德惠鎭朝小	3	–	–	22	–	–	10
	楡樹延河朝小	6	–	–	75	–	–	14
합계 20개교		97	24	10	1,869	1,020	504	455

89. 제5차 전국 인구조사(2000년)에 의하면 장춘 지역에는 713만의 인구가 있다. 그중에 소수민족은 46개 민족 25.2만 명이며, 그중에서 조선족은 약 5만으로 계속하여 증가 추세에 있다. 즉, 장춘 조선족은 장춘 인구의 약 2.5%, 장춘 소수민족 인구의 20%를 차지하고 있으며 장춘 소수민족 중 가장 많은 수를 점유하고 있다(『長春市人口志』 各年度版). 그럼에도 불구하여 다른 동북 지역과 마찬가지로 장춘 지역에도 한족 학교에 대한 선호도가 높아지면서 2000년 전반기까지 조선족 학교의 학생 수는 감소 추세에 있었다.

2. 장춘시 관성구조선족소학교의 역사

1) 사회주의 성립기(1945~1950): 내전의 참화를 딛고 기사회생하다

① 국공내전기(1945. 8. 15~1948. 11. 14): 학교의 문을 닫게 되다

이 시기는 일제 패망에 이은 만주국 해체와 더불어 국민당과 공산당의 내전이 격화되어 만주 지역(중국 동북)의 주도권이 어지럽게 이양되었던 혼란기이다. 원래 만주는 만주국 해체 이후 중국 국민당이 소련으로부터 인수받게 되어 있었다. 그러나 일찍이 만주로 들어온 중국 공산당 팔로군이 각지를 점거하게 되자 1945년 11월 산해관 일대와 금주에서 국공 간에 대격전이 전개되었다.[90] 이에 따라 만주 도처에서도 국공 간의 혈투가 전개되었다. 그중에서도 장춘 지역의 경우, 1945년 8월 20일 만주국이 해체된 이후 국민당 세력하에 있다가 1946년 4월 14일에서 5월 23일까지 잠시 공산당 세력권에 놓였다. 그러나 다시 1946년 5월 24일 국민당은 장춘을 점령했으나 결국 1948년 10월 18일 공산당에 의해 해방되어 현재에 이르고 있다.

이러한 장춘 집권 세력의 변화에 따라 이 학교의 교명과 성격도 달라졌다. 만주국이 해체된 후 재만 조선인들의 신분은 불안정했다. 이에 따라 국민당이 집권했던 시기에는 국민당의 민족 압박 정책에 의해 외국인 학교인 한국 교민학교가 되었다가 공산당이 집권했던 시기에는 민족 지원 정책에 의해 내국인 학교인 중국 조선인민학교가 되었다. 이를 정리해보면 다음과 같다.

---

90. 염인호, 「해방 후 중국 연변 조선인 사회의 변동과 학교교육」, 『한국근현대사연구』 제26집, 한국근현대사학회, 2003, 154쪽.

표 3-11 1945~1948년 장춘시 관성구조선족소학교의 교명과 성격

시기(집권 세력)	교명	성격
1945. 8. 15~1946. 4. 13 (국민당 중앙군)	장춘 제1대한국민학교	중국 장춘 소재의 대한민국 교민 학교 (외국인 학교)
1946. 4. 14~1946. 5. 23 (공산당 동북민주연합군)	장춘시 조선인민소학교	중국 장춘의 중국 조선인민 학교 (내국인 학교)
1946. 5. 24~1948. 10. 18 (국민당 중앙군)	장춘시 한국교민학교	중국 장춘 소재의 대한민국 교민 학교 (외국인 학교)
1948. 10. 18~1948. 11. 14 (공산당 동북민주연합군)	-	전란 수습으로 인한 휴교

이와 같은 혼란을 겪는 동안 재학생 및 교직원 역시 심한 혼란의 와중에 놓였다. 1945년 8월 15일 일제가 패망하자 장춘은 국민당 치하에 놓였고, "이 학교는 민족교육을 회복하여 조선인 민회에서 전면적으로 운영·관리"하게 되었다. 당시 이 학교는 장춘 지역의 유일한 조선인 학교였다. 따라서 교명을 일제 학제에 따라 불렸던 '재만국민학교'에서 '장춘 제1대한국민학교'로 고쳤다. "만주국 시기 이 학교에 있었던 일본인 교장을 비롯한 일본인 교직원은 모두 종적을 감추었고 한어 선생인 1명의 중국인을 제외하고 모두 조선인 교원"으로 충원되었다. 또한 "원래 재만 국민학교 부교장 겸 교도주임이었던 조선인 정환정鄭桓禎이 교장으로 취임"했다. 수업 내용과 방법도 완전히 변했다. "일본어·일본지리·일본역사·수신 등의 과목이 폐지되고, 조선어·조선지리·조선역사·한어·수학·체육·음악·미술 등의 과목이 회복되었으며, 모든 과목을 조선어로 수업"하게 되었다. 한편 "1945년 겨울부터 이 학교는 관내에서 온 여러 정당, 군정 요인들의 정치 무대처럼 늘 학생들을 조직하여 그들을 영송迎送하고 그들의 정치 연설을 듣도록 했다." 그리고 광복 후부터 1946년 초까지 장춘 지역은 외지에서 몰려드는 난민들로 인하여 학생이 격증하여 교실 부족 사태가 심각했다. "1946년 초 당시 이 학교는 총 350명에 1~6학년까지 다 있었고 어

떤 학생은 책상도 없을 지경"이었다. 그러한 가운데 치안은 부재했고, 만주국 시기부터 조선인과 중국인 사이에 잠재되었던 갈등이 폭발되어 조선인들은 핍박당하는 일이 많아 조선으로의 귀국민들이 증가하면서 학생이 대폭 줄어들었다. 그러자 "민회는 이 학교를 원 교사校舍 1층에 집중시키고 조선인 중등학생을 위해 교사 2층 동쪽 편은 동진東眞 중학교, 서쪽 편은 정덕貞德 여자중학교로 운영"하였다.[91]

그 후 1946년 4월 14일 공산당인 동북민주연합군이 장춘을 해방하자 민회는 교명을 장춘시 조선인민소학교(1946. 4. 14~1946. 5. 23)로 개명했다.[92] "교장은 정환정 선생이 계속했으나 얼마 지나지 않아 조선으로 귀국했다. 원래의 교원들도 일부분 조선으로 귀국하고 이 학교 교원은 신민주주의사상(공산주의사상)을 가진 청년들로 대체"되었다. "이때에도 많은 학생들이 부모를 따라 고향으로 돌아갔으나 교사는 계속 1층을 사용했으며, 수업 내용과 기타 면에는 큰 변화가 없었다. 다만 2층에 있는 중등학교 학생들의 정치활동이 많아졌다.""동진중학교 학생들은 청년들과 함께 붉은 기를 앞세우고 혁명가를 부르며 시위행진을 하기도 하고, 연안에서 온 당정 요인들, 조선의용군 영도들의 연설을 듣는 등 동북민주연합군이 조직한 정치활동에 많이 참가"했다.[93]

그러나 1946년 5월 23일 공산당 동북민주연합군은 국민당 중앙군

---

91. 「이○성 자술 자료」(1997. 8. 10) "당시 동진중학교와 정덕여자중학교의 학생 및 교사는 모두 조선인이었다"라고 한다. 이하 구술 및 자료 인용 내용은 " "으로 표시함.
92. "이때 동진중학교는 만주국 시기 조선인 실무학교였으며 그 학생들로 구성되었다. 당시는 장춘시 조선인민소학교로 개명했다."(「이○성 자술 자료」, 1997. 8. 10)
93. 「이○성 자술 자료」(1997. 8. 10). "1946년 4월 23일 민주련군이 장춘을 떠날 때 동진중학교 로숭균 교장은 동진중학교 20여 명의 학생과 교사를 데리고 이들을 따라 떠났고 이후에도 동진중학교 고급반 학생 대부분과 소학교 및 중학교에서 교학하는 선생들도 학교를 떠나 민주련군과 같이 후방으로 나갔다." 또한 "정덕여중의 교장은 신숙이었는데, 그는 원래 상해 한국임시정부의 국회의원이며 『나의 일생』이라는 책도 저작하였으며 후에 한국에 가서 국회의원도 하였다."(長春市寬城區朝鮮族小學校同窓會, 『長春市寬城區朝鮮族小學 變遷史大綱附錄(미간행)』, 2008, 7쪽)

과의 전쟁에 패배하였고 국민당 중앙군이 다시 장춘에 진입했다. 그러자 민회는 또다시 이 학교의 교명을 '장춘시 한국교민학교(1946. 5. 24~1948. 11. 14)'로 변경했다. "이 시기 동북민주연합군이 철수하자 많은 학생과 교원들도 그들을 따라감으로써 조선족 수와 학생 수는 더욱 줄어들었다." 특히 1948년 3월 장춘은 계속해서 국민당 세력하에 있었으나 주변의 농촌 지역은 공산당에 의해 완전히 포위되자 장춘 내로 곡식 반입이 거의 되지 않았다. 장춘에서는 극심한 식량난이 벌어졌고, 백성들은 살길을 찾아 공산당 해방구인 장춘 주변 농촌 지역으로 떠나기 시작했다. 또한 "당시 교육비는 학생들의 월사금과 민회의 보조로 해결하였다. 그래서 월사금을 못 내는 일부 학생들은 마지못해 퇴학하였다." 이러한 이유 등으로 학생 수는 계속 줄어들었다. 이에 "1948년 3월 학교 운영 문제를 둘러싸고 조선인 민회(당시는 한국교민회)가 개최되었다. 이 회의에서 장춘 조선인들은 60~70명의 조선족 학생들에게라도 공부를 계속시키기 위하여 학교를 견지할 것을 결정하고 조선인 민회 일군이었던 신재춘辛在春을 교원으로 파견하여 학교를 계속 꾸려나갔다." 동창회장은 당시 신재춘이 학교를 이어가던 어려움과 처참하도록 궁핍했던 상황을 이렇게 말했다.

신숙의 사위쟁이가 신재춘인데, 이 사람이 조선학교의 교원질 했지. 교원질 했는데 장춘을 이렇게 포위하게 되니깐 많이 굶어 죽지 않았소? 학교도 유지를 하지 못했지. 유지를 못 하고 이 사람도 뭔가 하면 그전의 조선 영락소학교 교실에 가 있었지. 신재춘이가, 그러면서 거기 아이가 다섯인지 여섯인지 다 굶어 죽었습니다. 이 사람 아이가 싹 죽어버렸어……[94]

이처럼 "1948년 7월 말 신재춘의 7명 아이가 모두 생활 곤란으로 굶어 죽자 그는 학교를 사직하였고,[95] 이후 학교는 박(혹은 리) 선생의 주도하에 간신히 운영"되었다. "48년 가을까지 학생 수는 고작 7~8여 명밖에 안 되었"다. 결국 1948년 가을 장춘 시내에 양식 공급이 완전히 끊기자 살길을 찾아 공산당 해방구로 피난 나가는 장춘 지역 사람들은 나날이 증가하였고,[96] 국공 간의 전투가 한층 격렬해지자 "이 학교는 학교 문을 닫게 되었다."[97]

② 장춘 해방기(1948. 11. 15~1950. 11. 30): 타교의 부속 소학교로 간신히 이어가다

1948년 10월 19일 장춘은 공산당에 의해 해방되었다. 당시 공산당은 공산당 해방구에서 신민주주의 이념에 입각한 민족교육 체계를 형성해나가기 시작했다. 공산당 인민정부는 학교 교과 및 운영에 대한 방침을 제시하고, 실제적으로는 인민 자체로 학교를 꾸리게 하였던 것이다. 이에 장춘 조선인 민회는 곧 이 학교 회복에 힘썼다. 우선 "1948년 11월 15일 다시 신재춘을 이 학교 주임으로 임명하여 학교를 계속

---

94. 「정봉권 구술 자료」(2007. 4. 13; 2007. 4. 24).
95. "신재춘은 정덕여중 교장이자 민족주의자인 신숙의 사위였다. 이 시기 신재춘은 극심한 가난으로 7명 아이 모두가 굶어죽자 이들을 모두 이 학교 마당에 파묻었다."(「정○권 자술 자료 및 구술 자료」(1998. 3. 10; 2007. 4. 17)
96. 특히 국민당은 조선인들에게 거류민증, 신분증을 발급하였고, 눈에 거슬리는 사람은 해방구와 내통한다는 죄명으로 체포하였다. 예로 1947년 국민당 통치구에서 조선인 8,468명이 체포되었고 그중 2,042명이 살해되었다(중국조선족교육사 편찬위원회, 앞의 책, 1991, 266쪽).
97. 「홍○ 자술 자료」(1998. 2. 20); 「이○옥 자술 자료」(1998. 2. 25). 이러한 학교의 일시적 폐쇄와 그 이후의 잦은 교사(校舍) 이동으로 인해 현재의 관성구조선족소학교와 광복 전의 영락재만국민학교의 연속성에 동의하지 못하는 의견도 존재했다. 이에 따라 2008년 11월 21일 이 학교 회의실에서는 이 학교의 역사를 바로 세우기 위한 '이 학교 변천사 관련 좌담회'가 열렸다. 이 좌담회에는 이 학교 동창회장을 비롯한 동창회원과 역대 교장 및 장춘 조선인 유지들이 참석해 이 학교와 영락 재만 국민학교의 연속성을 확정지었다. 이러한 노력의 결과로 나온 책이 長春市寬城區朝鮮族小學校同窓會, 앞의 책(2008)이다. 이 책은 이 학교의 역사를 찾기 위해, 1994년 창립된 동창회에서 동창회장을 비롯한 동창회원들이 수많은 어려움을 극복하고 10여 년간 심양, 하얼빈, 길림, 연길 등을 다니며 관련 자료를 수집해 만들었다.

꾸리게 하였다. 신재춘은 먼저 이 학교 회복을 위해 원 교사校舍의 서쪽에 있는 한 교실에서 학생 등록을 받기 시작하고 반도 편제했다. 원교사는 공산당에 의해 장춘사범학교 기숙사로 쓰이게 되었기에 수업은 본인의 자택에서 총 8명의 학생과 함께 진행했다." 이러한 상황을 졸업생은 다음과 같이 말했다.

> 그러다가 해방이 되니깐 이 사람이 학교서 나와 자기 집을 잡았는데, 그러니깐 해방이 되니깐 조선 사람들이 모여들지 않소? 모여드니깐 학교가 없단 말이. 학교가 아직도 건립하지 못했지, 그 학교 장소로 가자니깐 정부에서 벌써 점령했단 말이. 그래서 할 수 없어서 자기네 집에다가 아이들 대여섯…… 신재춘이가 집에 재우면서 공부를 시켰지. 그러니깐 그게 대여섯 된다 해도 반이 다르단 말이요. 일학년 아이도 있고 이학년 아이도 있고, 그래 공부시켰지.[98]

"그 결과 1948년 12월 1일, 원 교사 1개 교실에서 정식 수업을 할 수 있게 되었다." 1948년 10월 수업이 중단되었던 이 학교는 1948년 12월에 들어서 다시 그 명맥을 잇게 되었던 것이다. 그러나 장춘 인민정부는 학교 이름을 '장춘사범학교 부속 소학반(1948. 11. 15~1949. 11. 30)'이라고 개칭했다. "인민정부가 이 학교를 정식 조선인 소학교가 아니라 사범학교 부속 소학반으로 명명한 이유는 이 학교로 돌아온 학생 수가 매우 적었을 뿐 아니라 원 교사가 해방되자마자 장춘사범학교 학생들의 기숙사로 되고 말았기 때문"이었다. "원 교사의 1층 한 개

98. 「정봉권 구술 자료」(2007. 4. 13; 2007. 4. 24).

교실을 얻어 수업할 수 있었던 것도 조선인 민회와 신재춘이 인민정부 및 장춘사범학교 교직원들과 교섭한 끝에 얻어낸 성과"였다.[99] "이 시기 이 학교는 한 개의 어두컴컴한 교실에서 1~6학년이 번갈아가며 수업을 했다." 그러나 일단 학교 수업이 시작되자 학생 수는 10여 명에서 40명까지 증가했고,[100] 학생이 계속해서 늘자 더 넓은 수업 공간을 찾아 이곳저곳으로 옮겨 다니며 운영할 수밖에 없었다. 당시 수업 공간이 없어 어려웠던 당시 상황을 졸업생은 이렇게 말했다.

그러다가 해방이 되고 질서가 잡히니깐 어딜 갔는가 하면 원래 우리 조선 사람네 소학교, 이제 말한 영락소학교, 거기 가서, 거기 2층집 아니고 핑방平房(단층집)이 하나 있습니다. 그래 거기 가서 교실 하나 가지고 조선학교를 계속했단 말이. 계속해서, 계속하니깐 그것도 바쁘지(힘들지). 아이들이 한 30명 돼도 일학년이 있지, 뭐 복식 그거 많이 시켰지. 그러다가 그다음이 정말 정부에서 참 무시하지. 그 집이 원래 조선소학교 집인데 사범학교에 다 줘버렸지. 그러니깐 조선학교 교실이 없단 말이. 그래 오늘에는 저쪽 학교에 가 있다가 내일엔 저쪽 학교 가고, 자꾸만 이렇게 정말 중국 말마따나 따유지打遊擊(유격전) 하는 사람들이지. 그러다 하여간 조선학교는 계속됐단 말이. 계속되니깐 이름이 뭐라 했는가 하면 사범학교 분교라 했단 말이. 그래서 이 사람이 그냥 그 학교를 했지.[101]

99. 당시의 어려운 정황은 다음의 자술 자료 내용에 잘 나타나 있다. "1948년 우리 교실은 원래 학교의 서쪽 단층 교사(校舍)에 있는 한 교실이었는데 매우 어두컴컴한 방이었다……. 그때 선생은 신재춘 혼자였다. 48년 겨울에 우리는 신재춘 선생님의 아이들이 굶어 죽은 무덤을 앞에 두고 추도회를 열기도 했다."(「김○일 자술 자료」1998. 2. 26).
100. 「이○광 자술 자료」(1998. 3. 5).
101. 「정봉권 구술 자료」(2007. 4. 13; 2007. 4. 24).

1948년 10월 장춘 지역 해방 이후부터 1950년 12월 독립된 조선인 학교로 설립되기 전까지의 개황을 정리하면 다음의 표와 같다.

표 3-12 1948~1950년 장춘시 관성구조선족소학교 개황

시기	교명	교지(수업한 곳)	교사 수	학생 수
1948. 11. 15 ~1948. 11. 30.	(복교 준비)	신재춘 자택	1	8
1948. 12. 1 ~1949. 2.	장춘사범학교 부속 소학반	장춘사범학교 기숙사(원 교사, 현 상해로 소학교) 1층 1개 교실	1	40
1949. 3. 1 ~1949. 11. 30.	장춘사범학교 부속 소학반	장춘사범학교 교사(현 48중) 서쪽 2층 2개 교실(2부제 수업)	3	80
1949. 12. 1 ~1950. 1. 31.	장춘사범학교 부속 소학교 조선분교	장춘시 제2구 인민정부 1층	3	80
1950. 2. 1 ~1950. 11. 30.	장춘시 서5마로 완전 소학교 부속 조선소학반	서5마로 소학교 4개 교실	3	91

"이 학교는 원 교지를 떠나 1949년 3월 1일부터 장춘사범학교 교사 서쪽 2층 2개 교실을 얻어 2부제로 수업했다." 또한 "1949년 12월에는 장춘사범학교의 교실 부족으로 인해 장춘시 제2구 인민정부 1층으로 이동"하였으며, 1950년 2월에는 서5마로 소학교로 옮기면서 부속 조선 소학반이 되었다. "학생들은 학교를 옮길 때마다 책상과 걸상을 어깨에 메고 다녔다. 그러나 도서실에는 백과사전 등의 책이 많았으며 피아노와 교구도 있었다. 이 당시 학급은 6학년까지 다 있었고 학생 수의 증가로 2부제 수업을 하였다. 서5마로 완전소학교와 조선소학은 부속 관계였지만 아침체조와 중간체조만 같이 했을 뿐 서로 간섭하지 않았다." 그 후 1950년 6월 25일 한국전쟁이 일어나고 10월 25일 중국 인민지원군이 참전하자 "서5마로 완전소학교 학생들과 부속 조선 소학반 학생들은 연합하여 인민지원군 선전 활동에 적극 참여"하기도 했다.[102]

2) 사회주의 확립기(1950~1965): 조선족 교육기관으로 우뚝 서다

1949년 중국 공산당에 의해 중화인민공화국이 창건되었다. 중공은 사회주의 국가 건설을 위해 사회주의 개조(1949~1956)와 사회주의 건설(1957~1966)에 박차를 가했다. 이러한 정책의 일환으로 중공 교육부는 소수민족에 대한 교육 방침을 사회주의적 내용과 민족적 형식의 결합에 두었다.[103] 즉, 민족소학교는 중앙교육부의 규정을 기초로 하여 사회주의적 인간 형성을 위한 사상정치교양, 예체능, 보건위생 및 생산노동교육 등을 실시하는 한편 민족 교재와 민족어로 수업할 수 있었다.

교사校舍의 경우는 1950년 12월 조선인 민회의 도움으로 장춘시 교육국의 비준을 거쳐 조선인 민회 청사로 이사했다.[104] 교명도 장춘시 제3구 조선소학교(1950. 12~1952)로 변경되었다. "조선인 민회는 이 학교를 위하여 사무실을 교실로 개조해주었고, 이 학교 교원을 5명까지 늘릴 수 있도록 도왔다. 당시 홍명철洪明喆은 (대리)교장을 맡았으며," 학년 수는 6개 학년, 학생은 144명에 달했다. "학생들은 교실이 비좁기는 했지만 학년과 학급에 따라 따로 공부할 수 있었다."[105] 이로써 이 학교는 1948년 해방 후 2년 동안의 타교 예속 관계를 완전히 끝마

---

102. 「리○욱 구술 자료」(1997. 7. 1).
103. 구체적으로 당시 상황을 살펴보자면, 중공 중앙인민정부 교육부는 민족교육 사업을 신속히 발전시키기 위해 1951년 9월 북경에서 제1차 전국민족교육회의를 열었다. 이 회의에는 조선족을 포함한 소수민족 대표들이 참여했으며, 소수민족교육은 반드시 신민주의 내용이어야 하며 각 민족 인민의 발전과 진보에 적합한 민족 형식을 채용해야 한다는 방침을 천명하였다(中國敎育年鑑編輯部 編, 『中國敎育年鑑(1949~1989)』, 北京: 中國大百科全書出版社, 1984, 396쪽).
104. 長春市寬城區朝鮮族小學校同窓會, 앞의 책, 2008, 8쪽. 이 당시 조선민회는 조선족들을 위한 여러 사업에 참여했다. "우선 조선민회는 해방 후 생활이 곤란하고 일자리 없는 조선족 노동자들을 위하여 조선족 주민들을 동원하여 집체 투자의 형식으로 조선소비합작사를 조직"했다. "합작사는 후에 발전하여 국영백화상점과 부식품 상점으로 되었으며 철공장도 세워 여러 방면에서 큰 몫을 담당"했다. "조선족 중학교 문제를 해결키 위해 정부와 적극 교섭한 후 제5중학교에 조선중학반을 설립했으며 학생들의 여러 가지 곤란을 해결해주었다." 또한 "조선족 군중들의 원래 교사를 돌려달라는 요구를 수시로 정부에 하여 57년과 58년도에 드디어 소학교와 중학교 새 교사와 기숙사를 짓는 데 공헌하였으며 2도하자에서 통학하는 소학생들을 위하여 2도하자 락군사에 조선소학교를 하나 건립하여주었다."(「이○욱 자술 자료」, 1998. 2. 25).

치고 독립적인 조선족 초등교육기관이 되었다.[106] 그 후 1952년 장춘시
市 교육국은 교명을 장춘시립 조선소학교, 1953년에는 장춘시 조선소
학교로 개칭했고, 1954년부터 현재까지 구區 교육국의 지도를 받고 있
다. 장춘시 조선소학교 개칭 이후 행정구역명의 변화로 인해 교명이
세 차례 변경되었으며, 1956년 장춘시 관성구조선족소학교로 개칭된
후 현재까지 이와 동일한 교명을 사용하고 있다. 1950년 12월부터 현
재까지 이 학교의 개황을 정리하면 아래 표와 같다.

표 3-13 1950년 12월 이후의 장춘시 관성구조선족소학교 개황

시기	교명	교지(수업한 곳)	관할 기관	교사 수	학생 수
1950. 12. 1 ~1952	장춘시 제3구 조선소학교	조선민회 청사 (1층 3개, 2층 2개)	시 교육국, 민회	–	–
1952	장춘시립 조선소학교	조선민회 청사 (1층 3개, 2층 2개)	시 교육국, 민회	–	–
1953. 9.	장춘시 조선소학교	오송로 옛 일본 대정사(大正寺) 절간	시 교육국, 민회	7	168
1954. 3.	장춘시 제2구 조선족 완전소학교		구 교육국, 민회	–	–
1955	장춘시 두도구조선족소학교		구 교육국, 민회	–	206
1956. 10 ~현재	장춘시 관성구조선족소학교	동5조가 서호통13호 (옛 만철 창업관 옆)	구 교육국, 민회	–	–

"1952년 민회와 이 학교는 학교 기틀의 확립을 위해 교장으로 공산
당원 조선족 교원을 파견해줄 것을 시 교육국에 요청"했다. 요청을 받
은 시 교육국은 1년 6월 쌍양현 교육국과 교섭하여 쌍양현에서 교원
사업을 하고 있던 공산당원 림청백을 이 학교 교장으로 임명했다. 이

---

105. 「이○광 자술 자료」(1998. 3. 5).
106. 중국 전체적으로 1950년 11월 24일 중국 정무원은 〈소수민족간부시행방안〉을 발표하여 몽골족,
조선족, 장족(티벳), 위구르족, 하사크족 등의 초등학교 및 중학교 모든 교육과정은 반드시 본 민족
의 언어로 진행해야 한다는 것과 1952년 교육부와 각급 정부에는 민족교육 기구를 설치하거나 전담
간부를 두어 관리 업무를 강화해야 한다는 것을 규정했다(김숙이, 「중국의 소수민족교육정책 연구」,
『교육행정학연구』 15(2), 한국교육행정학회, 1997, 30쪽; 36쪽).

로써 림청백은 신중국 건설 후 정부에서 정식으로 임명해서 파견한 첫 교장이 되었다. "당시 교원은 7명이었다. 일반적으로 이 학교의 교장과 교원은 민회에서 시 교육국에 추천하고 시 교육국에서 비준하는 형식이었다. 이에 따라 이들은 공립 교장, 공립 교원으로 인정되어 시 교육국에서 월급을 주었다. 수업은 연변교육출판사에 나온 교과서를 사용했다."[107]

1953년, 이 학교는 교육국의 허가로 조선인 민회 청사보다 조건이 나은 오송로 옛 일본 대정사大正寺 자리로 옮기게 되었다. 이때부터 이 학교는 자기 교사가 마련되었다. "민회는 새 곳으로 옮겨 가는 이 학교를 위해 새 책상과 걸상을 전부 해결해주었으며 학교에 악기도 사주었다. 광복 이전 영락재만국민학교 시기에 쓰던 많은 도서와 동물표본, 생리(골격)표본 등도 모두 옮겨 왔다."[108]

그 후 장춘시 교육국은 학교 교사校舍 조건을 개선해줄 것에 대한 학부모위원회의 요청을 받아들여, 1956년 10월부터 1,300평방미터 현現 교지에 건물을 새로 지어주었다. 이곳은 동5조가 서호통 13호로서 광복 이전 만철 창업관 옆이다. "교사는 2층 13개 교실로 건축되었다."[109] 이때부터 안정된 교사의 터전 위에 새롭게 발전하기 시작했다. "당시 이 학교 교원들과 조선족들은 민족교육에 대한 열정과 자부심이 있었고, 조선족들은 대부분 일상적으로 조선어를 사용했기 때문에 자녀들인 이 학교 학생들이 조선어로 말하고 수업받는 것에는 별 문

---

106. 「림○백 구술 자료」(2009. 4. 15). 이 학교가 민회 청사를 교사로 사용했을 당시 1층 동쪽에는 조선인 민회, 1층 서쪽에는 조선서점이 있었고, 이 학교는 1층 작은방과 2층 전체를 사용했다.
108. 「리○덕 자술 자료」(1997. 6. 25).
109. 이곳에 이 학교 교사를 마련하기 까지 수많은 우여곡절이 있었다. 원래 장춘시 교육국에서는 옛 만주국 황궁 옆에 이 학교 교지를 선정하여 교사까지 건축하였다. 그러나 학부모와 교직원들이 외진 곳이라며 반대했다. 당시 상황을 림청백 교장은 다음과 같이 구술했다. "내 그저 그냥 교육국을 우리 집 가듯이 말이야 맨날 교육국에 가서 자리 옮겨달라고 그래 말이야 시위 서기도 찾아가고 말이야. 그리고 학부형들이 말이야 또 그 시에 성에 위에다가 또 편지 쓰고 말이야 이렇게 했지며."(「림○백 구술 자료」, 2009. 4. 15)

제가 없었다."[110] 학생 수도 매년 급속하게 증가하여 1954년 100명 대였던 학생 수가 56년에는 300명 대로, 65년에는 800명 대로 확대되었다. "동북3성 조선족 학교 대표들의 회의에 따라 교수요강, 교과서, 교원용 참고서 및 기타 교육 도서는 연변교육출판사에서 제작, 출판된 것을 가져와 사용하였다. 교과서 중에서 조선어문 교과서에는 민족 고유의 명절, 예절, 풍습, 역사, 동화, 동시 등이 수록되어 있었다."[111]

3) 문화대혁명기(1966~1976): 민족교육이 또다시 난관에 처하다

문화대혁명 시기는 홍위병의 민족 말살 정책과 구습 타파의 구호 아래 민족 고유의 풍습이 사라지고 민족언어 사용도 금지되었던 때이다.[112] 장춘 지역의 조선족 교육 역시 문화대혁명의 광풍에 휩싸였다. 그 과정에 1961년 2월 장춘시 교육청의 민족교육과가 철폐되었다. 그후 1967~1976년 문화대혁명기에는 조선족 중학생들의 수업이 중지되었고, 중학생들은 파사구운동(구사상, 구문화, 구풍속, 구관습)에 참여했다. 학교 지식보다도 생산과 노동 군사훈련이 강조되었다. 민족어 수업은 철폐되었고 중국어를 교수 용어로 사용하였으며, 조선족 학교들은 한족 학교와 통합되거나 한족 학생들을 받아들여야 했다.[113]

이 학교 역시 마찬가지였다. "학교 수업은 중국어로" 진행되었다. 이학교의 조선족 학생도 어수선한 정국 상황 속에서 대량으로 빠져나가 1966년 19개 반 881명 학생이 1976년 10개 반 340명으로 줄었다. 또한 "만주국 시기부터 간직해왔던 교구실의 독수리, 매, 꿩, 부엉이 등

---

110. 「림○백 구술 자료」(2009. 4. 15).
111. 「김○춘 구술 자료」(2009. 4. 15). 연변의 출판사에서 조선족 학교용 교과서를 제작할 때에는 전문가들로 구성된 심사위원회의 심사를 거쳐 결정되었다. 당시 교과서 중에서도 조선어문 교과서에 수록된 동시는 주로 북한에서 쓰이는 것들이었다. 제6대 교장은 1971년 이 학교 교원으로 임용되어 교무주임(1979~1980년)을 거쳐 부교장(1981~1992년), 교장(1993~2004년)을 역임했다.
112. 김숙이, 앞의 논문, 1997, 31쪽.
113. 차철구, 앞의 책, 2009, 39쪽.

의 모형이 분실되었고, 교구 대장과 일본말로 인쇄된 대백과사전 30여 권도 모두 팔려서 도서와 교구가 거의 없어졌다."[114] "교장과 교무주임 은 문화대혁명 초기 당권파로 몰려 홍위병에게 구타를 당하고 감옥에 갇히는" 수난을 당하기도 했고,[115] 반공반독半工半讀 교육정책[116]에 따라 "수업 연한은 6년에서 5년으로 단축되었다. 교과는 군사, 농업, 공업 등의 내용이 추가"되었다. "교직원들은 학기 중간에는 오전에 수업을 하고 오후에 공장이나 학교 근처 논밭에서 작업을 했으며, 방학 때에 는 모두 길림성 교외에 있는 농촌에 내려가 농사를 지었다. 학생들은 체육 시간에 나무 총을 가지고 군사훈련을 배웠고, 교사들과 함께 이 학교 근처에 있는 교직원 아파트 주변 논밭의 농사를 짓기도 했다."[117] 특히 "교장은 국가에서 교육 경비를 스스로 충당하라는 지시에 따라 돈벌이에 매달렸다. 그래서 이 학교에서는 교사 한 켠에 고무공장과 사탕공장을 차렸다. 그러나 고무공장에서 나는 소음과 냄새로 교직원 과 학생은 어려움을 겪게 되었다."[118]

문화대혁명 시기 학생 수 감소와 더불어 '조선족은 조선 간첩'이라 고 몰리는 가운데 "조선어 무용론이 제기되면서 이 학교 학생 대부분 은 중국어를 사용하는 경우가 많았다." 그래서 "수업을 조선어로 진행 하는 것 자체가 거의 어려워질 지경이 되었다."[119] 민족교육은 또다시 어려운 난관에 봉착하였던 것이다.

---

114. 「리○덕 자술 자료」(1997. 6. 25).
115. "문화대혁명 시기 교사(教師)는 '臭老九(더러운 냄새나는 아홉 번째 늙은이)'라는 별명을 얻어 홍 위병들에게 많은 수난을 당했다."(「김○춘 구술 자료」, 2009. 4. 15)
116. 이는 영어로 'half work half study system'을 가리키며, 보통교육과 직업기술교육을 병행하는 교 육제도를 지칭한다(『중국 대백과전서(교육)』, 북경: 중국대백과전서출판사, 1985, 101쪽).
117. 「김○춘 구술 자료」(2009. 4. 15), 제6대 교장 선생님은 문화대혁명 시기 연변 지역 농촌 조선족 학 교에서 중학교 1학년을 보냈는데, 당시 그곳의 중학생들은 밤까지 불을 켜놓고 일을 했으며 겨울과 여름방학 이외에 2주간 정도씩 모내기철에는 벼 모내기 방학, 수확철에는 탈곡 방학 등이 있어 각종 농사일과 관련된 일을 했다고 한다.
118. 「김○춘 구술 자료」(2009. 4. 15).
119. 「김○춘 구술 자료」(2009. 4. 15).

4) 개혁개방기(1978~현재): 새로운 성장과 발전을 모색하다

① 한중수교 이전(1978~1991): 역경을 딛고 성장의 발판을 마련하다

1978년 등소평 출현 이후, 전국적인 문화대혁명의 혼란은 수습되었다. 그중에서도 문화대혁명 시기 파괴되었던 민족교육에 대한 대대적인 복구와 개혁이 실시되었다. 즉, 1979년 민족교육사民族敎育社가 설립되었고, 전국 중점 대학이나 성省 소속의 고등교육기관에 민족반이 설치되었다. 특히, 1981년 2월 제3차 전국민족교육업무회의 이후 각 성시자치구省市自治區에서는 민족교육 행정기구를 건립하거나 회복시켰고, 민족교육 업무의 지도를 강화하였다.[120]

이러한 민족교육 복구 사업과 발전은 이 학교에서도 진행되었다. 1978년 교학을 중시하라는 정부의 지시를 받은 길림성 교육청은 1979년 이 학교를 길림성중점학교로 지정하였다. 그리고 학생들의 등교를 위해 길림성 재정청, 길림성 교육청, 장춘시 민족사무위원회, 관성구 문교국 등과 학교 스스로 돈을 내 대형 버스 1대를 마련했다. 또한 1986년 7월 1일 장춘시 교육국에서는 이 학교를 장춘시 조선족중심소학으로 지정하였으며, 이후 이 학교는 장춘 지역에 있는 조양구, 이도하자구, 교구, 덕혜현, 유수현 등의 조선족 소학교 업무를 지도하였다. 이 학교의 운영이 안정되고 발전하자 문화대혁명과 그 이후 시기 동안 급속히 감소했던 학생 수도 1982년 129명을 최저점으로 하여 서서히 증가하여 1992년에는 226명까지 회복되었다.[121]

---

120. 김숙이, 앞의 책, 1997, 31쪽. 또한 1981년에는 민족자치구에 있는 본 민족의 언어를 사용하여 교육을 하는 대학들에서는 전국적으로 통일된 대학입시를 치르지 않고 자체적으로 시험을 봐서 신입생을 선발할 수 있도록 하였다(김정호, 「다문화 교육으로서의 중국 소수민족교육」, 서울교육대학교 초등사회과 교육연구소 학술 세미나 발표 원고, 2008, 29쪽).
121. 차철구, 앞의 책, 2009, 41~42쪽. 문혁 이후 이 학교의 회복과 발전에 공헌한 제5대 교장은 관성구 제9, 10, 11차 인민대표대회 대표로 활동했으며, 관성구 제10, 11차 인민대표대회 상임위원회 회원으로도 활동하였다.

그러나 이러한 과정이 순탄하게 진행된 것만은 아니었다. 문혁이 남긴 폐해는 80년대 전반기까지 여전히 계속되었다. 무엇보다 조선족 산거지구인 장춘 지역의 조선족들은 북한으로 귀국하는 경우가 많았고, 남아 있는 조선족들도 문혁 시기 조선족이라는 이유로 인해 받은 피해 때문에 중국어를 사용했으며 자녀를 한족 학교에 보냈다. 따라서 이 학교 학생들은 대부분 조선어를 몰랐으며, 학생 수는 1980년대 전반기까지 계속해서 나날이 줄어들어 1981년도에는 100여 명 남짓의 학생만 남게 되었다. 게다가 문혁 시기 교사들이 대부분 농촌으로 하향했기 때문에 교사 수가 급격히 줄어들어, 줄어든 교사들을 충원하기는 몹시 어려운 일이 되었다.

이처럼 학교가 문을 닫아야 할 지경에 이르자 교장과 교직원들은 이 학교를 살리기 위해 사력을 다했다. 우선 "교장은 『장춘일보』에 학생 모집 공고를 냈다. 그리고 고무공장을 운영해서 번 수익금과 정부로부터 얻은 지원금을 모아 통학 버스를 구입해 장춘 지역 학생들을 실어 날랐다." "조선어문 담당 교사는 스스로 교수법을 연구해가면서 1978년부터 88년까지 계속 1학년을 맡아 이 학교 입학생들의 조선어 교육에 온 심혈을 기울였다."[122] 이와 같은 이 학교의 교장을 비롯한 교직원의 노력으로 점차 학생들의 조선어 실력은 나아졌으며, 이를 지

---

121. 차철구, 앞의 책, 2009, 41~42쪽. 문혁 이후 이 학교의 회복과 발전에 공헌한 제5대 교장은 관성구 제9, 10, 11차 인민대표대회 대표로 활동했으며, 관성구 제10, 11차 인민대표대회 상임위원회 회원으로도 활동하였다.

122. 당시 조선어문 수업을 담당(그 이후 제6대 교장이 됨)했던 교사는 조선어 수업 관련 논문을 20여 편 발표하여 '조선어문 식자교수 특급교사'가 되었고, 동북 3성에 있는 조선족 학교에서는 이 학교 조선어문 교사의 수업 참관을 위해 하루 100여 명 정도가 방문하게 되었다. 때에 따라서는 직접 다른 조선족 학교를 돌면서 강의를 해주기도 했다. 이에 따라 이 학교는 조선족 학교로서 명성을 떨치게 되었고, 1980년대 후반기에는 정부로부터 각종 칭호를 지정받았다. 즉, 1986년에는 장춘시조선족시범학교, 장춘시보급교육전진학교, 장춘시정신문명선진단위, 1987년에는 장춘시민족단결진보선진단위, 장춘시학습교육이론축전개혁선진학교, 1988년에는 동북삼성조선족어문공작선진단위, 길림성勤工儉學先進學校, 장춘시電敎선진단위 등이 그것이다(長春市寬城區朝鮮族小學, 『寬城區朝鮮族小學建校85周年紀念冊』, 2007).

켜본 "조선족 부모들은 자녀들이 조선어로 말하는 것을 기뻐하며 점차 이 학교에 마음을 열기 시작했다." 이에 따라 1980년대 초반 100여 명 남짓하던 학생 수는 조금씩 증가하기 시작해 1990년대에 들어와서 200명 대를 넘게 되었다. 하지만 학교 재정은 아직 열악한 형편이었다. "구 교육국의 이 학교 재정 지원은 교원 월급, 학교 건물 수리비, 일년 보일러비 정도였고, 그 외 일체 용품은 학교 자체가 해결해야 하는 형편이었다. 재정난이 심각해지자 결국 이 학교는 1991년 그토록 어렵게 마련한 학교 버스를 팔게 되었다."[123]

② 한중수교 이후(1992~2009): 새로운 발전 활로를 모색하다

조선족 산거지역에 위한 장춘시 관성구조선족소학교에서
원거리 통학 학생들의 편의를 위해 마련한 학교 버스

1990년대에 들어오면서 조선족 산거 도시 지역에 위치한 이 학교는 새로운 발전을 도모하였다. 첫째, 교장은 재원 확충을 위해 노력했다. 즉, 이 학교는 "1992년에 고무공장을, 1993년 3월에는 '사탕공장'을 없앴다. 그리고 그 주위에 자금 6만 원을 빌려와서 그해 5월 1일부터

---

123. 「김○춘 구술 자료」(2009. 4. 15). "학교 버스가 팔리는 것을 본 이 학교 교직원들은 모두 하염없이 눈물을 흘렸다"라고 한다.

350여 평방미터의 창고를 짓기 시작했다. 창고를 지어 상인들에게 세를 주었던 것이다. 늘어난 수입은 학교 비품 구입과 교원들의 복지에 사용했다."[124]

둘째, 민족언어교육 체제를 확립했다. 민족학교의 가장 큰 특색은 민족어를 사용하여 수업하는 것이다. 그러나 "문혁 이후에는 조선어를 모르는 채 이 학교에 입학하는 학생들이 대부분"이었다. 교장은 "이러한 문제를 해결해보고자 1958년에 세워진 후 문화대혁명 시기 철폐된 조선족 유치원을 이 학교 동쪽에 세우는 문제를 추진했다."[125] 이에 따라 구 교육국의 허가를 얻어 교지校地 내에 1993년 유치원을 세워 관리하면서 유치원 아이들에게 조선어를 가르쳐 이 학교에 입학시키기 시작했다.[126]

셋째, 교원의 수와 질을 확충하고 보강했다. "이 학교는 정년퇴임하는 교원 수의 증가로 인해 교원이 부족했다. 장춘시-구 교육국에서는 민족교육에 특별히 관심을 가지고 1993년 1월 교사 13명을 연변 사범학교에 가서 물색해 보내주었다." 학교에서는 "새로 들어온 교사들에게 기본적인 교사 훈련 4가지를 시켰다. 기본 교사 훈련 4가지란 '교수 용어는 서울 말씨로 하기', '수업은 친절하고 자연스럽게 하기', '판서 글씨는 중점만 예쁘게 판서하기', '3개 1 활동하기'[127]였다." 이에 따라 이 학교 교사들은 각급 교사 대회에 참가하여 그 역량을 널리 알렸고, 중국 내 각 성, 시에서 수업 참관을 많이 오게 되었다.

---

124. 「김○춘 자술 자료」(2009. 4. 16).
125. 長春市寬城區朝鮮族小學, 위의 책, 2007. 이에 따라 구 교육국은 1993년 9월 9일 장춘시 조선족 유치원을 회복하는 회복 의식을 거행하였고 관리는 관성구조선족소학교에서 맡았다. 관성구 조선족 유치원의 연혁과 원장은 다음과 같다. 1958년 9월 1일 설립(원장 천옥녀) / 1970년 10월~1992년 문화대혁명 영향으로 유치원 정지/ 1993년 9월~1994년 2월(책임주임 김기순) / 1994년 3월~1994년 7월(대리원장 백성순) / 1994년 8월~1995년 7월(대리원장 허의숙) / 1995년 3월-2002년 2월(대리원장 박금회) / 2002년 3월~2005년 2월(원장 임향란) / 2005년 3월~현재까지(원장 리미숙).
126. 「김○춘 구술 자료」(2009. 4. 15).

넷째, 대외관계를 활성화했다. 1994년 경기도 평택시 평택동 평양냉면 고순은 박사 일행(20여 명)이 학교를 방문하고 3,000여 달러를 모금하여 지원해주었다. 학교에서는 그 돈으로 악기를 샀다. 그 후 1995년 이 학교에 '진달래 소년예술단'을 만들었고, 1996년 10월 한국 문화부의 초청으로 한국 15개 도시를 방문하면서 10번의 공연을 하기도 했다. 특히 한국 내 초등학교들과 자매결연을 맺어 교류해왔다.[128]

이처럼 이 학교의 민족교육 특색 사업이 활기를 띠자 1999년 장춘시 정부에서는 원래 있었던 2층 교사를 4층 교사로 증축해주었다.

이로 인해 이 학교는 2000년대 들어서 다양한 특활 교육 시설과 활동을 실시하고 있다. 즉, 학생들이 쉬는 시간에 특활 활동을 실시할 수 있도록 미술실, 심리자문실, 어음실, 악기실, 도서실, 실험실, 의무실, 미술실, 컴퓨터실 등을 설치하여 운영하고 있으며, 각 교실에는 텔레비전을 비치하였다. 또한 2003년 9월에는 '태권도관'을 건립하였다.

전교생의 태권도 교육을 위해 한국 서울에서 태권도 9단인 선생님을 이 학교에 모셔와 태권도 복장을 입고 매주 2시간 체육 시간에 태

127. 「김○춘 자술 자료」(2009. 4. 15). 교사들의 '3개 1 활동하기'란 1주일에 1번 다른 수업 듣기, 한 학기에 1번 시범수업안 내놓기, 1년에 경험 자료나 논문 1편 써오기가 그것이다. 또한 교사들의 서울 말씨 쓰기 훈련은 1990년 이 학교 교장이 서울을 다녀온 후 처음 시행된 것으로 여러 동북 3성의 조선족 학교들이 서울말 수업을 위해 이 학교를 방문하여 참관 수업했다(「김○춘 구술 자료」, 2009. 4. 15). 이에 따라 이후 조선족 학교에서 가르치는 한글은 북한 평양 지역의 언어에서 한중수교 이후 서울 지역의 언어로 전환되고 있다.
128. 「김○춘 구술 자료」(2009. 4. 15); 長春市寬城區朝鮮族小學, 앞의 책, 2007. 한국과 교류의 예를 살펴보면, 1995년 3월 한국 서울 리라초등학교와 자매결연을 맺어 해마다 6월이면 리라초등학교 교장 선생님이 운영하시는 여름학교에 이 학교 학생들이 20명씩 초청 받아 한국을 15일간 여행했으며 1996년 10월에는 울산시 신월초등학교와 자매결연을 맺었다. 이러한 한국 초등학교의 교류는 2000년대 들어 더욱 확대되고 있다. 2001년 1월에는 한국 전남 신월초등학교와 자매결연을 맺어 신월초등학교 30여 명 학생과 교원이 이 학교를 방문했으며 이 학교 학생과 교원도 2001년 9월에 신월초등학교를 방문했다. 2001년 7월에는 한국 경기도 분당 오리초등학교와 자매결연을 맺어 오리초등학교의 인성교육 진행 과정을 돌아보고 돌아와 이 학교에 상담실을 설치했다. 2004년 7월에는 울산시 교육청 교육감의 이 학교 방문 후 컴퓨터 40대를 지원받기도 했다. 또한 한국에서 온 태권도 사범의 지도 아래 이 학교 졸업생들은 졸업 시에 태권도 4단 내지 5단을 딴다. 이 학교의 이와 같은 성장에 따라 1999~2000년에 이 학교는 여러 칭호를 얻게 되었다. 즉, 길림성과 장춘시 예술교육특색학교, 장춘시 일류일급학교, 장춘시 국제교류시범교, 관성구 師德 선진학교, 장춘시 교학 개방실험교, 장춘시 花園式示範校, 길림성 족구전통학교, 중국 조선족 소학創新교육 및 실험선진 집체 등이 그것이다.

장춘시 정부의 도움으로 1999년 2층에서 4층으로 증축된 장춘시 관성구조선족소학교의 본관과 민족 특색 교육 사업으로 실시하고 있는 태권도 훈련을 위해 2003년 장춘시 관성구 조선족소학교에 건립된 태권도관 내부

90년 이상의 역사를 지닌 장춘시 관성구조선족소학교의 교실 내부와 장춘시 조선족 유아들의 조선어 교육을 위해 1993년 장춘시 관성구조선족소학교 안에 설립된 부속 유치원 교사(校舍)

권도 수업을 진행하고 있으며, 각종 경연대회에서 우수한 성적을 거두고 있다.[129] 2005년 현재 교실 43개, 컴퓨터 46개, 텔레비전 16개, 도서 5,502권 등의 시설이 갖추어져 있다.[130]

그러나 이러한 노력에도 불구하고 1990년대 후반 이후 2000년대 전반기까지 학생 수는 조금씩 감소했다. 이것은 근래 조선족 학교 전체의 공통된 현상으로, 조선족 수의 감소와 조선족의 한족 학교 선호가 그 주된 이유이다.[131] 조선족의 한족 학교 선호는 조선족의 중국어에 대한 요구와 조선족 학교의 한족 학교에 미치지 못하는 교육 환경 때

129. 「김○춘 구술 자료」(2009. 4. 15); 長春市寬城區朝鮮族小學, 앞의 책, 2007.
130. 동북조선민족교육과학연구소 편찬, 『중국조선족학교현황지』, 연변: 연변교육출판사, 2005, 208쪽.

문이다.

2000년 이후 이 학교는 이러한 위기를 극복하고 조선족 학교로서의 위상을 확립하면서도 많은 학생을 유치하기 위한 다양한 활로를 모색하고 있다. 우선 한국어, 중국어, 영어 3중 언어 특색 교육을 실시하고 있다.[132] 연변조선족자치주에 있는 학교가 사용하는 교재를 기본으로 조선어로 수업을 하면서도, 한어·수학·음악은 한족 학교 교재를 사용하여 중국어로 수업을 하며, 유치원 때부터 전 학년에 걸쳐 원어민 영어 교사를 초빙해 영어 수업을 하고 있다.[133]

또한 2007년 학교 홈페이지를 개설해 이 학교를 알리고 있으며, 민족 특색 사업으로 1학년부터 학생들의 민족무용, 악기, 태권도, 축구 등을 선택하여 배울 수 있도록 하고, 이 학교 교사들이 직접 제작한 『종합실천활동 조선민속풍속문화』(3학년: 전통명절, 4학년: 전통예절, 5학년: 음식문화, 6학년: 민족놀이)를 바탕으로 학교와 가정, 사회에서 민족 명절, 예절, 음식, 놀이 등에 대한 지식 교육과 현장 체험을 실시하고 있다.[134] 이에 따라 최근 이 학교는 학생 수가 점차 증가하고 있으

131. 「장춘시 조선족소학교 합병설 화제」, 『(인터넷)길림신문』(2006. 3. 16). 실례로 연변 지역의 조선족 소학교 입학생은 1990년 13,755명에서 2005년 2672명으로, 길림성 길림 지역의 조선족 소학교는 1989년 137개에서 2004년 26개로 줄어들었으며, 흑룡강성 할빈 지역 소학교는 1997년 102개에서 2003년 32개로 줄어들었다(정신철, 앞의 논문, 2006, 220쪽). "현재 장춘 지역의 조선족 가정 자녀들은 60% 정도가 한족 학교에 입학하고 있다. 또한 최근 이 학교 학생 학부모들은 절반 정도만 부모 양쪽이 모두 조선족이다. 절반은 한족과 조선족이 결혼해서 이루어진 가정의 아이들이다."(「현재 제7대 교장, 학교당서기, 교무주임 집단면담 구술 자료」, 2009. 4. 14)
132. 중국 교육국은 2002년 '민족교육 발전을 가속화하는 개혁을 심화하는 것에 관한 결정(關於深化改革加快發展民族敎育的決定)'을 제정하여 "소수민족을 대상으로 하는 소수민족 초중고에서는 각 민족의 언어와 한어 수업을 할 수 있는 교육과정 체제를 만들고 여건이 되는 지역에서는 외국어 과목도 개설"하도록 했다(김정호, 앞의 논문, 2008, 30쪽).
133. 「김○춘 제6대 교장 구술 자료」(2009. 4. 15). 현재 이 학교는 45명 교원의 85%가 한국어와 중국어를 동시에 사용할 수 있으며, 3중 언어교육으로 인해 2007년 이후 학생 수가 증가하고 있다. 실례로 2007년 신입생이 75명(3개 학급)으로 2006년의 50여 명보다 훨씬 증가한 가운데 한족 학생까지 10명(2006년 5명)으로 부쩍 늘었다(「조선족소학교에 한족 신입생 증가」, 『(인터넷)길림신문』, 2007. 8. 23). 이처럼 최근 이 학교는 한국어의 중국 내 효용성이 증가하면서 한국어를 배우고자 하는 조선족과 한족뿐 아니라 중국어를 배우려는 한국 유학생들의 입학으로 인해 학생 수가 점차 증가하고 있다.
134. 「장춘시관성구조선족소학교 설립 85주년 유치원 설립 50주년 특집 민족얼 85성상 고스란히 지켜, 례의교육은 덕육교육의 중점」, 『(인터넷)길림신문』(2007. 9. 1).

민족 특색 사업으로 2007년부터 시작된 민속무용을 배우기 위해
마련한 장춘시 관성구조선족소학교 무용실 내부

며 정부로부터 더욱 다양한 학교 칭호를 받고 있다.[135]

2005년 현재 학생 수와 교사 수는 아래 표와 같다.

표 3-14 2005년 장춘시 관성구조선족소학교 학생 개황[136]

성별	유치원	1	2	3	4	5	6	계	학급 수
남	–	13	17	18	24	25	18	120	소학교12 유치원4
여	–	22	23	25	25	35	26	156	
계	76	40	40	43	49	60	44	352	

〈비고〉 기숙사생 23명, 결손가정 178명(편부모 85명, 무부모 93명)

표 3-15 2005년 장춘시 관성구조선족소학교 교사 개황[137]

성별	대학 졸업자	단과대 졸업자	사범대 졸업자	계	교사:학생 비율
남	–	6	–	6	1:6
여	12	27	10	49	
계	12	33	10	55	

이상의 1945년 이후 역사를 정리하면 다음과 같다.

135. 예를 들면 十佳師德先進校(관성구인민정부, 2003년 9월), 民族團結進步 先進集體(장춘시인민정부, 2005년 11월), 一類一級학교(장춘시교육국 2006년 2월), 정신문명건설 先進單位(중공관성구위원회, 관성구인민정부 2006년 2월), 국제교류시범학교(장춘시교육국 2007년 1월) 등이 그것이다(長春市寬城區朝鮮族小學, 앞의 책, 2007).
136. 동북조선민족교육과학연구소 편찬, 앞의 책, 2005, 208쪽.
137. 동북조선민족교육과학연구소 편찬, 앞의 책, 2005, 208쪽.

표 3-16 1945년 이후 장춘시 관성구조선족소학교 역사의 시기 구분 및 주요 내용

시기 구분		주요 내용
사회주의 성립기 (1945~1950)	국공내전기 (1945. 8. 15~1948. 11. 14)	– 장춘 지역 내전 격화 – 정치계몽 교육, 간부 양성 교육
	장춘 해방기 (1948. 11. 15~1950. 11. 30)	– 장춘 지역 해방과 공산화 – 신형 정규화 교육, 경제 건설 인력 양성
사회주의 확립기(1950~1965)		– 교사 신축 – 학생 수 증가, 조선족소학교로 개명
문화대혁명기(1966~1976)		– 조선어 교육 폐지 – 민족교육기관 압살
개혁개방기 (1977~2009)	한중수교 이전(1978~1991)	– 민족교육정책의 활성화 – 한편으로는 중국어 교육의 시작
	한중수교 이후(1992~2007)	– 학생 수 감소에 따른 폐교의 위기 – 최근 다양한 민족교육 프로그램 창출

장춘시 관성구조선족소학교의 역사, 교훈, 교사 등을
설명하기 위해 본관 입구에 마련한 학교 소개 게시판

제4장
사례 2(조선족자치주):
연길시 중앙소학교

-연길 최상最上의 조선족 소학교,
평탄한 발전을 토대로 밝은 미래를 구상하다

연변조선족자치주 최대 조선족 집거 도시인 연길시의
최대 조선족소학교인 연길시 중앙소학교 본관

제1절 1945년 이전의 역사

　중국 길림성 연길시 중앙소학교는 1915년에 설립된 후 현재까지 그 역사를 이어나가고 있는 연변조선족자치주 최고最高의 조선족 소학교이다. 연길시는 연변조선족자치주 중부, 백두산 북쪽 기슭에 자리 잡고 있다. 연길시는 현재 연변조선족자치주에서 조선족들이 가장 많이 밀집되어 살고 있는 도시로 연변조선족자치주의 정치, 경제, 문화의 중심지이다. 연길시는 역사적으로 여러 가지 이름으로 불려왔다. 청나라 때에는 청나라 발상지의 명칭인 '만주滿洲 남강 연길청'으로 불렸으며, 중화민국 시대에는 '동북 연길현'으로, 만주국 시대에는 '간도성間島省 간도시'라 불렸다. 현재 연변조선족자치주 연길시 중심지에 위치한 학교는 1908년 조선총독부가 용정촌에 최초로 설립했던 조선인 초등 관립학교인 간도보통학교의 국자가 분교이다. 설립 당시에는 연길국자가 용정촌보통학교분교로 불렸다. 초기에는 2개 학급에 교원 2명, 학생 60명 정도였고, 교장은 일본인 風田文兵衡이었다. 교육 경비는 조선총독부 산하 조선 함경북도 학무과에서 교부하였다. 그 후 1919년 4월에 교명을 연길국자가보통학교로 개칭하였고, 1929년에 2층으로 된 새 교사校舍(12칸)를 건축하였다. 1937년 12월에는 만주국 신학제에 따라 연길가공립대화국민(우급)학교로 개칭하고 간도성에서 관할하였다. 이하

에서는 일제가 운영하였던 대표적 관립 조선인 초등학교인 이 학교의
역사를 이해하기 위해 연길 지역의 조선족 교육 개황을 살펴본 후, 연
길시 중앙소학교의 역사를 정리한다.

1. 연길 지역[1]의 조선인 초등교육

1) 조선인 교육의 시작과 일제강점 전반 시기(1906~1930)

연길시延吉市가 위치해 있는 연변 지역은 중국 길림성 동남부에 있
는 중국 내 유일한 조선족자치주이다. 연변조선족자치주 내부는 현재
연길,[2] 도문, 돈화, 화룡, 용정, 훈춘의 6개 시市와 왕청, 안도의 2개 현
縣이 있다. 아래 지도는 오늘날의 연길시 전역을 나타낸다.

연길시 가로명(街路名) 지도[3]

1. 연길시는 그동안 행정구역명과 그 범위가 변경되었다. 1902년 연길청, 1909년 연길부, 1912년 연길
   현으로 변경되었고, 1912년부터 1931년 만주사변 전까지 당시 연길현에는 현재의 용정시와 도문시
   가 포함되어 있었다. 그 후 1932년 만주국 간도성의 성도가 되었고, 1945년 연길시로 승격하였으며,
   1952년 연변조선족자치구의 수도가 되었다. 1953년에는 연길시와 연길현으로 분리되었고, 1983년
   연길현이 용정현으로 개칭되었다. 따라서 이 글에서는 이러한 명칭과 범위를 포함하는 전체 구역의
   의미로 '연길 지역'이라는 명칭을 사용하고자 한다.
2. 현재 연길시의 전체 면적은 1,350.24㎢이며, 그중 도시 지역의 면적은 40.66㎢이다.
3. 강문철, 「중국 연길시 도시 형성과 변화 과정에 관한 연구: 공간 구문론을 중심으로」, 서울시립대 석
   사논문, 2012, 5쪽 지도를 재인용. 1995년 연길시 총면적은 1350.2㎢로서 성구(城區, 도시 지역, 6개
   의 街道로 분할)와 교구(郊區, 농촌 지역, 4개의 鎭으로 구성)되어 있다.

중국 동북 지역은 청나라 만주족의 발상지이다. 17세기 중엽 이후 봉금정책封禁政策으로 묶여 200년 동안 사람이 살지 못하는 무인지대였다. 이 지역에 조선인들이 들어가기 시작한 것은 1860년대이다. 조선 국내의 흉작이 계속되자, 생계가 어려워진 조선인들은 국경을 넘어 연변 지역에 들어가 농사를 짓기 시작하였다.[4]

봉금을 무릅쓰고 연변 지역으로 들어온 개간 농민墾民들이 많아지면서, 1881년 청 정부는 부족한 세수稅收 확보를 위해 연변 지역의 봉금을 해제하고, 남강(연변 지역)에 초간국招墾局[5]이라는 행정관청을 설치하였다. 그 후 청 정부는 1894년 청일전쟁 패배에 따른 배상금 지불과 국내 정치의 혼란으로 인한 재정적 어려움을 만회하고자 동북 지역 전체의 봉금령을 해제하였고, 중국·러시아·조선의 삼국 국경에 위치한 연변 지역 개발과 한족·조선인 주민 관리를 위해 1902년 국자가局子街(현 연길시)[6]에 연길청을 설치하였다.[7] 1900년대 초 지금의 국자가와 용정촌 부근에는 연변 지역 조선인 총수의 30%인 3,500명이 거주하게 되었다.[8] 그 후 청 정부는 이 지역의 인구가 더욱 늘어나자 1907년 국자가에 연길변무도판공서延吉邊務都辦公署를 설치했으며, 1909년 2월에는 간도 지역(연변 지역) 최대 행정기구인 훈춘부도통琿春府都統을 훈춘에서 연길로 옮겨 와 그 명칭을 길림동남로병비도대공서吉林東南路

---

4. 한상복·권태환, 앞의 책, 1994, 25쪽.
5. 초간국(招墾局)은 이주민들을 모아 황무지를 개간하게 하고 토지 등을 관리하던 청나라의 행정기구이다.
6. 국자가라는 명칭은 1902년 청정부가 연길청을 설치하면서 이곳에 무간국, 세무국, 우정국 등 '국' 자가 붙은 시설들이 들어서기 시작하면서 남북, 동서 방향으로 각종 상점들이 들어서는 거리가 되자 이곳을 국자가라 부르게 되었다(박세영·김태영, 「근대 연길 도심지구의 형성과 발전과정」, 한국농촌건축학회논문집 8(2), 2006. 6, 74쪽).
7. 동북아역사재단 편, 『근대변경의 형성과 변경민의 삶』, 서울: 동북아역사재단, 2009, 187~188쪽.
8. 김경식, 앞의 책, 2004, 330쪽. 연길 지역의 이주민 수는 한족에 비해 조선인들이 절대적 우세를 보였으며, 1931년에 이르러서는 이 지역 전체 인구의 75%를 상회하였다. 1912년부터 1931년 만주사변 전까지 당시 연길현에는 현재의 용정시와 도문시가 포함되어 있었다(이용식, 「20세기 초 개방 도시 연길의 발전과 다문화 특성」, 『인천학연구』 14, 2011. 2, 194~195쪽).

兵備道臺公署로 변경하였다. 이로써 연길 지역은 간도의 행정 중심지이자 최대의 조선인 집거 지역이 되었다.[9] 1907년 남강(연변 지역)의 중국인과 조선인의 인구수는 아래와 같다.

표 4-1 1907년 남강(연변 지역)의 조선인과 중국인 인구수 및 인구 점유 비율

구분	호수	남	여	소계(명)	점유율(%)
조선인	5,312	15,234	11,482	26,716	85
청인	629	3,081	1,512	4,593	15
합계	5,941	18,315	12,994	31,309	100

1910년 일제가 조선을 강점한 이후, 연길 지역으로의 조선인 이주는 더욱 빠른 속도로 확대되었다. 연길 지역의 조선인 수는 1911년 12만 6,000여 명, 1921년 30만 7,000여 명, 1925년 34만 6,000여 명, 1929년 38만 2,000여 명으로 급증하였고, 1929년에는 동북 지역 조선인 59만 7,000여 명의 63%에 육박하였다. 게다가 조선인은 전체 연길 지역 주민의 75%를 초과하였다.[10]

1904년 러일전쟁에서 승리한 일본에게 간도는 조선에서 중국으로 출병할 수 있는 전략적 문호였다. 일본은 간도에 거주하는 조선인을 보호한다는 구실로 1907년 8월 용정촌에 조선통감부간도파출소朝鮮統監府間島派出所를 설치하였고, 조선의 외교권을 박탈한 일본은 1909년 청 정부와 간도협약[11]을 체결하여 연변 지역에 대한 조선인 통제를 강화하였다. 간도협약으로 일본은 도문강圖們江 이북의 간지墾地(즉 간도)

---

9. 연길 지역은 도시적 성장에 따라 행정구역의 명칭이 변화되었다. 1902년에는 연길청, 1909년에는 연길부(국자가에 일본영사분관 설치), 1913년에는 연길현(1924년 국자가역 철도 개통), 1934년 간도시(간도성 직할시), 1945년 연길가, 1946년 연길시로 불렸다(강문철, 「중국 연길시 도시 형성과 변화 과정에 관한 연구: 공간구문론을 중심으로」, 서울시립대 석사논문, 2012, 29~43쪽; 박세영·김태영, 위의 논문, 2006. 6, 73~75쪽).
10. 이용식, 위의 논문, 2011. 2, 218쪽.

에 대한 청나라 소유권과 조선인에 대한 행정권을 인정하는 대신, 이 지역을 조선인 잡거雜居 구역으로 인정받았다. 이로써 일제는 용정촌의 간도파출소를 폐쇄하고 그 자리에 간도일본총영사관를 설치하였으며, 외국인의 거주와 무역이 허용된 국자가·두도구·백초구·훈춘에 영사 분관을 두어 조선인의 관리와 통제를 강화할 수 있게 되었다. 더불어 길림吉林·장춘長春 철도를 연길延吉까지 연장하여 조선의 회령會寧 철도와 연결하는 철도 부설권을 획득하였다. 연길 지역은 구수하평원에 위치하여 남북으로 백초구(왕청 지구 포함), 세전평원(용정·화룡 지구 포함), 동부로 훈춘평원과 연결된다. 이 지대는 모두 벼 재배가 잘 되는 곳으로 부근 농산물의 집산지였다. 특히, 일본은 천도(천보산-도문) 철도와 그 지선支線인 조양천-국자가 철도를 부설한 후,[12] 1920년대부터는 본격적으로 연길 지역에 침투하게 되었다.

간도의 행정, 정치, 경제 중심지가 된 연길 지역은 조선인들의 교육 중심지였다. 1906년 조선인 반일 민족인사들에 의해 용정촌에 최초의 조선인 사립학교 서전서숙瑞甸書塾이 설립되었다. 이 후 1907년 일제의 파괴로 서전서숙이 해산되었고, 이 서숙을 중심으로 모여왔던 조선인 민족주의자들과 서전서숙을 졸업한 청년들은 연변 각 지방에서 사립학교 설립 운동을 주도하였다. 이로써 간도 지역에는 조선인들이 설립한 사립학교가 급속히 증가하였다.[13] 한편으로 교회가 간도 조선인 사회의 중심적 기반을 구축해나가면서, 종교단체와 종교인들도 포교의

---

11. 근대적 의미에서 연길 지역의 대외 개방은 1909년에 체결된 도문강중한계무조약(일명 간도협약, 이하 간도협약) 이후이다. 간도협약을 통하여 연길 지역은 상부지(상업용지, 이하 상부지)로 개방되었으며, 일본은 이곳에 영사관을 설치하여 자유로운 무역활동을 전개하였다. 간도협약 제2조에 의하여 용정촌, 국자가(현 연길시), 두도구, 백초구 등 4곳을 외국인 거주와 무역을 위해 개방하게 되었던 것이다. 동시에 통신, 금융, 의료, 교육 등을 통해 한인 회유 및 통제 방안도 전개해나갔다(이용식, 위의 논문, 2011. 2, 194~200쪽).
12. 박세영·김태영, 앞의 논문, 2006. 6, 75쪽.
13. 중국조선족교육사 편찬위원회, 앞의 책, 1991, 19쪽.

수단 또는 구국운동의 일환으로 학교를 경영하였다. 1910년대 조선인 민족주의자들 및 종교 단체들이 연길, 화룡, 왕청에 설립한 조선인 사립학교는 다음과 같다.

표 4-2 1910년대 연길·화룡·왕청 지역 조선인 사립학교 수[14]

학교 종별	1911년		1913년		1917년	
	학교 수	학생 수	학교 수	학생 수	학교 수	학생 수
민간인	8	206	46	609	56	1,750
기독교	6	162	35	1,042	15	593
천주교	5	125	4	121	5	160
대종교	0	0	3	87	6	115
천도교	0	0	0	0	1	27
합계	19	493	88	1,859	83	2,645

간도 지역의 조선인 사립학교는 1910년대에 급속히 증가하였다. 1911년 8개(동북 지역 조선인 사립학교의 42%), 1913년에 46개(동북 지역 조선인 사립학교의 52.3%), 1917년에 50개(동북 지역 조선인 사립학교의 52.3%)에 이르렀다.[15]

간도 지역에 조선인 사립학교가 이처럼 크게 증가하자 중국 정부와 일본은 이 지역의 조선인 교육에 간여하기 시작했다. 1910년 당시 중국 측이 설립한 관립학교는 간도 지역에 9개가 있었으며, 그중 연길에만 3개가 있었다. 그런데 연길의 중국 측 관립학교에는 한족 학생 113명보다 더 많은 수의 조선인 학생 438명이 재학하고 있었다.[16] 이에 중국 정부는 교육을 통해 조선인의 민족적 동화를 도모하였다. 1912년,

14. 동양척식주식회사, 『간도사정』, 1918, 835~845쪽.
15. 중국조선족교육사 편찬위원회, 앞의 책, 1991, 14쪽.
16. 연길현립제6고등학교(1908년 1월 설립, 연길현 동성용 교원은 한족 4명, 학생은 한족 43명, 조선족 137명), 연길현립제1고등소학교 부설초등학교(1910년 3월 설립, 연길현 신흥평, 한족 교원 3명, 조선족 교원 1명, 한족 학생 67명, 조선족 학생 161명), 연길현립제17초등학교(1907년 3월 설립, 연길현 화전자, 한족 교원 1명, 조선족 교원 3명, 한족 학생 3명, 조선족 학생 140명).-중국조선족교육사 편찬위원회, 위의 책, 1991, 75~76쪽.

중국 정부는 연길도 교육행정회의에서 "조선인 교육에서는 동화를 내세워야 한다. 가장 좋기는 중국인 자녀와 조선인 자녀를 한 학교에서 함께 학습시키면서 똑같은 교육을 실시하는 것이다. 이렇게 하면 기형적인 것의 폐단을 미봉하고 통일, 융합을 달성할 수 있을 뿐만 아니라 서로 의사를 소통시키고 말로 감화시킴으로써 은연중에 훌륭한 효과를 보게 될 것이다"라고 하였고,[17] 1915년 8월 연길도윤공서延吉道尹公署에서 〈획일간민교육판법劃一墾民教育判法〉을 제정하여 조선인 사립학교를 중국의 학제에 귀속시키려 하였다. 획일간민교육판법의 조항에는 "매 주일에 중국어를 12시간씩 교수함으로써 동화를 촉진시켜야 한다. 이 동화는 무엇보다도 먼저 언어로부터 시작하여야 한다. 초급소학교 1·2학년은 학생들이 아직 어리고 중어로 교수를 받기도 어렵기 때문에 번역하여 가르쳐야 하고, 3학년부터는 전부 중어로 교수하여야 한다"(제5조)는 내용이 있었으며, "각 학교는 각기 제 나름으로 하지 말고, 중화민국의 국기와 자기 학교의 교기를 준비하여야 하"며(제8조), "사립학교는 학생이 20명 이상이 되어야 꾸릴 수 있고 교수는 학교와 꼭 같게 진행하여야"(제13조) 하며, 만약 "상술한 규정을 위반하면 해산시킨다"(제14조)는 조항이 있었다.[18]

당시 조선인 사립학교 교원들은 이에 대해 합의를 하였으나, "교과서는 전부 조선어로 번역하여 교수하게 할 것", "중국어의 교수 시간은 매주에 6시간씩 할 것", "관청에서 중국인 교원을 파견하는 경우 그 경비를 전부 관청에서 부담할 것" 등을 요구하였다. 결국 중국 관청은 이와 같은 요구 조건을 전부 승인하였다. 그리고 조선역사와 조선지리 등의 학과목 교수에 대해서는 공공연히 승인하지는 않았으나

---

17. 중국조선족교육사 편찬위원회, 위의 책, 1991, 76~77쪽.
18. 중국조선족교육사 편찬위원회, 위의 책, 1991, 77쪽.

적당히 교수하는 것으로 묵인하였다.[19] 이로써 간도 지역의 조선인 학교들은 중국 학제하에 통일되어 현립·공립·사립학교는 모두 초등학교라 개칭되고 사숙은 폐지되었다.[20] 한편 일본 측 역시 조선총독부 산하 보통학교를 설립하거나 조선인 사립학교에 보조금을 지불하는 등 조선인 교육에 간여하였다.[21] 일제는 1908년 중국 동북 침략의 제일 거점인 간도총영사관이 위치한 용정에 간도보통학교를 설립하였고, 간도협약 이후에는 영사 분관이 설립된 연길 지역의 국자가(1915)와 두도구(1916), 왕청 지역의 백초구(1917), 훈춘 지역(1918) 등에 5개 조선인 보통학교를 연이어 설립하였다. 또한 1917년 일제는 보조금을 지급하는 간도보통학교 부속 서당을 21개로 늘렸는데, 부속 서당의 학생 수는 570명에 달하였다.[22]

1920년대 들어서자 연길 지역의 조선인 교육을 둘러싼 조선인 사회·중국·일본 간의 갈등은 더욱 첨예화되었다. 1926년 연길현에 외국인 선교사에 의해 설립되고 운영된 조선인 사립 중등학교는 14개교가 있었으며, 이곳에는 남학생 611명, 여학생 388명이 재학하였다.[23] 또한 1928년 5월 말 조선 민중들에 의해 설립 운영된 조선인 사립학교가 국자가에만 35개교가 있었으며, 이곳에 1,599명의 학생이 재학하였다. 그중에서도 1920년대 초 용정촌을 중심으로 조선인 반일 지사들이 설립한 대성大成, 동흥東興, 은진 등의 중등학교는 철저한 반일 민족교육을 실시하였다.[24] 이처럼 연길 지역에 조선인 민족사립학교가 늘어나자 반일활동도 증대되었다. 실제로, 1919년 3·1운동 소식이 전해진 이

19. 중국조선족교육사 편찬위원회, 위의 책, 1991, 78쪽.
20. 동양척식주식회사, 앞의 책, 1918, 849쪽.
21. 박금해, 「9·18 사변 이전 동북조선족교육권에 대한 중일양국의 쟁탈」, 『북방민족』 4, 1999, 38쪽.
22. 동양척식주식회사, 앞의 책, 1918, 821쪽.
23. 중국조선족교육사 편찬위원회, 앞의 책, 1991, 44쪽.
24. 박금해, 「중국에서의 조선족의 교육과 문화」, 『순천향 인문과학논총』 14, 순천향대학교인문과학연구소, 2004, 101쪽.

후 용정촌과 국자가에 있는 조선인 사립학교는 3월 10일부터 휴교에 들어갔고, 학생과 교사들은 독립선언 축하식과 시위운동을 위한 준비에 들어갔다. 3월 13일에는 간도 용정촌 서전평야에서 조선독립 축하회라는 명칭으로 독립선언식을 거행하였다.[25] 3월 13일 당시 중국 지방관청과 주둔군은 일본 총영사관의 협박하에 군경을 풀어 대회장을 포위하였으며, 90여 명의 군경으로 하여금 국자가 하남교를 지키면서 연길 조선인 청년 학생들과 군중들의 대회 참가를 막았다. 간도보통학교의 일본인 교장은 학생들의 대회 참가를 제지하기 위하여 여전히 수업할 것을 명령하였으나, 300여 명의 학생들은 교장의 제지와 위협에 관계치 않고 일제히 동맹휴학을 선포하고 교문을 뛰쳐나와 대회에 참가하기도 하였다. 이날 용정촌에는 3만여 명의 군중들이 모였다.[26]

이처럼 조선인 사립학교들의 활동이 활발해지자, 1925년 중국 측의 연길도윤 도빈陶彬은 연변 4개 현(연길, 왕청, 화룡, 훈춘)의 권학소 소장을 불러 조선인 사립학교의 문을 일률로 닫을 것을 명령하고, 조선인 학생을 한족 학교[27]에 보내어 공부시키도록 강요하였다. 또한, 개척민교육회에서는 길림성 교육청 당국의 조례를 좇아 조선인 사립학교의 교육 체제와 과정안을 개혁하여 한족 교원을 초빙하고 중국 교재를 채용하며, 조선인교육독찰원을 두어 교육권이 외국의 침해를 받지 않도록 방지하여야 하며 그렇지 않으면 강제적으로 문을 받아야 한다는 지령을 내렸다. 그 결과 적지 않은 조선인 사립학교가 문을

25. 김경식, 앞의 책, 2004, 430쪽.
26. 김경식, 위의 책, 2004, 431쪽.
27. 1928년 5월 말 연길현에 중국 측 학교 수는 51개였으며, 조선인 교원 66명, 중국인 교원 84명, 조선인 학생 2,676명, 중국인 학생 1,671명에 달하였다(위만주국문교부학무사, 『만주국교육방안』, 1932년, 123쪽; 구와다 지음, 앞의 책, 1929, 91쪽; 중국조선족교육사 편찬위원회, 위의 책, 1991, 82쪽).

닫게 되거나 중국인 교원을 초빙하고 조선인교육독찰원을 두었으며, 중국 정부가 편찬한 교과서를 사용하였고, 학교를 공립으로 고칠 수밖에 없었다.[28] 물론, 1930년 8월 길림성 정부 교육청에서는 〈연변간민교육변통판법〉을 작성하여 조선인에게 조선어, 조선역사, 조선지리에 대한 교육 등은 보장해주었으나,[29] 1930년과 31년 사이 〈선인학교회수령〉, 〈조선인학교취체판법〉, 〈중화조선언어문교환판법〉, 〈선인학교에 대한 제한 및 친일선인취체방법에 관한 훈령〉, 〈사립학교회수안〉 등의 법령들을 연이어 발표하여 조선인 사립학교의 교육권을 회수하고자 하였다.[30] 1930년 당시 간도 지역의 설립자별 조선인 교육 현황은 다음과 같다.

표 4-3 1930년 간도 지역 설립자별 조선인 교육 현황[31]

지역	조선인		일본인		중국인		교회	
	학교 수	학생 수	학교 수	학생 수	학교 수	학생 수	학교 수	학생 수
연길현	118	6,334	5	641	51	2,676	15	861
화룡현	31	1,737	-	-	51	3,383	1	68
왕청현	33	1,117	-	-	19	605	-	-
훈춘현	26	1,027	-	-	53	864	3	90
안도현	3	166	-	-	1	50	8	395
돈화현	-	-	-	-	-	-	-	-
계	211	10,270	5	641	175	7,578	27	1,414

28. 중국조선족교육사 편찬위원회, 앞의 책, 1991, 81쪽.
29. 길림성 훈춘정부 작성 『연변간민교육변통판법』 제1책, 1930; 중국조선족교육사 편찬위원회, 위의 책, 1991, 82쪽. 조선인사립학교는 교육부에서 규정한 학과정표준과 교과서에 따라 수업하는 외에 매주일에 하급 학년에서는 조선어를 수업 시간 내에서 4시간씩 가르치고 상급 학년에서는 조선역사와 조선지리를 수업 시간 내에서 매주일에 2시간씩 가르친다. 공립학교에선 교육부에서 규정한 학과정표준과 교과서에 따라 가르치는 외에 하급 학년에서는 조선역사와 조선지리를 과외로 매주일에 2시간씩 가르친다. 연변 4개 현에서 어느 현의 교육국에 교육위원이 없을 때 그 자격에 알맞은 조선인을 선발하여 조선인학교를 독찰할 임무를 맡게 한다.
30. 박금해, 앞의 책, 2012, 195쪽.
31. 연변조선족자치주교육지 편찬위원회, 『연변조선족자치주교육지』, 연길: 동북조선민족교육출판사, 1992, 31쪽(김경식, 앞의 책, 2004, 210쪽에서 재인용).

일본 측도 1920년대 들어서 중국에 대한 침략을 본격화하면서 간도 지역 조선인 사립학교의 민족 활동을 탄압하고,[32] 일본 측 조선인 초등교육기관은 더욱 확대하였다.[33] 1928년에 이르러 간도 지역 5개 조선총독부 산하 보통학교의 학급 수는 1917년 13개에서 38개로, 학생 수는 547명에서 2,312명으로 증가하였고, 보조 학교도 31개나 되었으며 학생은 3,070명에 달하였다.[34] 1928년 5월 말, 간도 지역에서 일제가 운영한 조선인 공립보통학교 개황은 다음과 같다.

표 4-4 1928년 간도 지역 일본 측 조선인 공립보통학교 개황[35]

학교	소재지	설립 시기	교육 정도	학급 수	교원 수			학생 수
					조선인	일본인	합계	
간도중앙학교	용정촌	1908. 7.	보통과 6년 고등과 2년	16	16	6	17	988
국자가보통학교	국자가	1915. 9.	보통과 6년	5	5	2	7	265
두도구보통학교	두도구	1916. 4.	보통과 6년	9	9	4	12	445
백초구보통학교	백초구	1917. 7.	보통과 6년	5	5	2	5	240
훈춘보통학교	훈춘	1918. 5.	보통과 6년	6	6	2	7	332
합계				41	32	16	48	2,270

1927년 6월 조선총독부는 만철과 협정을 체결하여 만철 연선에 위치한 조선인 보통학교(7개교)는 만철에서 관리하게 하였고,[36] 간도 지역의 조선인 보통학교 5개만을 조선총독부에서 직접 관할하도록 하였

32. 조선인 사립학교들은 불령선인의 소굴로 지목되어 일제의 감시를 받았으며, 1920년 경신년 대토벌에서는 집중 단속 대상이 되어 연길현에서만도 11개 학교가 일제에 의하여 소각되었다(박주신, 『간도한인민족교육운동사』, 서울: 아세아문화사, 2000, 103쪽).
33. 물론, '조선교육령'에 따라 조선총독부 관할의 초등교육기관인 보통학교 확대에 비중을 두었으며, 중등교육기관은 한 곳도 설립하지 않았다.
34. 박금해, 앞의 책, 2012, 216쪽.
35. 위만주국문교부학무사 편, 앞의 책, 1932, 120쪽: 중국조선족교육사 편찬위원회, 앞의 책, 1991, 89쪽.
36. 만철 부속지는 장춘으로부터 대련에 이르는 철도 및 그 연선 양측의 30리 이내의 구역을 지칭한다. 만철은 20년대에 들어 만철 부속지에 조선인 이주민이 대폭 증가하고 조선인 학교들이 설립되면서, 각 지역 영사관과 조선인 민회의 압력으로 조선인 학교 운영에 관여하게 되었다. 이러한 조선인 학교는 봉천보통학교, 철령보통학교, 개원보통학교, 장춘보통학교, 할빈보통학교, 무순보통학교, 안동보통학교 등 7개 보통학교가 있었다.

다.[37] 1928년 당시 간도 지역을 포함한 만주 지역의 일제 측 조선인 학교 수는 다음과 같다.

표 4-5 1928년 만주 지역(동북 지역) 일제 측 조선인 학교 수[38]

항목	학교 수		교원 수		학생 수	
	조선총독부 보통학교	조선총독부 보조학교	조선총독부 보통학교	조선총독부 보조학교	조선총독부 보통학교	조선총독부 보조학교[39]
만주	12	54	합쳐 249	–	합쳐 8,233	–
간도(동만)	5	30	46	103	2,312	3,070
남만	–	22	–	46	–	805
북만	–	2	–	2	–	96

일반적으로 일본 측의 조선인 공립보통학교의 설비, 교원 대우, 학생 처우 등은 우월했다. 일제가 처음으로 세운 조선인 공립보통학교인 용정 간도중앙학교에 1942년 교사로 재직했던 조선족은 다음과 같이 말했다.

42년 졸업해가지고, 그해 12월에 이쪽 학교[편집자 주: 간도보통학교(홍중학교)]에 갔지 뭐. 이거 중심학교 거기요. 그래서 거길 가니깐 그 학교가 간도에서 제일이지. 어째 그런가 하니깐 학교 설비를 보면 선생들이 그때 세월에 선생네 말이야, 책상이 앞뒤에 서랍이 있고 의자도 회전의자라고. 이런 학교가 없다고, 그래 가서 부임해서 소학교 4학년 선생을 했지.[40]

일제의 조선인 공립보통학교는 함경북도 도지사가 관할하였다. 교원

---

37. 중국조선족교육사 편찬위원회, 위의 책, 1991, 91쪽.
38. 桑畑忍, 『在滿朝鮮人と敎育問題』, 社團法人中日文化協會發行, 1929(소화 4년), 43쪽; 46~93쪽.
39. 박금해, 위의 책, 2012, 219쪽.
40. 「한수은·김금순 부부 구술 자료」(2007. 5. 18).

들은 조선공립보통학교의 훈도로서 함경북도 회령공립보통학교에 적을 두었으며, 조선총독부에서 조선의 공립보통학교 교원과 동등한 대우를 하였다. 학교 경비는 함경북도 지방 경비에서 일부 지출하고 나머지는 학생들 수업료로 해결하였다.

2) 만주국 시기(1931~1945)

1931년 연길 지역 인구의 대다수는 조선인이었다. 1931년 현재 간도총영사관과 국자가영사분관 관할 구역의 전체 인구수는 다음과 같다.

표 4-6 1931년 일제의 간도총영사관과 국자가영사분관 관할 구역 인구[41]

관할 구역	일본인	조선인	외국인	중국인	합계
간도총영사관 직할 구역	1,1368	140,189	36	18,240	159,833
국자가영사분관 수지 구역	335	78,851	27	27,729	106,942

1931년 9·18 사변을 일으킨 일제는 1932년 만주국을 수립하고 만주 지역의 모든 교육권을 장악하였다. 만주사변 이후 일제가 만주를 석권하면서 이 지역의 조선인 학교는 일제 황민화 정책의 도구가 되어 갔다. 우선, 일제는 1932년 만주 각급 학교에 원래의 삼민주의 입장에서 쓴 민족사상이 있는 교재를 쓰지 말며, 중국 국기와 중국 지도를 걸지 말며, 중화란 말을 쓰지 말며, 조선인 학교에서 조선역사 교수를 폐지하고 조선 국기를 걸지 말며, 조선 애국가를 부르지 말 것과 각급 학교에서 사서오경을 교수하는 것으로써 원래의 공민을 대신할 것을 명령하였다.[42]

한편으로 일제는 조선인 민족교육을 철저히 단속하고자 조선인 사

---

41. 在間島日本總領事館, 『間島事情槪要』, 1932, 35쪽.
42. 중국조선족교육사 편찬위원회, 앞의 책, 1991, 110쪽.

립학교의 교직원과 학생을 진압하고 조선인 사립학교를 합병·개편·폐교시켰다. 이에 따라 1931년 전 만주 지역 조선인 사립학교는 710개에서 1932년 377개로 감소했으며, 1931년 전 길림성 조선인 사립학교는 308개에서 1935년 231개로, 1931년 전 간도 조선인 사립학교(종교 계통 학교 제외)는 109개에서 1932년 5월 28개로, 1931년 전 간도 조선인 종교 계통 사립학교[43]는 108개에서 1932년 45개로 감소하였다. 그중 1932년 당시 연길 지역의 조선인 학교와 학생 수, 그리고 취학률에 대해 전 연변대 총장이자 교육학자인 조선족은 다음과 같이 말한다.

제가 출생할 적에 1932년 출생할 적에, 용정을 중심으로 삼아서 연길현에 우리 민족…… 용정을 중심으로 삼아서, 여기 동고라거나 개산툰이라거나 다 해서, 그리고 중학이 여섯 개 중학이 있었어. 소학교가 열한 개 소학교가 있었단 말입니다. 학생이 소학교와 중학교 학생 수가 얼만가 하니, 5,890여 명…… 연령만 잡고 말하면, 으레 소학교 들어갈 나이다, 중학교 갈 나이다, 이러면 백분의 팔십 좌우가 제때에 다 공부를 했단 말입니다…….[44]

---

43. 연길 지역에는 다양한 종교 단체가 존재하였다. 이에 따라 조선인 사회에서는 유교, 불교와 같은 고유 종교를 믿는 사람과 대종교, 천도교, 증산교 등 신흥 민족종교를 믿는 사람, 그리고 천주교, 예수교, 기독교 등과 같은 외래 종교를 믿는 사람들이 있었다. 그중 천주교도가 가장 많았으며, 다음으로 예수교였다(在間島日本總領事館, 앞의 책, 1932, 61~62쪽; 이용식, 위의 논문, 2011. 2, 227쪽).

1934년 일본영사관 국자가분관 관할 내의 종교 상황표

명칭	위치	설립 연도	구분	소속 신도 수
국자가예수교회	연길	1915. 5.	장로파	160
국자가감리교	연길	1923. 5.	남감리파	120
연길천주교회	연길	1923. 9.	천주교	635
연길공교회	양구성	1912. 1.	유교	188
연길동아기독교회	연길	1934. 6.	기독교	13
국생사	연길	1931. 7.	불교	190
기독교회당	팔도구수남촌	1905. 1.	천주교	2,550
예수교예배당	팔도구시장리	1925. 10.	장로파	100

44. 「박문일 구술 자료」(2006. 10. 29/2007. 4. 21).

반면, 조선총독부나 만철에서 경영하거나 보조하는 조선인 보통학교는 증설되었고 운영 경비도 증가하였다. 일제가 경영하거나 보조하는 길림성의 조선인 보통학교는 1931년 이전 45개였던 것이 1936년 76개로 증가하였고, 일제가 직접 경영하는 간도 지역 5개 조선인 공립보통학교[45] 운영 경비는 1936년에 이르러 1931년의 3.9배로 증가하였다.[46]

그 후 1935년 일제 괴뢰국인 만주국은 〈재만조선인교육개선안〉을 발표하였다. 그 개선안에 나타난 조선인 교육의 지침은 다음과 같다.

1. 근로를 애호하는 정신을 배양하고 직업에 치중하며 공담도식 하는 폐단을 근절하며 수신, 제가, 흥업, 치산의 지조를 양성해야 한다.
2. 민족 융합을 도모하고 종족 편견을 제거하며 협조 평화의 정신을 양성하며 만주의 평화, 세계 평화를 위해 공헌해야 한다.
3. 의뢰심을 버리고 사대사상을 배제하며 자주, 자영의 생활을 하기에 노력해야 한다.
4. 덕성을 함양하고 신용을 중히 여기며 감은보덕의 신념을 양성하기에 노력해야 한다.
5. 일본어를 조선의 국어로 삼아야 하고 일본어는 장차 만주국에서도 중요한 지위를 차지할 것이니 우리나라의 국어라는 신념을 수립하며 일본어에 익숙하도록 힘써야 한다.
6. 일한병합의 취지를 체득하고 일본인에 대하여 동포처럼 서로 사랑하며 내선융합을 위하여 실제적인 행동을 해야 한다.
7. 국민도덕과를 통하여 만주국의 건국정신을 이해시키고 국정을

---

45. 간도중앙학교, 국자가보통학교, 두도구보통학교, 백초구보통학교, 훈춘보통학교.
46. 연변대 교육심리학교연실, 앞의 책, 1987, 85쪽.

잘 알게 하며 만어(한어)과 교수를 통해 생활에 필수적인 지식 기능을 닦도록 한다.

8. 일본 신민으로서의 교육을 실시하기 위해서 교육 내용은 조선 총독부의 교육제도를 참조한다.

9. 자력갱생을 위하여 직업을 중요시하며 수업 시간 수를 늘리어 근로를 애호하는 정신을 키우며 생활 기능을 닦아야 한다.

특히, 1937년 간도 지역의 조선인 치외법권이 철폐된 후 일제는 조선인에게 일본과 만주국 이중국적을 취득하게 하였고, 교육에서도 이중성을 띤 교육을 실시하였다. 일제는 1937년 신학제를 선포하여, 조선인을 일본제국의 신민이자 만주국 오족협화의 일원으로 교육시키고자 하였다. 우선, 만주국 민생부 교육사에서는 〈학교령 및 학교규정〉을 제정하였다. 이 규정에서 "초등교육은 일반 국민으로서의 기초교육 및 실무교육을 실시하여 충량한 국민다운 성격을 함양하며 그 자질을 향상시키는 것을 본지로 한다"라고 규정하고,[47] 일제 신민으로서의 충량한 국민을 길러내기 위해 일어를 국어로 하여 일어 교수 시간을 확대하는 한편, 조선어는 수의과목으로 전락시켰다. 조선인 초등교육기관의 교과서는 조선총독부에서 편찬한 교재를 사용하게 하였으며, 지리와 지리부도는 일본 문부성에서 출판한 교재를 사용하고, 지리와 역사 보충 교재는 만철에서 편찬하도록 하였다. 신학제에 따라 일본인 초등학교는 심상소학교로 6년제 의무교육을 실시하였지만, 기타 민족의 초등학교는 의무교육이 아니었으며, 학교의 급을 4·2년제로 나누었다. 만철 연선 14개 조선인 보통학교는 일본인을 위한 학교와

47. 김경식, 앞의 책, 2004, 197~198쪽.

동일하게 심상소학교로 명칭을 고치고 수업 연한을 6년으로 하였으나, 이 외의 보통학교[48]는 4년제 초급소학교와 초급소학교를 졸업한 아동을 받는 2년제 고급소학교로 나뉘었다.[49]

연길 지역에 있는 학교 중 일제 측 조선인 보통학교는 교육 수준이 높았다. 당시 일제 측 조선인 보통학교인 두도구보통학교에 다녔던 분은 다음과 같이 말했다.

옛날 영 곤란할 때인데 두도구에 우리 아버지 와서 집을 지었어요, 쪼그맣게. 그래구 왔는데 나를 소학교에 부치자고 그래 왔어서 부쳤는데 그때 시기에는 두도구에 중학교 없어, 그래서 용정에 육대중학교 있었어요. 육대중학교라는 게 광명중학교 그담에 은진중학교, 동흥학교, 대성중학교 남자 넷이고 그리고 여자중학교도 명신여고하고 광명여고 있지…… 두도구소학교 졸업하고 광명중학교 붙었는데 그때는 두도구소학교 질량이 있었어요. 질량 높았어요. 우리 광명중학교에서 1학년에서 4학년까지 1등생이 다 두도구소학교 출신입니다. 그런데 두도구소학교에서 광명중학교[50] 갈 사람은 1등부터 10등 이내라야 광명중학교를 쳤어요…… 그담에 학생들을 동흥중학교, 은진중학교 그리고 여자들은 명신여고하고 광명여고 가운데서 제 맘대로 선택해 가게 이렇게 됐어요.[51]

---

48. 보통학교 설치 과목은 수신, 국어(일본어), 조선어, 만어(한어) 혹은 로어, 산술, 국사(일본역사), 지리(일본지리), 이과, 직업, 도화, 창가, 체조로 구성되었으며, 여학교는 가사, 재봉을 첨가하였다.
49. 중국조선족교육사 편찬위원회, 앞의 책, 1991, 117~118쪽.
50. 광명중학교는 1924년 조선총독부의 밀사인 日高丙子郞가 반일민족사립학교였던 영신학교의 재정난을 틈타 영신학교를 인수하여 설립한 학교이다. 日高丙子郞는 1921년 10월 동아친선주의라는 슬로건 아래 支鮮間의 향상과 주제를 목적으로 光明會를 용정에 설립하고, 이와 더불어 支鮮人의 向上救濟를 도모한다는 구실하에 광명여학교, 광명유치원, 광명학원사범부, 광명고등여학교 등을 설립하였다(박금해, 앞의 책, 2012, 222~223쪽).
51. 「강귀길 구술 자료」(2006. 10. 19).

독립된 교육 체제를 유지하던 조선인 사립학교들은 1938년 1월부터 만주국 신학제에 편입되어 그 운영권이 간도성[52] 정부에 넘겨졌다.[53] 1941년에는 조선에서 발표된 〈국민학교규정〉에 따라 조선에서처럼 조선인 심상소학교들은 재만국민학교로 개칭되었고, 그 밖의 모든 사립학교는 폐교되었다.[54] 1940년대 초기 연길현 조선인 초등학교 개황을 살펴보면 다음과 같다.

표 4-7 1940년대 초기 연길현 조선인 초등학교 현황[55]

연도	공립국민		공립국민우급		사립국민		사립국민우급		합계	
	학교	학생	학교	학생	학교	학생	학교	학생	학교	학생
1940	100	21,907	39	7,607	9	2,513	9	1,128	157	33,155
1941	100	19,612	41	7,374	-	-	-	-	141	26,986
1944	88 (+7)	20,734 (+3,354)	62 (+7)	9,205 (+1,363)	-	-	-	-	150 (+14)	30,029 (+4,717)

〈비고〉 1944년 (   )는 연길현 내 새롭게 구획된 연길시를 나타냄.[56]

1941년 이후 학교에서 조선어 사용과 조선에 관한 교육은 금지되었으며, 국민학교과정안은 국민과(일어·한어), 산술, 직업, 도화, 체조·음악으로 구성되었다. 국민우급학교과정안은 국민과(일어·한어), 산술, 실업, 도화, 체조, 창가로 구성되었다.[57]

일제는 동화와 우민화를 위해 재만 조선인 교육은 초등교육과 일본어 교육을 중심으로 하는 교육을 실시하였으며, 중등교육의 수는 철저히 제한하고 수준도 직업 성격으로 국한하였다. 1936년 중국 동북

52. 일제가 만주 침략의 기지로 삼은 간도 지역은 1934년 12월 간도성이 되었다(염인호, 앞의 논문, 2003).
53. 중국조선족교육사 편찬위원회, 앞의 책, 1991, 128쪽.
54. 중국조선족교육사 편찬위원회, 위의 책, 1991, 125쪽.
55. 북경대학 조선문화연구소, 『교육사』, 북경: 민족출판사, 1997, 123~124쪽.
56. 1944년 7월 간도성 조선인 초등학교(국민학교와 국민우급학교)의 학교 수는 474개, 학생 수는 84,887명, 교원 수는 1,506명에 달했다(박규찬, 『연변조선족교육사고』, 장춘: 길림교육출판사, 1989, 138쪽).
57. 중국조선족교육사 편찬위원회, 위의 책, 1991, 131쪽.

경내에는 100여 만을 헤아리는 조선인이 있었다. 그러나 조선인 중동학교는 1920년대 조선인과 외국 종교단체가 설립한 4개 사립 중학교 (동흥중학교, 은진중학교, 대성중학교, 명신고등여학교)와 일본인이 세운 3개 중학교에 불과하였고, 그나마 용정에 집중되어 있었다.[58] 사실, 대부분 어려운 생활 형편의 조선인들이 중등교육을 이수한다는 것은 경제적으로 어려운 일이었다. 가난한 생활 상황 속에서 중등학교를 다닌다는 것은 큰 어려움이었다. 1930년대 일제, 공산당, 비적들 등의 횡포로 인해 겪었던 경제적 어려움을 당시 연길 농촌 지역에 살던 조선족은 다음과 같이 적고 있다.

1930년 전후로 우리 연변에서는 중국 공산당의 영도하에서 일본제국주의를 반대하고 횡폭한 지주를 청산하는 혁명이 불길이 일어났다……. 군중들은 일본놈도 무서워하고 공산당에서 파견한 공작대도 무서워하는 형편이었다……. 우리가 살던 곳에서도 일본 토벌대가 와서 민가와 학교에다 불을 지르고 사람을 죽이고 붙잡아가며 총살하였다. 그리고 자기들에게 충성한 촌장을 선거하였다. 그러나 밤에 공작대가 와서 그 촌장을 죽여버렸다. 그리하여 돈 있는 사람들은 도시에 가거나 조선으로 이사하였다. 그러나 토지를 떠나 살 수 없는 빈곤한 농민들은 계속 그곳에 농사를 짓고 있었다. 지주들이 도시에 들어가니 농민들의 부담은 더 증가되었다. 소작료를 도시에까지 날라다 주어야 하니까 우리 집에서도 연길시에까지 가져다 바쳤다. 당시에는 거지 무리 아니 강도 무리라는 것이 적합한 것이다. 그들은 20~30명씩 무리를 지어

58. 만주국 문교부, 『재만조선인교육종교일람표』, 1936.

다니며 농민들의 양식을 억지로 빼앗아갔으며 밤에는 무리를 지어 농민들의 물건을 약탈하여 갔다. 우리 집에도 도적이 들었는데 10여 명이 도끼와 날창을 가지고 밤에 와서 가정의 옷 같은 것을 모조리 빼앗아갔다…….[59]

연길에서 중학교를 다녔던 다른 조선족은 중등학교를 다니는 것이 조선인들에게 경제적으로 얼마나 부담이 되는 것이었는지를 다음과 같이 말한다.

돈이 없는 게 다수지, 학교에 낼 돈도 있지만 학교 댕기는 경비가 있잖아. 그때는 매 하숙이잖아…… 그때는 중학교 때부터 하숙이야. 소학교는 괜찮지 중학교부터는 제 집에서 못 다녀요. 경비가 엄청나지…… 우리 사촌형이 교유라고 해요. 그때 그게 가장 높은 급이지, 그게 100원이에요……. 사범학교를 졸업한 다음에 배치를 받으면 40원 줘요. 그걸 가지고 살자면 겨우 살지. 중학교 댕기자면 한 30원 정도 있어야 된단 말이야.[60]

1937년 치외법권 철폐 후 조선인 학교들이 만주국 정부로 이양되면서, 조선인 사립중학교는 성립, 공립, 사립의 직업학교로 개편되었다. 선만공학의 국민고등학교로 개편되어 직업교육을 실시하였다. 1937년 영신중학교가 간도성립광명국민고등학교로 1941년에는 간도성립용정제1국민고등학교(상과)[61]로, 동흥과 대성중학교는 1939년에 용정국민고등학교(농과)였다가 1941년 간도성립용정제2국민고등학교로, 은진중

59. 「한수은 자술 자료」(1992. 3).
60. 「김재율 구술 자료」(2006. 10. 20).

학교는 1942년에 간도성립제3국민고등학교(공과)로 개편되었고, 1942
년 명신여자중학교와 광명여자중학교는 용정여자국민고등학교로 합
병되었다.[62] 일제는 조선인의 우민화를 위해 일본의 중등교육기관은 5
년제로 대부분 보통중학교의 성격을 갖추었음에 반해, 선만공학의 국
민고등학교는 중국 측의 중학교 6년제(초급중학 3년, 고급중학 3년)를
폐지하고 4년제로 운영되었고, 대학 역시 4년제를 3년으로 단축함으
로써 대학까지의 교육 기간을 일본인 교육 기간에 비해 총 5년 단축
시켰다.[63]

그 후 1943년 〈강제징병제〉를 실시하면서 일제는 일어강습소와 조
선청년특별훈련소를 꾸려 학생들을 일제 침략 전쟁에 내몰았으며,
1945년 5월 〈전시교육령〉을 공포한 이후 학교의 교육 기능은 완전히
상실되었다.[64] 이러한 일제의 교육정책에 중국인과 조선인은 일제에 대
해 공동의 반항 심리를 자연스럽게 갖게 되었고, 조선인의 반일문화는
당시의 일상적 문화가 되었다.

2. 연길시 중앙소학교의 역사

1) 조선총독부의 학교 설립과 경영(1915~1937)

---

61. 「리승대 구술 자료」(2006. 10. 22)는 이 학교에 대해서 다음과 같이 말하였다. "용정제일국민고등학
교라는 데 다녔어요. 광명중학교… 중학교는 43년부터… 학교에 1등부터 10등에 드는 사람이야 여
기에 오지… 지금 연변을 말하면 연변 1중 같은 거여… 등록금은 원래 많지 않지 뭐… 한 학기에 내
기억에는 10원 공 25전인데. 그때 돈으로, 쌀로 치면 댓말 되겠지… 간도 성에서… 그 아주 좋은 학
교지… 대학에 붙이는 비슷한 학교여서(대학에 붙을 수 있는 학교)… 일본 아들 가운데 좀 못한 아
이들이 우리한테 오고… 한족 가운데는 잘 사는 가정이랑 경찰아들이랑 권력 있는 아들이랑 우리인
데 오고… 일본학교 못 붙은 아들 우리학교 오고… 일고는 전형적인 일본제국주의의 학교지."
62. 박금해, 앞의 책, 2012, 261쪽.
63. 중국조선족교육사 편찬위원회, 앞의 책, 1991, 128쪽.
64. 중국조선족교육사 편찬위원회, 위의 책, 1991, 116쪽.

중국 길림성 연길시 중앙소학교는 1915년에 설립된 후 현재까지 그 역사를 이어나가고 있는 연길 지역의 조선족 소학교이다. 19세기 말 20세기 초 만주에 조선 이주민이 대량적으로 증가하자, 일제는 만주의 조선인 집거지역에 관심을 집중하기 시작했다. 1907년 일제는 조선인이 집거해 있는 간도의 용정촌에 '통감부임시간도파출소'를 설립하였으며, 1908년에는 이곳에 조선인 관립학교인 간도보통학교를 설립하였다.[65] 간도보통학교는 조선인들이 만주 지역에 최초로 설립한 조선인 소학교 서전서숙의 교사를 조선총독부가 매입하여, 바로 그 자리에 조선인 자녀를 상대로 세운 최초의 만주 식민주의 교육의 거점이었다. 일제는 간도보통학교를 조선국 내 일제 식민주의 교육의 연장으로 간주하여, 교육의 이념 및 운영에 있어서 조선 국내의 식민주의 교육과 보조를 맞추었다.[66] 1912년 6월, 조선총독부는 '교육칙어' 초본을 간도보통학교에 하사하여 만주 지역의 조선인 교육을 통제하려는 야욕을 노골적으로 드러냈다. 일제 식민주의 교육은 간도보통학교를 효시로 만주 지역에 첫발을 내디디기 시작하였던 것이다. 일제는 1908년 7월, 간도보통학교에 간도파출소 사무관 鈴木要太郎을 명예교장으로 임명하고 조선 국내의 원산보통학교의 훈도인 川口卯橘을 교장으로 선출하였다. 더불어 조선인 2명을 교사로 초빙하고 간도 지역에서 48명의 학생을 모집하였다. 1910년 이후 간도보통학교는 조선 국내의 보통학교와 마찬가지로 조선인 학생들의 국어였던 조선어를 외국어와 같은 위치로 전락시켰으며, 반대로 원래의 외국어의 하나였던 일본어를 국어로 승격시켜 교육하였다.

1909년 간도협약 체결 후 일제의 만주 지역 침략이 확대됨에 따라,

---

65. 박금해, 앞의 책, 2012, 203쪽.
66. 박금해, 앞의 책, 2012, 203쪽.

일제는 재만 조선인에 대한 식민주의 교육의 범위를 점차 일본영사관 및 분관의 관할 범위로 확대시켰다. 즉 일본은 1915년 9월에 국자가局子街 상부지 내에 간도보통학교 국자가분교를, 1916년 4월에 두도구頭道溝 상부지 내에 간도보통학교 두도구분교를, 1917년 7월에 백초구百草溝 상부지 내에 간도보통학교 백초구분교를, 1918년 5월에 훈춘琿春 상부지 내에 간도보통학교 훈춘분교를 설립하였다. 이로써 간도 지역에서의 일본 식민주의 교육은 그 범위와 체계상에서 일정한 규모를 갖추게 되었다. 간도 지역 내의 5개 보통학교는 조선총독부에서 직접 경영을 맡고 학제·과정 설치·교과서 등 교육과정과 활동은 조선 국내 교육제도를 기준으로 하였으며, 학교 운영 경비는 함경북도 지방 경비로 충당하였고 교사도 조선 국내에서 파견하였다. 일제는 조선 국내의 식민지 교육을 그대로 간도 지역에 옮겨 왔으며 우월한 교육시설과 여러 가지 우혜적인 조건으로 재만 조선인에 대한 회유와 동화를 도모하였다.[67]

당시 간도 지역은 조선인 민족주의자들이 운집되어 있던 곳이었고 간도 지역의 조선인 교육의 제일보는 민족주의 교육으로 시작되었다. 이 때문에 학교교육을 원하는 자들도 일제 측의 간도보통학교와 그 분교에 대하여 상당히 냉담하였다. 일제 "당국에서는 웅장한 교사를 지어 총독부 학제에 기준한 교육을 실시하였지만 교세는 의연희 부진"하였다. "조선인의 절대다수는 조선어로 강의하는 민족주의 학교에 입학하였을 뿐만 아니라 보통학교에 들어가 공부하는 아동 및 그 부형들은 일본의 주구로 불렸으며 멸시와 압박"[68]을 받을 정도였다.

이 학교는 이러한 설립 의도와 주변 상황에 처해 있던 간도보통학교

67. 박금해, 위의 책, 2012, 204쪽.
68. 滿洲國文教部學務司, 『滿洲國少數民族教育事政』, 大連: 文教社, 1934, 23쪽; 27쪽.

의 국자가局子街 분교였다. 1915년 9월 설립 당시에는 연길국자가용정촌보통학교분교라고 불렸다. 초기에는 2개 학급에 교원 2명과 학생 60명이 있었고, 교장은 일본인 風田文兵衡이었다. 교육 경비는 조선총독부 산하 조선 함경북도 학무과에서 지불하였다. 1910~1920년대 학교 규모는 다음과 같다.

표 4-8 1910~1920년대 연길시 국자가보통학교 규모[69]

학급 수			교원 수			학생 수		
1917	1921	1928	1917	1921	1928	1917	1921	1928
2	3	6	3	4	7	79	112	312

그 후 1917년 4월 교명을 연길시 국자가보통학교로 개칭하였고, 1929년에는 2층으로 된 새 교사(12칸)를 지었다. 일제가 운영하는 조선인 보통학교의 학비는 조선인 사립학교보다 비쌌다. 당시 연길에서 사립 소학교를 다녔던 조선족은 국자가보통학교의 학비에 대해 다음과 같이 말했다.

나는 연길에서 해성학교 다니고…… 34년쯤…… 그런데 여덟 살에 들어가서 6학년까지 졸졸 나왔지…… 그때 보통학교는 좀 돈이 있는 게 들어갔소, 그때는 대화학교(필자 주: 연길국자가보통학교)인데 돈이 있는 사람이 들어가고 우리 아버지 해성학교에다 보냈지. 학비 좀 작지. 그래 보냈는데……[70]

69. 東洋拓植株式會社, 『間島事情』, 京城: 日韓印刷所, 1918; 洪承均, 「間島瞥見」, 『朝鮮』 제83호, 朝鮮總督府, 1922; 桑畑忍, 『在滿朝鮮人と敎育問題』, 中日文化協會發行, 1922, 43쪽.
70. 「한수은·김금순 부부 구술 자료」(2007. 5. 18).

2) 만주국 간도성으로의 운영권 이양(1937~1945)

일제는 재만 조선인 교육에 대하여 식민통치에 유용한 초등교육 단계의 확대에 역점을 두었다. 1931년 만주사변 후 일제는 조선인 민족교육기관을 철저히 단속한다는 전제하에서 조선인 자제를 상대로 하는 초등교육기관인 보통학교를 증설하거나 기존의 조선인 사립학교에 보조금을 지불하는 등의 형식으로 재만 조선인 교육을 적극 회유하였다. 특히 만철과 조선총독부에서 직접 경영하거나 보조하는 학교 수를 대폭 증가시키고 운영 경비도 대폭 증가시켰다.[71] 1931년 간도 지역 5개 보통학교(간도중앙학교, 국자가보통학교, 두도구보통학교, 백초구보통학교, 훈춘보통학교)의 운영 경비는 총 36.085원이었는데 1936년에 이르러 140.887원으로 3.9배 증가하였고, 그중 국자가 보통학교는 1931년 9.071원에서 32.818원으로 3.5배 증가하였다.[72]

그 후 1937년 12월 만주국 학제에 따라 연길가공립대화국민(우급)학교로 개칭되고 간도성에서 관할하게 되었다. 1937년 만주국의 신학제가 실시되면서 1~4학년의 국민학교와 5~6학년의 국민우급학교를 갖추게 되었다. 그 후 학생 수 증가에 따라 1943년 10월에는 공립소학이 분교가 되어 나가기도 하였다.[73] 1945년 이전 교명 변화와 교장 명단을 정리하면 다음과 같다.

표 4-9 1945년 이전 연길 국자가보통학교 교명 변화

일자	교명
1915. 9. 1.	연길 국자가용정촌보통학교 분교
1919. 4.	연길 국자가보통학교
1937. 12.	연길가 공립大和(국민학교 1~4급, 국민우급학교 5~6급)
1940.	간도성 공립大和(국민학교 1~4급, 국민우급학교 5~6급)
1943.	간도성 실험소학교 → 1943. 10. 공립소학(국민학교, 국민우급학교) 분교

71. 박금해, 앞의 책, 2012, 248쪽.
72. 滿洲國文教部, 『在滿朝鮮人教育宗教一覽表』, 康德 3年(1936년), 25쪽.

표 4-10 1945년 이전 연길 국자가보통학교 교장 명단

순서	성명	성별	재임 기간
1	風田文兵衛	남	1915~1924
2	中島結白	남	1925~1928. 4.
3	深宜圖一	남	1928. 5~1929
4	港同園一	남	1929~1930
5	中島結白	남	1931~1932
6	鈴木謙精	남	1932~1942
7	中井出俊子	남	1943~1943
8	中八	남	1944~1944
9	夏長	남	1945~1945. 8.

73. 「중앙소학교 건립 90주년 기념 책자(내부 자료)」, 2005.

제2절 1945년 이후의 역사

　해방 이후 조선인이 거류민이 되자 1945년 9월에 사립 고려소학교로, 1946년 10월에 연길시 중앙소학교로 교명이 변경되었다. 1949년 중국 공산당 정부가 수립되자 1950년 12월 연길시 제2중심완전소학교가 되었고, 이후 발전을 거듭하여 1959년 6월 주중점소학교가 되었으며 같은 해 전국 붉은기학교로 명명되었다. 1960년 4월에는 연변대학부속중학교 6·1유치원이 일관제학교로 편성되었으며, 그해 성교육전선 선진단위로, 전국교육전선 사회주의건설 선진단위로 평의되었다. 문화대혁명의 동란 속에서는 교사校舍가 불에 타는 어려움을 겪었고, 1972년 9월에는 연길시 제2소학교로 명명되었다. 문화혁명이 종결된 이후 1978년 6월에는 성중점소학교가 되었으며, 1983년 8월에 다시 연길시 중앙소학교로 교명이 회복되어 현재에 이르고 있다. 1987년에 성체육항목전통학교로, 1989년에 성예술전통학교와 표준화실험실학교로, 2000년에 성급현대화교육시범학교로, 2005년에 국가급현대화교육시범학교로 지정되는 등 계속된 발전을 거듭하고 있다. 이하에서는 이러한 역사를 이해하기 위해 1945년 이후 연길 지역의 조선족 초등교육 개황을 살펴본 후, 연길시 중앙소학교의 역사를 정리한다.

1. 연길 지역의 조선족 초등교육

1) 사회주의적 개조 시기(1945~1965)

해방 직후 1945년 8월 19일, 소련군 대규모 탱크부대는 연길 시내로 들어왔다. 이날 작은 깃발을 든 연길 군중들은 거리로 쏟아져 나와 소련의 탱크부대를 환영하였다. 그와 함께 일제 체제는 철저히 파괴되기 시작하였다. 거리 곳곳에는 태극기와 중화민국 국기가 내걸렸다. 공산당은 소련군 진주 직후 연길 지역에서 소련과 협조 관계를 구축해가면서 각종 교육조직을 결성하였다. 조선인들도 소련 점령군과 협조 관계를 구축하였고, 연길 지역 초등학교·중등학교는 일제에 의해 잃었던 고유의 교명을 되찾았다. 일제가 해방 전에 운영한 대표적 조선인 보통학교 용정홍중국민우급학교(간도보통학교)의 교원이었던 조선족은 1945년 소련군이 주둔할 당시의 긴박했던 학교 상황을 다음과 같이 적고 있다.

> 저는 1942년 말 연길사도학교를 필업하고 용정홍중국민우급학교龍井弘中國民宇优級學校에 배치받아 교원으로 되었다. 이 학교는 연변에서 제일 큰 학교이며 학교 설비도 제일 좋았다. 이 학교는 본래 조선총독부에서 경영하던 학교이다. 1945년 당시 이 학교 학생은 4,000여 명이었다…… 우리가 학교 사무실에 있느라니 쏘련 홍군 군복을 입은 사람이 들어왔다. 그는 우리를 보자 '선생님들 수고하였습니다. 선생님들이 없었더라면 조선 아이들이 모두 일본놈이 되었을 것인데 선생님들이 있었기에 완전이 일본 사람이 되지 않았으니 선생님들은 공로가 있습니다'라고 하고 나서 '선생님들은 인차 개학하고 조선글을 배워주라' 하였다. 이 말을 들은

교원들은 얼마나 기뻤는지 모른다. 그리하여 우리는 그다음 날부터 학생을 모아 조선말과 조선글을 배워주게 되었다.[74] 그러나 당시는 일본이 망하고 새 정권이 일어서지 못하였으니 공자工資 줄곳이 없어 교원들이 매우 곤란하였다.[75]

일제의 패망으로 조선인들은 해방되었다. 그러나 만주국의 붕괴는 조선인 사회에 큰 혼란과 시련을 안겨주었다. 치안 부재 속에서 조선인과 중국인 사이에 잠재되었던 갈등들이 폭발하였고, 조선인들이 핍박을 당하는 일이 많았다. 이로 인해 많은 조선인은 한반도로 귀환하였고, 조선인 학교의 교사는 크게 부족하게 되었다. 1947년 당시 연길에서 중학교에 다녔던 조선족은 당시 얼마나 많은 조선인 교사들이 한반도로 귀국했는지를 다음과 같이 말했다.

예, 많이 갔습니다. 그때 47년도 우리 중학교 다닐 땐데 하루저녁에, 우리 그때 연길시 2중 다녔거든, 그때 하루저녁에 그때 이 연길시 2중의 교원이 한 70명 되는데, 에, 우리 이튿날에 학교 나가니까 시간 못 본단 말이, 그래 교장이 뭐라는가 하면 시간을 오늘 못 본다 하는 거지. 어째 그러는가 하면 엊저녁 사이 대학교를 졸업한 사람들이 몽땅 조선을 나갔다는 거지…… 그때 그래 중국에 사는 조선 사람들이 조국은 조선이고, 그래서 해방되기 전에는 남의 나라에 와서 살았는데, 해방된 다음에 자기네 나라 땅에 가 살겠다. 그래서 우리 두만강을 사이에 두고 예, 다 건너갔습니다. 전라남도까정도 다 건너갔어요.[76]

74. 「한수은 자술 자료」(1992. 3).
75. 「한수은 자술 자료」(1992. 3).

1946년 4월 소련군이 연변 지역에서 철수한 이후 1946년 9월에는 중국 공산당 군대(팔로군)가 소련군의 협조하에 들어와 세력을 구축하였다.[77] 공산당은 국민당 중앙군의 공세에 맞서 '한간漢奸, 韓奸 주구走狗 청산(친일파 처벌)'과 '토지개혁'을 통해 공산당의 입지를 다져가고자 하였다. 연변 지역은 1946년 7월부터 1948년 4월까지 토지개혁 운동이 이루어졌고, 친일파 청산은 1946년 7월부터 1947년 6월까지 이루어졌다. 청산대회를 통해 과거 일제강점기에 잘살았던 사람들이 쇠락하고, 반면 과거 빈농이나 소외되었던 사람들이 공산당의 비호하에 주도 세력으로 부상하여 공산당의 신뢰 계층이 되었다.[78] 이에 따라 연변 지역의 학교는 공산당의 청산투쟁과 토지개혁의 무대가 되었다.[79]

한편 1945년 8월 소련군의 점령 이후, 연변 지역은 친공 조선인들이 들고일어나 각종 세력을 형성하고 사회 변동을 주도하였다. 연변 조선인은 중국 공산당 지도하에 중국 공산혁명을 이끌었던 중요한 구성원이었다. 수많은 조선인 젊은이들은 국공내전(1946~1949)에 가담하여 국민당과 싸웠으며,[80] 국공내전 가운데 한간주구청산운동, 토지개혁이 대대적으로 전개되자 반미반국민당, 반미친북한 노선을 분명히 해나갔다. 북한은 사실 연변 지역과 쉽게 오갈 수 있을 정도로 가까운 지역이었다. 1949년 연길에 거주하면서 북한 청진에 있는 고등학교를 다녔던 조선족은 그와 같은 사정을 다음과 같이 말했다.

76. 「김인호·주기돈 구술 자료」(2006. 10. 22).
77. 염인호, 「해방 후 연변 한인 사회의 동향과 6·25전쟁」, 『한국근현대사연구』 28, 한국근현대사학회, 2004, 3쪽.
78. 염인호, 위의 논문, 2004, 14~15쪽.
79. 염인호, 앞의 논문, 2004, 158~168쪽.
80. 국공내전 기간 동안 연변 6현과 2개 시에서 전선에 나가 희생된 '혁명 열사'는 2,912명에 달하며, 그 가운데 조선인은 90%에 해당되었다. 한편, 6·25전쟁에 연변 5개 현에서는 5,000여 명의 조선족 청년들이 전투에 참여하였다[연변조선족자치주 개황 집필조, 『중국의 우리 민족』, 서울: 한울, 1988, 109쪽; 113쪽(염인호, 위의 논문, 2004, 144쪽에서 재인용)].

소학교를 45년도에 졸업해서 중학교에 들어가서 공부하고 48년에 졸업했어요……. 여기 고등학교가 없었어요. 그래서 청진에 가서 고등학교를 다녔어요. 그때 자동차에 버스에 앉아서 직접 건너갔어요. 차는 화물을 싣는 차입니다. 거기 앉아서…… 저는 아무 증명도 없었고. 그래도 청진에 갔지요.[81]

1946년 연변 공산당국은 연길현 내의 여러 학교를 시찰한 후 여러 학교를 집중시켜 중국 공산당의 통일적인 영도 밑에서 운영해나갈 필요성과 절박함을 느끼고 통합을 추진해나갔다. 용정의 대성, 은진, 영신, 동흥, 여자 중학인 명신, 근화 등 6개 중학이 그 대상이었다. 이들 학교는 1946년 9월 길림성립 용정중학으로 통합되었다.[82] 용정중학은 연길 지역에서 학업 수준이 가장 높은 중등학교로 이름이 높았다. 1952년 용정중학교에 입학한 조선족은 당시의 용정중학교에 대해 다음과 같이 말했다.

용정 삼일소학교 붙었는데, 지금은 용정 중심학교일 겝니다……. 52년도에 대성중학교, 용정 1중에 붙었습니다. 내 공부를 소학교 때 잘해가지고, 말은 중학교지만 그때 촌장의 딸이 중학교에 붙었으니까 지금 대학 붙은 것보다 소문이 나고 더 유명합니다.[83]

국공내전 시기 교육 방침, 학제, 교육과정에 대해 공식적으로 발표

81. 「강영석 구술 자료」(2006. 10. 20).
82. 염인호, 「1946년 가을 연길시 혜란강 혈채 청산투쟁의 시행과 특징」, 『한국학연구』 44, 고려대학교 한국학연구소, 2013, 179쪽.
83. 「리경숙 구술 자료」(2006. 10. 20; 2007. 4. 20).

한 최초의 기관은 공산당이 설립한 길림성 연변행정독찰전원공서였다. 연변행정독찰전원공서는 1946년 6월 〈길림성 잠정교육 방침과 잠행학제 및 과정표준〉을 발표하여, 초급소학교는 4년, 고급소학교는 2년, 중학교는 4년으로 하였다. 조선어문 학과목은 각 학년에 매주 5시간씩 넣었으며, 조선역사를 가르치도록 하였다. 정치 상식에는 조선 문제, 조선과 중국 및 동북과의 관계 문제 등을 넣어 민족적 특색이 있는 학교를 꾸리게 하였다. 더불어 조선족 학교 교재 편찬 사업도 기틀을 마련하였다. 1946년 조선족 교재편집 심사기구 연변교육연구회가 결성되었고, 1947년 3월 24일 연변교육출판사(1988년 동북조선민족교육출판사로 개칭)를 건립하여 동북 지역 조선족 중소학교에 조선문 교재를 공급하기 시작하였다.[84] 연변의 각 지방에서는 주민들이 1946년 1월부터 학교 후원회를 조직하여 자금을 모으고 노력을 동원하여 많은 민영 소학교와 중학교를 세웠다. 1948년 연길현의 경우 전체 소학교 171개 중 민영 학교가 141개에 이르렀으며, 연변 지역의 27개 중학교 중 민영 학교가 16개였다.[85]

국공내전에서 공산당이 점차 승리해가면서 1948년 3월 동북지방 97% 이상의 토지와 86% 이상의 인구가 공산당 점령하에 놓이게 되었다.[86] 이에 따라 연변 지역의 학교교육은 점차 정상화되었고, 1949년 10월 1일 중화인민공화국이 창건된 후에는 조선인 교육이 사회주의 교육으로 이행되었다. 사회주의적 개조 시기(1949~1956)는 신민주주의로부터 사회주의에로 전환하는 시기로 중국의 모든 교육정책은 이에 준하여 실시되었다. 1949년 12월, 중앙인민정부 교육부는 제1차

---

84. 이병진, 『중국 조선족 민족교육 실태와 과제』, 한국학술진흥재단결과보고서, 2000, 19쪽.
85. 중국조선족교육사 편찬위원회, 앞의 책, 1991, 228쪽.
86. 염인호, 앞의 논문, 2004, 168쪽.

전국교육회의에서 "교육 사업은 반드시 국가 건설을 위하여 복무하여야 하고 학교는 마땅히 노동자, 농민을 위하여 문을 열어야 한다"라고 규정하였다. 사상·정치·교양 사업은 학교 당지부의 통일적인 지도하에 공산주의 청년단, 소년선봉대, 학생회 등의 조직과 학급 담임 교원들이 주도하였다. 그중 소년선봉대는 14세 이하의 아동들로 조직되었는데, 소학교와 초급중학교 하급 학년의 학생들을 조직의 구성원으로 하여 공산주의 청년단의 직접적인 지도하에 보도원, 교원의 지도를 받으며 교육 활동을 전개하였다. 학생회는 학생들의 조직으로서 당지 도부의 지도하에 공산주의 청년단의 적극적인 협조를 받으며 사업에 임하였고, 각 학급에는 학급위원회가 있어 이 역시 학생회의 각 부서에 상응하는 위원을 두어 양자 간의 연계를 이루었다. 중학교 이상의 학생회는 당지의 학생연합회의 단체 회원으로 가입하여 조직적 지도를 받았다.[87]

그러나 건국 후 공산당은 민족교육의 발전에도 지대한 관심과 중점을 두었으며 일련의 민족교육 발전의 방침, 정책, 조치들을 제정하였다. 1949년 9월에 개최된 중국인민정치협상회의 공동강령에서는 "인민정부는 마땅히 여러 소수민족 인민대중의 정치, 경제, 문화, 교육을 발전시키는 사업을 도와주어야 한다"라고 규정하였고, 1951년 9월에 북경에서 열린 제1차 전국민족교육회의에서는 "소수민족교육은 신중국 교육 건설의 조성 부분으로서 전반 신중국의 건설전도와 밀접한 관계를 갖고 있다"라고 지적하고 민족교육 사업의 방침과 발전 조치들을 확정하였다.[88] 이 규정에서는 소수민족은 반드시 자기 본 민족언어로

---

87. 김경식, 앞의 책, 2004, 96쪽.
88. 허명철·박금해·김향화·이정, 『연변 조선족 교육의 현황과 과제』, 서울: 한국교육개발원, 2003, 10쪽.

강의해야 한다는 것과 전문 항목 경비를 더 보충한다는 것을 밝혔다. 이로 인해 동북 3성의 조선족 교육은 각 성 인민정부의 명령하에 학교를 단독으로 설립할 수 있게 되었고, 민족언어와 문자로 교수할 수 있게 되었다.[89] 이러한 과정을 통해 마련된 1950년대와 1960년대 연변 지역 소학교의 교육과정은 다음과 같았다.

표 4-11 1950~1960년대 연변 조선족 소학교 교육과정안[90]

과목	1950년	%	1955년	%	1965년	%
주회	272	4.6	264	3.8	204	3.3
조선어	1,904	32.2	2,040	37.7	2,006	32.1
한어	204	3.5	680	12.6	1,292	20.7
수학	1,428	24.1	1,258	23.2	1,530	24.5
자연	476	8.1	136	2.5	136	2.2
역사	204	3.5	68	1.3	68	1.1
지리	136	2.3	136	2.5	68	1.1
창유	480	6.9	-	-	-	-
체육	272	4.6	408	7.6	408	6.5
음악	204	3.5	204	3.8	340	5.4
도화	408	6.9	272	5.0	204	3.3
1년 총 시수	5,916	-	5,466	-	2,656	-
매주 평균 시수	29	-	26.8	-	30.6	-

연변의 조선인 교육기관들은 1951년 중국 교육부의 소수민족교육 지원 정책에 따라 중국 교육의 일부분으로 편입되어 새로운 민족교육 체계를 이루게 되었다. 특히 1952년 〈중화인민공화국 민족구역자치 실시요강〉에 따라 1952년 9월 3일 '연변조선족자치구'가 창립되자,[91] 이

89. 이병진, 앞의 책, 2000.
90. 연변대 교육심리학교연실, 앞의 책, 1987, 257~258쪽.
91. 연변에서는 1952년 조선족자치구가 창립된 이후 매년 9월을 '민족단결선전월'로 정하고 학교에서 교내·외 생활을 민족정책교육을 전개하였으며 민족단결선진사적을 학습시키도록 하였다. 그리고 주 제학습 모임에서도 민족정책교육을 내용으로 하는 여러 가지 교육 형식을 취하였다(북경대학 조선 문화연구소, 앞의 책, 1997, 226쪽).

곳에 많은 조선족들이 모여들었다. 그중에서도 연변조선족자치주의 주도가 된 연길시의 조선족 인구는 다음과 같이 증가하였다.

표 4-12 1952~1994년 연길시 인구 및 민족 구성비[92]

연도	총인구(명)	조선족	구성비 (%)	한족	구성비 (%)	기타 (만족, 회족, 몽골족 등)	구성비 (%)
1952	63,605	40,707	64	22,233	34.95	665	1.05
1962	132,863	83,659	62.97	48,150	36.24	1,054	0.79
1970	109.005	67,116	61.57	40,780	37.41	1,109	1.02
1975	126,705	69,851	55.13	55,531	43.83	1,323	1.04
1980	161,253	91,086	56.49	68,584	42.53	1,583	0.98
1985	216,785	123,908	57.16	89,829	41.44	3,048	1.4
1990	283,214	171,465	60.54	106,989	37.78	4,763	1.68
1994	343,600	204,352	59.48	132,162	38.46	7,085	2.06

1952년 이후 조선족들은 민족교육 사업을 본격적으로 발전시켜나갔다.[93] 사회주의 교육정책하에 조선족 교육은 과거의 순수한 민족사립학교 교육으로부터 중국 사회주의 이념에 입각한 새로운 민족교육의 체계를 이루어나갔다. 이로써 연변조선족자치주의 조선족 학교는 1949년부터 1966년 문화대혁명 이전까지 큰 발전을 이룩하였다.[94] 그러나 한편으로 조선족 학교는 "사회주의적 의식과 문화지식을 소유한 근로자 육성이라는 중국의 사회주의 교육 이념의 실천에 주력하였으며, 민족어문과의 설치와 민족언어 사용 이외에 민족교육이라고 일컬을 만한 독특한 민족적 교육 내용, 방법, 제도, 정책들을 전개하지 못하였다. 이 시기의 조선족 교육은 중국이라는 특정한 환경에서 중국의 사회주의 교육 이념에 종속된 교육으로, 자주적인 민족교육이라 하기보

92. 중국통계출판사, 『연길시통계연감』, 1995, 78쪽.
93 엄파, 「중국에 있어서의 조선민족 후세 교육 현황과 그의 전망에 대한 토론」, 『제1회 세계한민족학술회의논문집』, 한국정신문화연구원, 1992, 780~781쪽.
94. 허명철·박금해·김향화·이정, 앞의 책, 2003, 10쪽.

다는 자연발생적이고 소박하면서도 단순한 민족교육이었다."[95]

2) 문화대혁명 시기(1966~1976)

문화대혁명 시기는 1966년 5월 16일 중공중앙통지가 반포되면서 공식적으로 시작되어 1977년 중국 공산당 제11차 전국대표자대회에서 문화대혁명 종료를 선언하기까지의 10년 기간을 말한다. 중화인민공화국 건립 초창기, 중국 사회는 신민주주의로부터 사회주의에로의 전환를 추진하였으며, 사회체제의 변환에 따라 교육은 사회주의 사상 교육과 프롤레타리아계급의 정치를 위해 복무해야 한다는 방침을 정하였다. 즉, 1949년 9월 중국인민정치협상회의 공동강령 제5장 문화교육정책 부문에서 봉건적, 파시즘적 사상을 숙청하고 인민을 위하여 복무하는 사상을 발전시키는 것을 교육 방침으로 명시하였고,[96] 1953년 1월 중앙교육부에서는 교육은 생산건설을 위해 복무해야 하고, 노동자 농민을 위해 복무해야 하며, 나라를 위해 자격 있는 생산사업 인력을 양성해야 한다는 사업 방침을 확립하였다.[97] 또한, 1957년 2월 모택동은 '인민 내부의 모순을 정확히 처리하는 문제에 관하여'라는 연설에서 "교육 방침은 교육받은 자들로 하여금 덕지체 등 모든 면에서 발전을 가져오게 함으로써 사회주의 각오가 있고 문화가 있는 노동자로 되게 하는 것이어야 한다'라고 하였고,[98] 1958년 중공중앙에서는 "건국 후 17년간 교육정책의 핵심은 교육이 프롤레타리아계급의 정치를 위해 복무하도록 교육과 생산노동을 결합하는 것"[99]이라고 하였다.

---

95. 허명철·박금해·김향화·이정, 위의 책, 2003, 11쪽.
96. 허청선·강영덕·박태수, 『중국조선민족교육사료집』 2, 연변: 연변교육출판사, 2003, 3쪽.
97. 연변대학 교육심리학교연실, 앞의 책, 1987, 204~205쪽.
98. 허청선·강영덕·박태수, 앞의 책, 2003, 39~40쪽.
99. 계근호, 「중국 문화대혁명기 연변 조선족 교원 연구」, 부산대학교 박사학위논문, 2013, 6~20쪽.

더불어 1958년부터는 민족융합론이라는 사조가 나타나기 시작했다. "민족융합론이란 첫째, 민족 간 공통성을 증강하고 차이를 축소하며, 둘째, 민족 간 공통성은 다수민족이고 주체 민족인 한족을 따라 배워 그와의 차이를 축소해야 하며, 셋째 사회주의 역사 시기에 민족 특성을 강조하는 것은 민족 간 분열을 조장하고 조국의 통일과 사회주의 사업을 해치게 된다"라는 이론이었다.[100]

이러한 사회주의 체제로의 전화와 민족융합론은 문화대혁명이 시작되자 민족교육에 심각한 상황을 불러일으켰다. 문화혁명기에는 민족문제의 실질은 계급투쟁이라는 기본적인 인식하에 명분상으로는 '민족융합', 실질적으로는 '강제적인 민족동화정책'을 추진하였고, 연변 조선족 학교교육은 큰 변화를 가져왔다. 첫째, 자치정부에서 교육기관 운영 권한을 문화혁명위원회에 일임함에 따라 조선족의 자주적인 학교 운영관리 권한이 축소되었다. 1966년 8월, 연변자치정부에서는 학교마다 '문화혁명위원회'를 설립하여 교육기관의 운영관리를 직접 통제하였다. 둘째, 중공중앙과 지도부는 소수민족 교육정책의 기반을 민족융합론에 두고 민족문제를 계급투쟁 문제로 간주하였으며 한족 중심의 동화정책을 시행하였다. 이에 소수민족언어, 역사, 지리 등의 민족성을 띤 교육을 폐강하거나 축소하였으며,[101] 민족학교를 민족연합학교로 통합하거나 일반 학교로 통합하였다.[102] 연변 조선족 소학교·중학교 교육의 경우에도 첫째, 농촌학교에서는 빈하중농貧下中農 대표가 학교를 관리하고 대중적으로 학교를 운영하였고, 도시학교에서는 공인선

---

100. 연변대학 교육심리학교연실, 앞의 책, 1987, 213~214쪽.
101. 중국의 문화대혁명 시기는 민족어문 교육 사업이 전면적으로 파괴된 시기임. 문화대혁명 시기 조선어 무용론, 조선어 혁명론이 등장하면서 조선어는 통용어로 쓰이지 못하였다(연변대학교 교육심리학 교연실, 앞의 책, 1987, 334~335쪽).
102. 계근호, 위의 논문, 2013, 60쪽.

전대가 주도적으로 관리하였으며, 둘째, 사상정치 교육을 우선시하고, 학생들에게 두 갈래 노선투쟁에 관하여 사회 조사를 진행하도록 하였으며, 수정주의 교육 노선에 대한 비판을 전개함으로써 그들로 하여금 프롤레타리아계급 교육 노선을 집행하고 수호하는 자각성을 높이고 당의 교육 사업에 충성하는 사상을 확고하게 수립하도록 하였고,[103] 셋째, 도덕교육은 모택동 어록을 공통 교과로 하였고 세 가지 중심(교재, 교원, 실내 수업) 교육을 부정하였다. 교재 중심은 유용한 지식만 포함한다는 것이고, 교원 중심은 노동자농민 중심이라는 의미이며,[104] 실내 수업 중심은 "문을 열고 학교를 운영한다"라는 방침에 따라 "일하는 것으로 학습을 대체"하였다.[105]

연변의 문화대혁명은 1966년 중공중앙의 5·16 통지가 내려온 후 본격적으로 시작되었다. 그해 8월 홍위병들이 연변에 와서 10월부터 당위를 밀어 치우고 혁명을 시작하였다. 당위는 마비 상태에 처하고, 사회는 무정부 상태에 빠지게 되었다. 임표, 강청 집단의 성원인 주신이 연변에 온 후 조선족 민족 대표 주덕해를 타도하기 시작하였다. 더 나아가 주덕해가 실시한 '민족분열주의'를 보여주기 위해 무장소동이라는 사건을 조작하여 연변에 전면적인 내전을 도발함으로써 조선족들은 무장소동 참가 죄명을 쓰고 숨지게 되었고, 수천 명의 간부와 군중들이 생명을 잃고 불구자가 되었다.[106] 즉, 연변 지역의 문화대혁명은 타 지역에 비해 대중 조직들 사이의 무력 충돌 양상이 지속적이자 전면적이었으며, 무력 충돌이 인민해방군과 조반 조직 사이에서가 아니

---

103. 『연변일보』, 1966. 8. 9(계근호, 위의 논문, 2013, 60쪽에서 재인용).
104. '사도존엄'에 대한 비판 때문에 학교교육에서 교원의 주도적 역할은 완전히 무시되었고, 교원에게 반항하는 학생의 행동이 영웅시되었으며, 교원은 혹시라도 학생의 비위를 건드려 공격의 대상이 되는 것이 두려워 마음 놓고 학생을 가르칠 수조차 없었다(계근호, 앞의 논문, 2013, 127쪽).
105. 연변대학 교육심리학교연실, 앞의 책, 1987, 324쪽.
106. 중국조선족교육사 편찬위원회, 앞의 책, 1991, 394~395쪽.

라 조반 조직 사이에서 자주 발생하였다. 민족문제를 중심으로 대중 조직 분파들 사이의 극한 갈등이 표출되었다는 점이 연변 문화대혁명의 특징이었던 것이다.[107] 실제로 1967년 7월 말 연길시에서는 대중 조직의 두 파벌 간에 대규모 시가전이 벌어졌다. 8월 2일 모원신이 이끄는 무장 대오는 싸움에 밀려 도망치는 상대방 조직의 군중을 두만강 기슭까지 밀어붙였다. 궁지에 몰린 군중은 두만강을 건너 피신했다가 무장 대오가 물러가자 다시 돌아왔다. 하지만 그들은 조국을 배반하였다는 죄명을 쓰고 잔혹한 박해를 받았다.[108]

이러한 문화대혁명 시기를 거치면서 조선어는 쓸모가 없으며 한어를 모르면 출로가 없다고 믿는 분위기가 생겨났고, 조선족 학생들이 한족 학교에 다니는 경우가 늘어났다. 1976년 통계에 의하면 연변 지역 조선족 학생 중에서 소학교 학생의 12.5%, 중학교 학생의 25%가 한족 학교에 다니고 있었다.[109]

3) 개혁개방기(1978~현재)

1978년 당 11기 3중 전회 이후 각 소수민족 지역에서는 '실사구시의 사상 노선을 견지하고 실천은 진리를 검증하는 유일한 표준'이라는 대토론을 전개하여 문화대혁명 중의 잘못된 점을 시정하도록 하였다. 이후 민족교육은 점차 회복되기 시작하였다.[110] 우선, 1979년 11월에는 국무원에서 국가민족위원회와 교육부의 〈민족학원의 사업에 관한 기본 총화와 금후 방침 임무에 대한 보고〉를 통해서 "반드시 교육은 무산계급 정치를 위해 복무해야 하고 생산노동과 결합해야 한다는 근본

---

107. 성근제, 『연변의 문화대혁명』(한국학술진흥재단 연구 성과물), 중앙민족대학, 2006.
108. 계근호, 위의 논문, 2013, 100쪽.
109. 중국조선족교육사 편찬위원회, 위의 책, 1991, 409쪽.
110. 김경식, 앞의 책, 2004, 407쪽.

방침을 견지하여야 하고 당과 국가의 각 역사 시기의 민족사업 임무를 위해 복무해야 한다"라고 방침을 결정하였다.[111] 그 후 1979년에는 민족학교의 연한年限을 한족 학교보다 1년 연장하여 10년제를 11년제로 고치고, 소학교는 5년, 초중과 고중은 각기 3년으로 하였으며, 1982년에는 11년제를 다시 12년제로 고쳐서 6, 3, 3제로 하였다.[112]

1981년부터 조선족 학교는 본격적인 회복 단계에 들어섰다. 1981년 2월 교육부와 국가민족사무위원회에서는 북경에서 제3차 민족교육사업회의를 개최하여 민족교육의 발전과 상황에 대하여 연구하고 다음과 같은 원칙을 수립하였다.

첫째, 민족교육 사업을 강화함에 있어서는 민족교육 사업을 강화하는 전략적 의의를 심각히 인식하여야 하는바 이는 전반적 추세에 관계되는 중대한 일이다.

둘째, 민족 특성을 존중하여야 한다. 학교교육에서는 소수민족 어문 교수를 강화하여야 하며 소수민족 문자 교재를 절실히 편찬해야 한다. 또한 소수민족 학생들은 중소학교 단계에서 본 민족어를 먼저 잘 학습하여야 하며 민족문화 전통을 반영하여야 한다.

셋째, 각 민족 지구에서는 절대로 한족 지구의 방법을 그대로 옮겨 써서는 안 된다.

넷째, 민족교육을 발전시킴에 있어서는 반드시 국가의 지원과 소수민족지구의 자력갱생을 정확히 결합하여야 한다.[113]

111. 김경식, 앞의 책, 2004, 410쪽.
112. 중국조선족교육사 편찬위원회, 앞의 책, 1991, 480쪽.
113. 박규찬, 앞의 책, 1989, 434~435쪽.

이러한 기본 정책 방향에 힘입어 1984년 〈중화인민공화국 민족구역자치법〉에서는 '민족자치지방의 기관은 국가의 교육 방침에 근거하고 법률의 규정에 따라 본 지방의 교육 전망 계획, 여러 가지 유형의 각급 학교의 설치, 학제, 학교 운영 형식, 교수 내용, 교수 용어 및 학생 모집 방법' 등 교육 면의 자치 권리를 규정하였다.[114] 이에 근거해 1985년 연변조선족자치주에서는 〈연변조선족자치주자치조례〉를 통해 교육 자치권 운영 사항을 아래와 같이 마련하였다.

첫째, 전국의 통일적인 보통교육제도에 근거하고 조선족 교육의 특성에 비추어 자치주 조선족 중학교와 소학교의 학제, 교육과정, 학과목의 교수요강 등을 확정하며 각 과목의 교과서, 참고자료와 조선족 어린이들의 과외 도서를 조선문으로 편찬, 번역하여 출판한다.

둘째, 자치주 자치기관은 경제가 곤란하여 산재해 있는 편벽한 산간지대에 기숙과 조학금을 위주로 하는 공립민족중학교와 소학교를 점차적으로 설립한다. 자치주 기관은 실정에 따라 자치주 내에 조선어와 조선문, 한어와 한문으로 수업하는 중학교·소학교를 각기 설립하며 또 학급을 갈라서 조선어와 조선문 또는 한어와 한문으로 수업하고 중학교·소학교를 설립할 수도 있다.[115]

1986년 〈중화인민공화국의무교육법〉이 반포된 후 10년도 안 되어 연변 지역은 9년제 의무교육을 보급하였다. 조선족 중소학교 수는 200

114. 중국조선족교육사 편찬위원회, 앞의 책, 1991, 435쪽.
115. 김경식, 위의 책, 2004, 417쪽.

개 이상이나 되었다. 1980년대 연변 조선족 중소학교 개황을 살펴보면 다음과 같다.

표 4-13 1981~1988년 연변 조선족 중소학교 개황[116]

연도	학교	단일한 조선족 학교			조선족 학급을 부설한 학교		
		학교	학생	교직원	학교	학생	교직원
1981	소학	241	51,386	3,064	254	31,325	1,688
	중학	55	34,628	2,046	56	15,355	1,519
1985	소학	268	57,545	3,538	153	16,229	1,189
	중학	66	34,705	3,564	52	7,476	1,088
1987	소학	261	57,668	3,605	164	14,321	1,091
	중학	63	38,152	3,679	50	10,575	1,121
1988	소학	255	57,717	3,583	180	15,535	1,108
	중학	61	37,114	3,538	51	10,065	1,042

그러나 1990년대 들어서면서 연변의 조선족 민족교육은 어려움을 맞이하였다. 설립과 교육 활동이 활발히 진행되었던 조선족 학교가 급속히 줄었기 때문이다. 조선족 인구의 감소가 그 원인이었다. 1995년 연변조선족자치주 내 조선족 인구는 86만 명이었다. 그런데 그 이후 마이너스 자연증가율의 수치를 보이며 줄어들어 2009년에는 80만 명이 되었다.[117] 물론 주도土都인 연길은 조선족이 58%, 용정은 67%를 차지하고 있지만 그 밖에 왕청은 30%, 돈화는 2%에 불과하게 되었다. 연변조선족자치주 전체에서 조선족이 차지하는 비율은 70%에서 36%로 급감하였다. 2010년 3월 연변조선족자치주 주장州長은 "자치주를 연변시로 전환할 계획이 있다"라고도 밝힐 정도이다.[118] 소수민족의 인구

116. 중국조선족교육사 편찬위원회, 앞의 책, 1991, 473쪽.
117. 『동아일보』, 2012. 9. 3.
118. 『동아일보』, 2012. 9. 3.

비율이 최소한 30% 이상이어야 한다는 소수민족 자치주 설치 조항이 지켜지지 않을 가능성이 커지면서, 최근 조선족 집거구가 해체 위기를 맞이하고 있는 것이다. 1949년에 무려 1,500개에 이르렀던 연변 조선족 소학교는 1990년에 363개로 줄어들었으며,[119] 1918년 용정에 설립된 유명한 민족교육기관인 정동중학교는 1999년 학생 감소로 문을 닫았다.[120] 연변의 단일한 조선족 소학교는 1985년 1988년, 1998년, 2009년에 각각 268개, 255개, 129개, 39개로 급격하게 줄어들었고, 단일한 조선족 중학교는 각각 66개, 61개, 45개, 38개로 줄어들었다. 게다가 2001년 현재 연변 조선족 학생의 50%는 조선족 학교, 50%는 한족 학교에 다니고 있다.[121] 결국, 2013년 10월 현재 연변 지역 조선족 초등학교는 37개, 중학교는 32개, 고등학교는 10개가 남아 있다.[122]

연길시의 교육도 연변의 역사적 흐름과 맥을 같이한다. 연길시는 도시 지역인 성구城區와 농촌 지역인 교구郊區로 구성되어 있다.[123] 그 중 연길 성구에 위치한 소학교의 변천을 살펴보면,[124] 일제강점기에는 1915년 용정보통학교 분교(현 중앙소학교), 1935년 명륜학교(현 공원소학교), 1943년 소화국민우급학교(현 건공소학교)가 설립되었다. 중화민국 건국 및 성장기에는 조선족 학교들이 민족단일학교로 정착, 발전된

<hr>

119. 황기우, 앞의 논문, 2004, 101쪽.
120. 『동아일보』, 2012. 9. 3.
121. 「이○자 구술 자료」(2010. 10. 21).
122. 권영준, 「중국 조선족의 민족교육의 현황과 과제」, 『한국동북아경제학회 하계 학술발표 논문집』, 2010, 6쪽.
123. 연길시의 도시 구조는 성구의 중심부를 부르하통하 강이 동서로 관통하고 있으며 북측으로부터 연집천이 남으로 흘러 강과 합류하고 있다. 연길시의 성구 및 교구 면적은 지속적으로 증가되어왔다. 1985년에 총 390㎢였던 것이 1990년도에는 747.4㎢, 1995년도에는 1350.2㎢로서 10년 동안에 약 3.5배 확대되었다. 그중에서 성구 지역은 1985년에 18.6㎢이던 것이 점차 늘어 2005년도에는 32.8㎢로 약 1.8배 증가하였다(김종영, 「중국 연길시 조선족 소학교 시설 기초연구」, 『한국교육시설학회 논문집』 18(3), 2011. 5, 15쪽).
124. 2008년 말 현재, 연길시의 호적 인구는 495,130명이며 이 중 조선족이 전체 인구의 57.9%, 한족이 39.7%를 차지하고 있다. 성구가 전체의 83.2%, 교구가 16.8%를 차지하고 있다(김종영, 위의 논문, 2011. 5, 15쪽).

시기로 1963년 태평소학교, 1957년 랑자군학교(현 신흥소학교)가 설립되었다. 문화혁명기는 조선족 초등학교 취학률이 80%에서 30%로 감소되었으며, 연길 제2소학교(현 중앙소학교) 교사가 소실되는가 하면, 공원소학교가 홍성소학교로 변경되고 조한朝漢연합학교로 개편되었다. 개혁개방기에는 소수민족교육이 장려되면서 조선족 소학교가 추가로 설립되고 학교 건축물도 증개축되면서 조선족 소학교 교육이 크게 발전한 시기로 1985년 연남소학교, 1988년 연신소학교, 1988년 사범대학 부속소학교, 1990년 동산소학교가 설립되었다.[125] 그러나 연길시의 조선족 학생은 2000년 이후 급감하였다. 2000년도 연길시 조선족 학생 수는 16,699명이며 한족 학생 수는 12,478명으로 조선족 학생이 더 많았다. 그러나 2005년에는 조선족 학생 수가 9,115명이고 한족 학생이 12,933명으로 되어 한족 학생이 더 많아졌다.[126] 또한, 2011년 조선족 고등학생의 42%, 중학생의 37.2%, 초등학생의 22%가 한족 학교에 다니고 있다.[127] 두 민족의 학교들은 교육과정이 거의 유사하지만, 기본적으로 각 민족의 언어와 문자로 교육하고 있다. 이에 최근에는 조선족과 한족 학교에서 다른 민족의 언어로 교육하는 반을 개설하고 있다.[128] 2010년 현재 연길시 성구에는 9개의 조선족 소학교와 7개의 한족 소학교가 있다. 이 중 2010년 현재 연길시 성구에 위치한 조선족 소학교 9개는 다음의 표와 같다.[129]

연길시의 조선족 소학교 입학률은 2000년대 이후 5~6개 학급, 180~200명 정도를 유지하던 것이 2012년부터 6~8개 학급, 260~320명

125. 김종영, 위의 논문, 2011. 5, 16쪽.
126. 김종영, 위의 논문, 2011. 5, 15쪽.
127. 『연변일보』, 2011. 6. 8.
128. 김종영, 위의 논문, 2011. 5, 17쪽.
129. 김종영, 위의 논문, 2011. 5, 15쪽에서 인용, 통계는 2010년 말 기준이며, 교사 수는 행정직과 관리직을 포함한 숫자임.

표 4-14 2010년 연길시 성구에 위치한 조선족 소학교 개황

학교명	위치	학생 수	교사 수
중앙소학	국자가 332호	1,027	107
태평소학	우의로 733	335	58
신흥소학	삼화가	1,310	122
동산소학	애단로 2106	495	69
사범부속소학	국자가 149	1,168	120
공원소학	공원로 16	1,439	132
연신소학	하남가 임해로 65-1	1,444	133
건공소학	장백로 74	937	121
연남소학	연남가 장안호동 23	816	94
합계		8,971	956

으로 증가하였다.[130] 연길시의 경우 교육국의 추정에 따르면 2011년부터 민족학교 입학 유도 노력으로 그동안 연길시 조선족 학생들의 한족 학교 입학률도 기존의 30% 내외에서 3%로 대폭 줄었다고 한다.[131] 그러나 학생이 지나치게 적은 조선족 학교는 폐교되거나 인근 조선족 학교 또는 한족 학교와 통합되고 있다. 연길시 동산소학교는 원래 학생 1,000여 명을 소유한 대규모의 조선족 초등학교였지만, 2014년 한 학년당 1개 학급은 조선족 학급으로 남고 5~6개 학급은 한족 학급으로 운영되고 있으며, 연길시의 연변대학부속중학교는 원래 20~30개의 학급을 운영하고 있었으나 최근 2년 사이에 마지막 학생들을 졸업시키고 폐교되었다.[132] 더불어 한국과의 교류가 활발해지면서, 부모 출국으로 인한 '결손 가정' 자녀 수가 증가하고 있다. 예를 들어 연길시 신흥소학교와 연신소학교의 경우는 각각 학생 총수의 34.6%, 43.69%가

130. 김해영, 「만주사변 이전 북간도 학생들의 교육운동」, 『교육사상연구』 22-2, 한국교육사상연구회, 2009, 112쪽.
131. 『연변일보』, 2011. 6. 8.
132. 김해영, 위의 논문, 2009, 103쪽.

부모의 출국으로 인해 부모와 살고 있지는 못하다.[133] 이러한 조선족 가정의 해체는 그 자녀들에게 학습, 생활, 대인관계, 자아의식 등에 커다란 어려움을 안겨주며 조선족 교육의 문제점이 되었다.

2. 연길시 중앙소학교의 역사

해방 이후 1945년 9월, 이 학교의 명칭은 사립고려소학교가 되었다. 만주국 소학교가 아닌 해방된 연길 지역의 조선인 거류민 사립학교가 된 것이다. 이어 학교가 위치한 행정구역의 변경에 따라 학교 명칭이 변경되었다. 1946년 10월에는 연길시 중앙소학교로, 1950년 12월에는 연길시 제2중심완전소학교가 되었다. 그 후 연길시 최고의 소학교로 성장하였다. 1959년 6월에는 주중점소학교로 되었고, 그해 전국 붉은기학교로 명명되었다.[134] 1957년부터 1967년까지 교장을 역임했던 최두혁은 전국노동모범의 신분으로 국경관례에 올랐고, 전국교육 계통의 군영 대표로 모택동 주석과 주은래 총리의 접견을 받기도 했다. 다음은 1945년 이후 역대 교장 명단이다.

표 4-15 연길시 중앙소학교 역대 교장 명단

순서	성명	성별	재임 기간
10	李明淳	남	1945. 9~1946. 10.
11	金春熙	남	1947. 12~1949. 6.
12	趙東霞	남	1949. 7~1951. 6
13	催乘燮	남	1951. 7~1952. 10.

133. 유균상·곽재석, 『연변 조선족 교육의 현황과 발전 과제』, 서울: 한국교육개발원, 2004.
134. 동북조선민족교육과학연구소 편찬, 『중국조선족학교지(하권)』, 동북조선민족교육출판사, 1988, 582쪽.

14	夏澤万	남	1956. 8~1957. 7.
15	催斗赫	남	1957. 7~1967. 1.
16	朱昌權	남	1976. 10~1982. 2.
17	李鐘律	남	1982. 2~1984. 2.
18	池基錫	남	1984. 3~1984. 11.
19	朴光春	남	1985. 3~1987. 11.
20	金仁淑	여	1987. 11~1989. 8.
21	金福万	남	1989. 8~1994. 2.
22	李恩子	여	1994. 3~2002. 8.
23	千美淑	여	2002. 8~현재

1960년 4월 이 학교와 연변대학부속중학교, 6·1유치원은 일관제학교로 지정되었다. 더불어 그해 성교육전선선진단위로, 전국교육전선 사회주의건설 선진단위로 평의되었다. 학생 수도 증가하여 1959년에는 신흥소학교, 1963년에는 태평소학교, 1965년에는 길상소학교가 분교로 건립되었다. 본교는 연길시뿐 아니라 연변 최고의 소학교로 성장하였던 것이다.

그러나 1967년 이후 문화대혁명의 혼란으로 인한 교육 황폐화는 이 학교도 예외가 아니었다. 1967년 7월 말 연길시에서 두 파벌 간에 대규모 시가전이 벌어진 이후 1968년 연변병원을 둘러싼 싸움에 참여했던 한 조선족 교사는 문화혁명 당시 상황을 다음과 같은 글로 전했다.

문화혁명은 무장투쟁으로 변하여 총을 가진 패가 승리하기 마련이다. 량식과 물마저 끊어졌고 조반파造反派가 계속 총질하여 심지어는 폭파약으로 연변병원을 폭파하니 흰 기를 들고 나오는 수밖에 없었다. 1968년 8월 16일 흰 기를 들고 소위 투항하게 되었다. 연변병원에서 나온 후 일주일간 학습반을 거치고 포로석방 증을 가지고 집으로 돌아왔다⋯⋯ 나는 할 수 없이 1969년 12월 16일 가족을 데리고 초면강산인 돈화현으로 내려갔다.[135]

이러한 문화대혁명의 내전 속에서 교사校舍가 불에 타기까지 하였다. 문화혁명의 와중에 1972년 9월 연길시 제2소학교로 명명되었고, 1975년에는 연길시 사범부속소학교와 1983년에는 태평소학교와 합병되었으나, 1978년 6월 성중점소학교가 되었다. 문화혁명 이후 1983년 8월에는 다시 연길시 중앙소학교로 개칭되었으며, 학생 수의 증가로 1987년에는 연변제일사범부속소학교가, 1990년에는 동산소학교가, 1992년에는 태평소학교가 분립되어 나가게 되었다. 이러한 연혁을 정리하면 다음과 같다.

표 4-16 연길시 중앙소학교 학교 연혁

일자	교명
1945. 9.	사립 고려(高麗)소학교
1946. 10.	연길시 중앙소학교
1950. 12.	연길시 제2중심완전소학교 → 1959. 10. 연길시 신흥소학교 분교
1960. 4.	연길시 제2실험소학교 → 1963. 8. 연길시 태평소학교 분교 → 1965. 8. 연길시 길상소학교 분교
1967. 1.	연길시 동풍(東風)소학교
1972. 9.	연길시 제2소학교 ← 1975. 8. 연길시 사범부속소학교 합병 ← 1983. 6. 연길시 태평소학교(제8소) 합병
1983. 8.	연길시 중앙소학교 → 1987. 8. 연변 제1사범부속소학교 분교 → 1990. 11. 연길시 동산소학교 분교 → 1992. 9. 연길시 태평소학교 분교
1995. 9.	연길시중앙소학교 ← 2008. 8. 연길시 태평소학교 합병
2008. 9.	연길시중앙소학교

135. 『연변일보』, 2011. 6. 8.

이 학교의 전직 당지부 서기였던 조선족의 구술에 의하면, 본교는 1964년부터 1970년까지 학생 수가 2,000명 대를 유지하였고, 1970년부터 1990년대 초반까지 3,000명 대를 유지하였다고 한다.[136] 1993년에는 학년별로 8반이 있었으며, 1반당 50명으로 총 2,500명이 학생이 재학했다고 한다. 그 후 1997년, 1998년, 1999년 뚜렷하게 학생 수가 감소하여, 2002년에는 2,157명이 되었다.[137] 2010년 현재 31개 학급(학급당 학생 수 35명)이 있으며, 학생 수는 1,085명, 교직원 수는 107명이다.[138]

1990년대 교도주임이었던 조선족은 당시 연변 지역의 교사들이 이 학교에 오고 싶어 했다고 들려주었다. 다른 학교와 월급은 동일하지만 좋은 학교에 다닌다는 자부심이 있었으며, 학부모들의 경제 수준이 높아 부수입의 여지가 있었기 때문이었다고 한다. 학생들도 거주지별 배정 원칙 이외의 다른 방법을 써서 이 학교에 들어오는 경우가 많아 해당 구역에서 오는 학생은 50% 정도이고, 그 이외에는 외부 지역에서 오기도 했다고 한다.[139] 한편으로 연길시에서는 2006년부터 한족 학교 입학 붐이 주춤하고 대신 조선족 학교로 되돌아오는 조선족 학생과 조선족 학교에 입학하는 한족 학생 수가 해마다 증가되어 조선족 학교의 입학률이 소폭 상승하는 추세를 보이고 있다. 연길시 중앙소학교도 2008년에 5명의 조선족 학생이 한족 학교로부터 되돌아왔고, 입학을 원하는 한족 학생이 갈수록 늘고 있다. 2009년 현재 전교생 1,244명 중 한족 학생 126명이 재학하고 있다.[140]

---

136. 「장○옥 구술 내용」(2010. 10. 23).
137. 재외동포재단, 『재외동포 사회 기초 자료집 1-중국 조선족 개황』, 1999, 77쪽.
138. 「연길시중앙소학교 簡介(내부 자료)」, 2010. 4.
139. 「이○자 구술 자료」(2010. 10. 21).
140. 『연변일보』, 2009. 7. 31.

이 학교는 민족교육 특색 사업과 교수 질 제고라는 측면에서 연길시 교육 발전에 공헌해왔으며, 최근 그 공로를 인정받고 있다. 1987년에 성체육항목전통학교로, 1989년에 성예술전통학교와 표준화실험실학교로 평의되었고, 2000년에 성급현대화교육시범학교로, 2005년에 국가급현대화교육시범학교로 지정되었다.[141] 2007년에는 제7회 민족교육진흥상[142] 시상식에서는 5년 동안 '학생 발전을 근본으로 민족 특색이 있는 현대화한 학교로 건설' 전략을 실천한 교장이 전국 6명의 수상자 가운데 한 명으로 수상하였고,[143] 2012년 전국 10대 현대학교 및 현대교장 평의[144]에서 10대 현대학교에 선정된 유일한 조선족 학교가 되었다.[145]

연길시 중학소학교는 2013년 현재 31개 학급, 1,200여 명 학생과 107명 교직원이 근무하고 있다. 2006년부터는 1,500평방미터 되는 무용연습실을 마련하였으며, 2012년 10월에는 새로운 교사를 건립하고 그 안에 '민족전통교육전시청'을 마련하였고,[146] 각 학급에 TV를 설치하였다.[147] 현재 연변 조선족 최상의 조선족 학교이자 가장 중심적인 조선족 학교 모델로 기능하고 있다.

---

141. 연길시중앙소학교 홈페이지 참조.
142. 2000년부터 해마다 주급 이상 우수상을 획득하고 조선족 교육에 10년 이상 종사한 민족교육 사업 공로자에게 주어지는 교육자들에게 주는 명예로운 상임.
143. 「제7회 민족교육진흥사 시상식 연길서」, 『길림신문』, 2007. 11. 4.
144. 평의 활동은 선진적 운영 사상, 과감한 개혁 행보, 과학 연구 수준, 학교 운영 성과, 교원 대오 건설 등을 평가하여 투표와 전문가 심사를 통해 선정함.
145. 「중앙소학교 전국 10대 현대학교 칭호 수여받아」, 『길림신문』, 2013. 5. 7.
146. 「민족단결, 교육의 옥토 민족의 요람, 중앙소학교」, 『길림신문』, 2013. 2. 28.
147. 「현대화 교수 수단은 장식품이 아니다」, 『길림신문』, 2007. 3. 15. 교실마다 멀티미디어가 있는 학교는 연변1중, 연길시중앙소학교, 용정시실험소학교 등 극소수의 학교이다.

3. 연길시 중앙소학교의 특징적 운영

연길시 중앙소학교는 연변 최고의 조선족 학교라는 자부심 속에서 다음과 같은 특징적인 운영을 통해 그 성과를 드러내고 있다.

1) 민족예술을 통한 적극적인 대외 활동

활발한 국내외 활동을 펼치고 있다. 어린이예술단을 구성하여 호주, 홍콩, 한국에 가서 공연을 하였으며, 이를 통해 조선 민족예술을 선보이고 있다. 중앙소학교 어린이예술단은 민족예술을 계승, 전파하는 예술단으로 자리매김하고 있다. 1984년에 창립된 이래 북경, 상해, 광서 등의 국내뿐 아니라 러시아, 북한, 오스트리아, 프랑스, 한국, 미국 등지에 가서 공연을 하였다. 특히 예술단을 이끌고 있는 신향희 선생은 연변무용가협회 이사이며, 2005년 북경에서 '중국우수아동가무사업자' 칭호를 받기도 한 유명한 무용가이다. 신향희 선생님의 지도 아래 민족의 춤을 구사하여,[148] 2007년에는 미국 세계문화예술교류원의 초청으로 미국 공연을 다녀왔다. 무용지도 신향희 교원을 비롯하여 4명의 교원과 26명의 학생들로 이루어진 미국 공연단 일행은 15일 남짓 미국에 체류하는 동안 제24회 오렌지카운티 축제에 참가하고, 3가초등학교, 오버랜드초등학교를 방문하였으며 로스앤젤레스 등의 지역을 돌며 노래와 춤으로 조선족 어린이들의 모습을 자랑하였다.[149] 2010년 1월에는 학교 예술단의 장고춤이 중국 중앙텔레비전의 전파를 탄 후 2월에는 중앙텔레비전에서 무용단의 '행복아리랑'이 방송되기도 하였다. 이 두 가지 공연으로 제10회 전국 음력설 맞이 문예공연평의에서

148. 「연길시중앙소학예술단 소개 자료(내부 자료)」, 2011.
149. 『연변일보』, 2007. 10. 27.

1985년 창립되어 현재까지 조선족 민족무용을 널리 전파한
연길시 중앙소학교 무용단의 방송 출연 사진

'전국 예술 우수단'이라는 칭호를 받게 되었다.[150] 이로써 1985~2005년
20년간 예술 활동으로 인해 특별상 5개, 금상 10개, 1등상 38개를 수
상하였다.

이 학교에는 학생들의 무용 연습을 위한 연습실이 있으며, 연습실에
는 연습 시설과 도구들이 잘 갖추어져 있다. 본교는 2006년 건축 면
적 1,500평방미터에 달하는 예술교수청사를 세워 연변 의무교육 단계
학교 중 유일하게 전문 무용 교수와 훈련을 할 수 있는 시설을 갖추고
있다. 무용실 벽에 수없이 걸려 있는 공연단의 공연 모습은 학생들로
하여금 민족예술에 대한 자부심과 흥미를 불러일으켰다.

2005년 이후 예술단은 더욱 괄목할 만한 성과를 거두었다. 2005년
'중화를 사랑하는 군영컵' 제1회 전국청소년문예공연에서 특등상을
수상하였고, 2007년 교육부 문화부에서 주최하는 제3회 전국교정무
용시합에서 금상을 수상하였다. 2009년 2월에는 일본에 가서 중일문
화교류회에 참가하였다. 무용단을 기반으로 성장한 예술단은 2010년

---

150. 「민족전통문화의 숨결이 드높은 배움의 장(본교 내부 자료)」, 2010.

6년간 300여 권 책 읽기 과제를 실천하고 있는
연길시 중앙소학교 도서관 내부

현재 740명에 달해 전교 학생 수의 59.4%를 차지하고 있다. 많은 학생들은 예술단의 활동을 통해 예술적 기량을 성취할 뿐 아니라 민족예술에 대한 자긍심을 고취하고 있다. 민족예술교육으로 1·2학년 때는 민족무용과를 설치하여 학생들에게 민족무용의 기본 요령을 가르치고 있고, 음악과 체육 시간에는 교사들이 민족무용의 기본 동작을 바탕으로 직접 창작한 '교정부용'을 전교 학생들에게 가르쳐주고 있다.

2) 교수의 질 제고

본 학교는 잘 갖추어진 도서관에서 책을 대여하고 있으며, 학생들이 6년간 300여 권의 책을 읽는다는 목표로 독서 지도를 하고 있다.[151] 교훈이 "독서가 인간을 만든다"이며, 독서 성과란을 만들어 학생들이 독서량을 자랑할 수 있게 하고 있다. 매해 웅변대회, 글짓기대회, 조선어어문독서지식경연 등을 벌여 민족언어를 자랑하고 습득할 수 있는 기회를 마련하고 있다.

---

151. 「연길시중앙소학교 소개(내부 자료)」, 2011.

더불어 본 학교는 민족언어뿐 아니라 반드시 한어를 배워야 하고 한 가지 외국어를 배우는 것을 규정하고 있다. 이를 위해 2003년 새 교육과정을 실시하면서 이중 언어 교수를 일반화하고 있다. 조선어 과목과 한어 과목을 중심으로 부분적 과목은 한어로 수업하고 평상시에 한어로 대화를 하며, 수업 중에는 민족어와 한어의 이중 언어로 교수하며 이중언어능력 종합능력 평가 시스템을 갖추었다. 더불어 민족어와 한어, 영어 세 가지 언어 회화 시스템을 마련하였다.

더불어 연길시 중앙소학교에서는 2008년 학교, 가정, 사회가 공동 참여하는 개방적인 교수 모형을 도입하였다. 학생들과 학부모들이 만족하는 학교를 꾸리기 위해 34명 교원의 교수 모습을 사회에 공개하는 '교수 개방주' 활동이 그것이다. 다년간 미래와 사회에 적응할 수 있는 학생들을 육성하고 일체는 학생들의 발전을 위하며 매개 학생들을 책임지는 입장에서 교수 개혁을 실속 있게 진행해왔는데, 좋은 성과를 거둔 것으로 알려졌다. 2010년 현재 교육과정을 표로 정리하면 다음과 같다.

표 4-17 2010년 연길시 중앙소학교 교육과정[152]

교육과정		학년								
		1	2	3	4	5	6	7	8	9
품덕 (品德)	품덕과 생활	2	2	-	-	-	-	-	-	-
	품덕과 사회	-	-	2	2	2	1	-	-	-
	품상(品想)품덕	-	-	-	-	-	1	2	2	2
조선어문		7	7	6	5	5	5	4	-	4
한어		7	7	5	5	5	5	5	5	5
수학		4	4	4	4	5	5	5	5	5
과학	과학	-	-	2	2	2	2	-	-	-
	생물	-	-	-	-	-	-	3	2	-

152. 「연길시중앙소학교 소개(내부 자료)」, 2011.

과학	물리	–	–	–	–	–	–	–	2	3
	화학	–	–	–	–	–	–	–	–	3
외국어		–	–	2	2	3	3	4	4	4
예술	음악	2	2	2	2	1	1	1	1	1
	미술	2	2	1	1	2	2	1	1	1
체육	체육	4	4	3	3	3	3	–	–	–
	체육과 건강	–	–	–	–	–	–	3	3	3
문과 종합	역사	–	–	–	–	–	–	2	2	2
	지리	–	–	–	–	–	–	2	2	–
종합 실천 활동	예술과 기술, 연구성 학습, 사회 복무와 사회 실천	–	–	3	3	2	2	1	2	2
	신식(信息) 기술	–	–	1/2	1/2	1/2	1/2	2	–	–
지방과정		2	2	2	2	2	2	2	2	2
교본과정		1	1	1	1	1	1	1	1	1
주간 시수		31	31	33 (34)	33 (34)	33 (34)	33 (34)	38	38	38

2011년 현재 성 특급교원 1명, 성 주우수 교원 5명, 골간 교원 15명, 주 명교사 2명이 재직하고 있다.[153] 예습학습지를 활용하며 모둠 활동을 활성화하고 있으며, 이를 다른 학생들 앞에서 발표하게 한다.[154] 수업에 참관한 필자는 학생들이 적극적으로 앞으로 나와서 발표하는 모습을 보고 조금 놀랍기도 했다.

3) 민족 특색 교육의 실시

중앙소학교는 조선족 민족문화를 중심 내용으로 민족역사, 민족예술, 민족예의와 교양교육 등을 실시하고 있다. 민족 특색이 있는 학교를 만들기 위해 "조선족의 역사, 문화, 언어에 능하고 민족 자긍심을

153. 「연길시중앙소학교 소개(내부 자료)」, 2011.
154. 「연길시중앙소학교 여학생 4명 구술 내용」(2010. 10. 22).

교실 입구에 교사와 학생들의 모습과 급훈 등을 적어서 붙여놓은 반 소개 게시물과 연길시 중앙소학교 본관에 설치되어 있는 우리 민족의 풍습의 하나인 '절하는 방법'에 대해 소개하는 게시물

가진 현대 문화인을 양성"하는 것을 목표로 하였다. 즉, 이 학교가 지향하는 인간은 '뛰어난 민족인, 우수한 중국인, 개방적인 세계인'이다.[155]

학교에 들어서면 제일 먼저 들어오는 것이 깨끗하게 전시해놓은 민족전통문화교육전시관이다. 전시관은 학생들이 어울리는 귀여운 모습으로 하나의 작은 민속촌을 연상케 한다. 초가집, 짚신, 농기구, 생활용품, 민족악기 등이 전시되어 있어 오고 가면서 학생들은 자신들이 조선인이라는 생각을 가지게 된다. 게시판에는 우리 민족의 음식 습관, 풍속, 예의범절을 소개하는 현판이 걸려 있다.

학교에서는 또한 교원들에게 민족악기 다루는 법을 가르쳐주고 민속춤을 출 수 있는 여건을 마련해주고 있다. '우리 민족문화의 대변인이 되자'라는 슬로건을 내걸고 있으며, 전통 명절이 되면 명절에 깃든 민족문화를 알아보게 하고 있다. 이러한 학교의 노력은 교가에서도 드러난다. 교가 가사는 다음과 같다.

155. 「민족전통문화의 숨결이 드높은 배움의 장(본교 내부 자료)」, 2010.

1절
연길시 한복판에 자리를 잡고
높이 솟아 빛 뿌리는 우리네 학교
슬기론 꽃봉오리 한데 모여서
오순도순 사이좋게 공부하는 곳

2절
유구한 역사를 빛내여가며
많고 많은 기둥감 자라는 학교
우리는 벅찬 희망 가슴에 안고
전면 발전 억센 날개 키워간다네

3절
따라온 햇빛을 한 몸에 안고
날 따라 꽃펴가는 우리네 학교
씩씩한 어린이로 꿈을 키우며
너울너울 앞날에로 나래치는 곳

후렴
사랑하는 우리 학교 중앙소학교
겨레의 희망을 키우는 요람

제5장

사례 3(조선족 민족향):
오상시 민락조선족향중심소학교
-오상 최대(最大)의, 조선족 소학교,
옛 번영을 간직한 채 서서히 사라지다

흑룡강성 오상시 민락조선족향에 설립된 조선족 소학교인
'오상시 민락조선족향중심소학교' 정문[1]

1. 사진 출처는 김도형 외, 앞의 책(구술자료총서 4), 2009, 196쪽.

제1절 1945년 이전의 역사

민락조선족향중심소학교는 1939년 흑룡강성 오상시 안가농장에 설립된 민락 지역 최고最古의 조선족소학교이다. 안가농장은 조선인 사업가 공진항, 이선근 등이 만주 지역에 조선인 농장을 건설하기 위해 설립한 농토부동산 경영회사인 만몽산업주식회사(이하 만몽회사)가 안가역 부근에 만든 조선인 안전농장이다. 안가농장을 세운 후 만몽회사는 안가농장에 교육계를 만들어 회사 직원과 조선인 농장원의 자제를 교육시키기 위한 조선인 초등학교를 설립하였다. 1939년 설립 당시 명칭은 '오상현안가대동소학교'였으며, 1942년에는 만주국의 국민학교(또는 국민우급학교) 체제에 맞추어 '오상현공립안가대동국민우급학교'가 되었다. 이 학교는 만몽회사의 안전농장에 위치한 만큼 설립 시기부터 1945년 일제가 패망할 때까지 만몽회사의 지원금에 의해 운영되었다. 그러나 교육과정은 만주국 초등교육 체제로 운영되었다. 이하에서는 본 학교의 역사를 이해하기 위해 안가농장의 건립 및 운영 상황을 살펴본 후, 교사校舍 건축 과정·학생 수·명칭 변화 등에 대해 알아본다.

1. 오상시 안가농장의 건립과 운영

1) 조선인들의 이주와 안가농장의 건립

흑룡강성은 땅이 넓고 토질이 비옥하며 하천이 많아 벼농사를 짓기에 유리한 조건을 가지고 있다. 일제의 수탈을 피하거나 조국의 독립을 쟁취하기 위해 이곳에 온 조선인들은 1910년대부터 벼농사를 지었다. 오상현[2]의 경우는 1895년부터 조선인 농민들이 논을 만들어 벼를 재배하였다. 이후 조선인들의 벼 재배 면적은 확대되어갔다. 이는 중국 군벌과 일제의 조선인 수전 농업 정책에 기인하는 것이기도 하였다. 1916년 중국 동북을 장악한 장작림 군벌은 길림성 실업청에 자금 6만 관을 내어 조선인을 모집한 뒤 3년간 황무지 100쌍을 개간해서 벼농사를 짓도록 하는 정책을 실시하였다. 또한 1931년 만주사변 후 일제는 1936년 8월 매년 1만호의 조선인 농민들을 중국 동북으로 이주시킬[3] 계획으로 '만선척식주식회사'를 세워 조선인 이민사업을 전개하고 수전을 개발하도록 하였다. 특히, 1941년 태평양전쟁 전후 일제는 동북 지역을 중국 대륙 침략을 위한 쌀 생산기지로 만들고자, 조선인 이민을 개척으로 변경하고 수전 농업을 독려했다. 이 시기 이미 하얼빈에서 부산까지 기차를 타고 갈 수 있었기에 많은 조선인들이 흑룡강성으로 이주하였다. 오상현의 경우 1930년 190정이었던 논이 1944년 10,329정으로 늘어나서 영안현 다음으로 논이 많은 현이 되었고, 1935년에는 189호 955명이 살게 되었다.[4]

---

2. 2005년 현재 오상현은 1만 2,000여 명의 인구 중 조선족이 7,000여 명에 이르는 조선족 집거지역이며, 조선족들의 95%는 원적지가 경상도이다(정근재, 『그 많던 조선족들은 어디로 갔나?』, 서울: 북인, 2005, 115쪽).
3. 일제에 의해 동북으로 이주한 조선인 가구의 수는 1937년부터 1941년까지 24,468호, 103,351명에 달하였다(강위원, 『조선족 생활양식의 지속과 변동』, 한국연구재단 결과보고서, 2008, 15~16쪽).
4. 강위원, 위의 책, 2008, 17쪽.

오상현의 조선인 이주는 대체로 1934년부터 시작되었는데, 조선인 이주는 크게 네 가지 유형으로 구분될 수 있다.[5] 첫 번째 유형은 일본 개척단이 토지를 소유하고, 그 토지를 임대하여 농사를 짓는 방식으로 11개 개척단이 있었다. 이 11개 개척단에는 1942년 현재 총 951호가 있었으며, 인구는 5,035명에 달하였다. 두 번째 유형은 일본인 개척단 안에 조선인들이 땅을 임대해서 개척조합을 만드는 방식으로 두가杜家 지역은 그에 해당한다. 세 번째는 조선인 분산개척민들이 농장을 꾸린 경우로 총 15개가 있었으며, 649호수 3,215명이 있었다. 마지막으로는 조선에서 온 조선인들이 꾸린 조선인 개척조합 방식으로 민락조선족향이 이에 속한다.

민락조선족향[6]이 위치한 안가 지역[7]은 1939년 이전까지 대부분 늪과 진펄이었으며 온통 버들 밭으로 되어 있어, 여름철에는 장마가 져서 소택지로 변하는 곳이었다. 북서쪽으로 랍림하拉林河[8]가 흐르고 있으며 기러기, 오리, 꿩, 토끼 등의 야생동물과 물고기들의 천국이었다. 당시 산재된 인근 고지대에 화전을 일구어 조, 옥수수, 수수, 콩 등을

---

5. 「민락촌 13개 마을 대표 집단 구술 자료(이하 '집단 구술 자료'로 표기)」(2007. 5. 11). 위 응답을 해주신 분은 오상시 농업국의 공무원으로 재직하고 있는데, 조선족의 수전의 역사를 정리해서 이를 발간하였다. 「흑룡강성 오상시 민락조선족향 수전생산 발전사(1934~2000)」와 흑룡강성 오상시 민락중심소학교(1939~1999)가 그것이다. 이 자료의 일부는 『식민지 시기 재만 조선인의 삶과 기억, 구술 자료집』 4권(김도형 엮음, 선인, 2009)에 수록되어 있다. 구술 면담은 이 자료를 토대로 진행되었다.
6. 민락조선족향은 현재 흑룡강성 중남부에 위치한 오상시 서부 지역에 있으며, 경도 126°55′-127°02′, 북위 45°02′-45°9′에 위치한다. 동남쪽은 안가진(安家鎭), 북쪽은 망우하(牤牛河), 북서쪽은 랍림하(拉林河)에 접해 있다(『흑룡강성 오상시 민락조선족향 수전생산 발전사(1934~1999)』(이하 '오상시 1'로 표기), 1쪽).
7. 안가역 근처의 안가농장 지역이 민락조선족향이라는 명칭으로 불린 것은 1956년부터이다. 민락조선족향이 위치한 안가농장 지역은 시대에 따라 1851년에는 청신사, 1910에는 청신향, 중화민국 시기에는 제5구 등의 행정구역으로 불렸으며, 그 행정구역의 범위도 조금씩 변경되어왔다(「권○통 구술 자료」(2007. 5. 11). 이에 이 글에서는 1945년 이전 대체로 안가농장이 위치한 지역을 안가 지역으로 부르고자 한다.
8. 랍림하는 민락조선족향의 생명수로 여겨지는 강이다. 랍림하 이 지역이 수전으로 개간되기 시작하여 지금까지 이 지역 사람들의 농업용수와 생활용수로 사용해온 강이며, 이로 인해 민락조선족향중심소학교가 성립될 수도 있었기 때문이다(『흑룡강성 오상시 민락중심소학교(1939~1999)』(이하 '오상시 2'로 표기), 1쪽).

심어 살고 있던 곳이었다. 이곳에 들어온 조선인 개척조합이 농토부동산 경영회사인 만몽산업주식회사였다. 만몽회사는 개성의 실업가 공진항이 설립한 회사로 그가 고향의 10여 명으로부터 일화日貨 50만 원의 자본금을 모아 설립하였으며, 주로 만주 지역에 농장을 만들어 경영하였다.[9] 만몽회사는 1934년 길림성 서란현 평안진에 고려농장을 설립해서 운영하였다. 그러나 일제의 만주 개척 정책에 따라 이 고려농장을 일제의 만선척식주식회사에 넘기고, 그 대신 안가 지역에 농장을 개척하게 되었다. 이 안가 지역이 만몽회사에 의해 개척되면서 이곳에 조선인 마을이 형성되었던 것이다. 만몽회사가 안가 지역에 조선인 농장을 개척하던 때 마을에 들어온 한 마을 주민은 개척 당시 상황을 다음과 같이 설명한다.

이 마을이 형성된 것은 원래는 이분 한 분이 있었습니다. 한족입니다……. 1938년입니다. 딱 한 호만 있었습니다. 성은 왕씨지요…… 여기는 습지지요. 밭이 뜨문뜨문 있었습니다……. 조도 심고 콩 심고…… 1938년부터 만몽회사가 여기에 들어와서 만몽회사는 한국의 공진항 씨하고 이선근 씨하고 그분들이 여기 와서 농장을 개척해서…… 이분들이 만몽회사가 공주령에서 왔습니다. 공주령에 일본군부가 있었습니다. 동북을 점령하기 위한 일본군이 있었습니다……. 이러기에 이 사람들이 들어와서 공주령부터 개척했는데, 공주령에서 개척하고 난 다음 두 번째는 어디 와 했는가 하면 요 앞에 150리가량 가게 되면 평안이란 곳이 있습니다. 길림성 서란현 평안이지요. 그기에다 농장을 먼저 하나 꾸렸댔습

9. 공진항, 『이상향을 찾아서』, 탁암공진항희수기념문집간행위원회, 1970.

니다. 그기에 농장을 꾸린 것은 1936년에 꾸렸습니다. 36년도에 만몽회사의 이름으로 현지 농장을 꾸렸는데, 2년 채 못 되어서 일본 개척단이 들어오기 시작했습니다. 일본 사람들은 이 철로 연선은 다 일본 사람들 것이 아닙니까? 그러니까 그 구실로 해서 벼 농장을 일본 농장에 먹혔습니다. 그러다 보니까 그 대가로 이 땅을 이 안가농장이란 벌판을 헐값으로 살 수 있는 그런 우대 조건을 갖게 되었지요. 그래 이 농장을 짓게 되었는데, 38년 저 앞에다 한 20리 밖에다 물막이 하나 해놓고 보를 하나 쌓아놓고 39년도부터 정식으로 38년도 겨울부터 사람들이 들어오기 시작했지요. 들어오기 시작하여 저마다 한 군데 자리 잡고 마을을 형성하기 시작했지요.[10]

위 이야기에 따르면, 만몽회사는 1939년 안가농장을 건설하기 이전부터 공주령과 평안에 조선인 농장을 건설하였다. 그러나 일본의 철도 사업이 진행되면서 철도 연변에 있던 이 지역의 논을 일본 개척단에게 양도하게 되었고, 그 대가로 안가역 부근 습지를 싼 값으로 매입[11]할 수 있는 권리를 얻게 되었으며 그로 인해 안가농장을 꾸릴 수 있게 된 것이다. 그런데 이러한 만몽회사의 설립자인 공진항에 대해 대다수의 마을 주민들은 어제 일처럼 자세히 이야기하고 있으며, 그에 대한 평가를 엇갈리게 하고 있다. 재만 조선인들을 위한 사업가라고 평하기도 하고, 농민을 수탈하여 일제에 식량을 공급한 사업가라고 평하기도 한다. 조선인들을 위한 사업가라고 평가하는 마을 주민들은 그를

---

10. 「집단 구술 자료」(2007. 5. 11).
11. 당시 만몽회사가 안가역 근처에 매입한 땅은 5,000여 정보에 달하는 넓은 땅이었으며, 1944년에 1,500여 정보를 안가농장으로 개발하게 되었다(정근재, 앞의 책, 2005).

다음과 같은 선망의 대상으로 말했다.

그래가지고 그다음에 오상현이라는 데 거기에 떨어졌어요. 거기서 집결했는데 그 농장이 누가 건설했는가 하면, 거기 가니까 농장을 새로 건설해요……. 이 농장이 참 컸어요. 이 농장을 누가 건설했는가 하면 공진항인가 있어요. 서울 사람이래요……. 다른 사람들 얘기하는 거 들어보고 하니까 6개 대학을 졸업했다고 해요. 졸업할 때, 불란서 대학을 댕길 적에, 신문을 봤다고 해요, 딴 사람들이 그래 얘기 합디다. 신문에 조선 사람들이 중국으로 쫓겨나서 자리를 잡지 못하고 보따리를 짊어지고 역전에서 누워 자고 그런 게 신문에 났더래요. 그래서 그 사람이 뭘를 할 것인가, 해서 안 되겠다, 내 대학을 졸업해서 중국으로 가야겠다, 우리 조선 동포들이 잘 살지를 못해서 중국에 가서도 이와 같이 고생을 하고 돌아다니니까, 땅이 흔한 중국이니까 농장을 하나 꾸려서 큰 집단 부락을 만들어서 해보겠다 하는 이런 생각을 했다는 그런 전설이 있어요. 그분하고 같이 댕기는 분이 이선근 씨라고, 그 사람하고 둘이 같이 학교에 댕겼는데 이 사람을 대학을 세 개 밖에 못했고, 세 개 대학을 댕길 때는 같이 댕겼다고 해요……. 이래서 공 선생이 돈을 대고 이선근 선생이 주인이 되어가지고 같이 농장을 건설했어요……. 다섯 개 군데서 조선 사람들을 모았지요. 안가농장을 만들고 거기다 집적 시켰단 말이에요.[12]

한편으로 어떤 마을 주민은 공진항을 만몽조합을 통해 조선인들

---

12. 「리승낙 부부 구술 자료」(2006. 1. 20).

에게 벼농사를 짓게 하고, 그 수확을 일제 관동군에게 군량미로 주었던 개인 사업가, 즉 "큰 한간(굉장한 일제 앞잡이)"[13]이라고 평가하기도 한다.

사실, 1930년 중반 이후 안가 지역에 만몽회사를 비롯한 수많은 개척 사업이 일어나고 이주 조선인이 증가했던 이유는 몇 가지가 있다. 우선 수전 농업에 적합한 환경이 그것이다. 이 지역은 지세가 평탄하고 토양이 비옥하며 랍림하 등 하천에 인접해 있고 여름에 강수량이 많아 벼 재배에 유리한 환경을 갖추고 있었으며, 안가역이 있는 등 교통이 편리해 대규모 농장을 개척하기에 적합한 조건을 갖추고 있었다. 더불어 만몽회사의 안가농장은 일제 식민통치로 인한 조선의 정치, 사회경제적 조건 변화, 그리고 일제의 조선인에 대한 만주 이주 정책의 결과이기도 하다.[14] 만주사변을 전후한 시기인 1928~1932년 사이에 조선에 밀어닥친 경제공황과 자연재해는 조선 남부 지방 농촌의 사회경제적 파괴를 가져와 이들 지역 농민의 유량민화를 격화시켰고, 철도의 확장으로 인해 원거리 이주가 용이하게 되자, 수전 개간이 가능한 황무지를 찾아 북만으로 이주하는 조선인들이 점점 많아졌다. 또한 기존에 만주로 이주했던 남만 지역의 조선인들이 일제의 탄압을 피해 북만으로 이동하는 경우가 있었다. 북만지구는 남만과 달리 토지가 많고 인구가 적어 황무지 개간을 위해 이주하는 조선인을 환영하는 분위기였다.[15] 수전 농업에 익숙한 많은 조선인들의 풍부한 노동력이 이 지역의 대규모 농장 개척을 가능하게 하였던 것이다. 또한, 9·18사변 이후 1932년 건국된 만주국은 '오족협화五族協和'를 지배이데올로기

---

13. 정근재, 앞의 책, 2005, 116쪽.
14. 김기훈, 위의 논문, 1996.
15. 재외동포재단, 앞의 책, 1999.

로 내걸었다.[16] 그리고 일제는 이 실험의 성공을 위해 만주 개발을 정책적으로 지원했다. 만주사변 이후 일제의 동아권업회사는 만주의 토지를 점유하고 300여 정보의 수전을 개발하였다.[17] 이후에는 만주척식주식회사滿洲拓植株式會社를 세워 북만의 수전 개발을 적극 추진하였으며, 관동군·협화회 등이 측면에서 이를 지원하게 하였다.[18] 이러한 지원하에 설립된 집단농장은 그 이전의 집단부락이나 안전농촌보다 일제의 통제를 덜 받을 수 있었다. 즉, 안가농장이 건설될 수 있었던 요인은 사회경제적으로 이 지역이 수전 재배에 적합한 자연환경에 놓여 있었다는 점과 일제의 대륙 침략에 따른 만주 개발 정책과 조선 국내의 경제적 상황 등에 있었다.

2) 안가농장의 운영과 주민 생활[19]

안가농장은 당시 이 지역에 정착해 있던 한족들의 땅인 안가 지역 벌판을 헐값으로 매수하면서 건설되기 시작하였다. 만몽회사는 당시 일제의 토지정책에 의해 헐값을 주고 토지를 장기 임대하여 자본주의적 농업산업화를 추진하였다. 농장에는 "철도 연변에 흩어져 사는 조선 사람들이 만몽회사가 개척할 때 여기로 왔다."[20] 만몽회사는 안가

---

16. 김경일 외, 앞의 책, 2003, 282~284쪽.
17. 재외동포재단, 위의 책, 1999.
18. 이러한 사항은 공진항의 자서전에서 간접적으로 확인할 수 있다. 그의 자서전에서 초기 개발한 고려농장을 일본인의 이주를 위해 만척에게 양도하기 위한 회의를 열었는데, 그 참가자들의 면모를 살펴보면 사회를 보았던 滿洲國國拓 과장, 拓政에 관련된 주요 인물, 萬拓, 關東軍, 協和會의 관계자들이다. 공진항, 앞의 책. 한편 농장에서 생산된 쌀은 관동군의 군량미로 제공된 것으로 보인다(김왕배·이수철, 「1930년대 만주의 조선족 마을 공동체-흑룡강성 오상현 조선족 마을 형성과정을 중심으로」, 『동방학지』, 연세대학교 국학연구원, 2008. 12). 당시의 마을 주민과의 면담에서 이와 같은 사실이 확인된다. "내가 여서 농장을 해서 관동군에게 양식을 공급하겠는데, 중국의 소작이는 실력이 못 미치니까 못한다, 내가 소작농을 해서 바치겠다 하니까 일본 놈들이 얼마나 좋아해"(「리승낙 부부 구술 자료」, 2006. 1. 20).
19. 오상시 1; 오상시 2. '500호 농장'이라는 이름은 안가농장 기획설계도 명칭이기에 당시 상층인물들이나 알고 있는 명칭이며, 광범위하게 불려진 이름은 '안가농장'이다(오상시 2, 2쪽).
20. 「김○수 구술 자료」(2007. 5. 12).

역[21] 근처 조선인들을 모아서, 500호의 조선인 자작농이 농사를 지을 수 있도록 기획·설계하였던 것이다.[22] 때문에 이 농장은 "안가농장安家農場", "500호 농장" 등으로 불렸다. 이때 만들어져 조선족이 살던 13개 툰이 현재까지 이어지고 있다.[23]

1939년 이전까지 안가 지역은 버드나무가 자라는 습지로, 인가가 드물고, 지대가 높은 곳에 조, 옥수수, 수수, 콩을 심어 먹고살던 곳이었다. 이곳에 1938년 겨울부터 랍림하拉林河[24]라는 강을 막아 농장의 면모를 갖추기 시작했다. 농장 건설은 첫째, 랍림하를 막아 수원을 해결, 둘째, 홍수방지 둑을 세움, 셋째, 관계 수리시설을 정비, 넷째, 경작지를 설계하는 네 단계를 걸쳐 진행되었다.[25] 우선, 안가 지역에 이주한 조선인들은 굵은 버드나무를 베고, 우차와 마차로 화강암을 실어와 쌓고, 볏짚으로 거적을 엮어 흙모래를 담아 랍림하 강물을 막았다.[26] "제방뚝을 강가로 해서 40미터 거리가 되"도록 하였는데, "농민들이 다 등짐으로 흙을 가져다 지"었다.[27] 이렇게 랍림하에 제방을 쌓아 홍수를 막고 물길을 끌어들이고, 도랑을 파서 이 논에 물을 댈 수 있게 하였다. 농장 건설에 참여했던 조선족은 다음과 같이 당시의 상황을 말했다.

---

21. 안가역은 하얼빈과 길림을 연결하는 길민선 철로의 한 역참인데 하얼빈 이남 99km 지점에 위치하고 있다. 현재 민락조선족향중심소학교는 안가역 서부 민락조선족향 민락툰(당시 장수툰)에 있다(오상시 2, 2쪽).
22. 강위원, 앞의 책, 2008, 61쪽.
23. 원래 안가 지역은 17개 屯으로 구성되었는데, 8개 툰(運胜, 大産, 民安, 安家, 趙家, 民樂, 米家, 大成)은 조선족만 거주하는 마을이고, 5개 툰(長儀屯, 三家子, 万來屯, 項家, 趙璧屯)은 조선족과 한족이 공동으로 거주하며, 4개 툰(破瓦房, 套子里, 汗泡子, 陸家)은 한족만 거주한다(오상시 1, 5쪽).
24. 랍림하는 길림성의 송화호 동북쪽에서 발원, 오상시와 유수시와의 경계선을 이루고, 민락향 서북쪽을 타고 북으로 흘러 송화강까지 흐르는 강이다. 망우강과 랍림하의 합수목 동남쪽 개발지가 민락향 벼 재배 지구이다(오상시 1; 오상시 2, 앞의 자료).
25. 이와 같은 과정은 오상시 1, 오상시 2의 자료와 마을 주민들의 면담 자료 등을 토대로 구성하였다.
26. 오상시 2, 2~3쪽.
27. 「김○수 구술 자료」(2007. 5. 12).

대략 듣고 본 건데, 원래 그 농장 개간할 때 큰 도랑을 파요. 물을 끌어들이려면 도랑이 위에 간 10미터 되고 밑에 간 5미터 됩니다. 강을 막아서 강의 물이 도랑으로 빠져나가서 그걸로 농사 물을 댑니다. 그런데 그 도랑을 팔 때 한족들이 막 둘러싸요 못 파게, 그랬다 그래요. 그래도 정부에서 하는 일이니까 얼마나 보상을 줬는지 그건 잘 모르겠어요. 밀어내고 조선족들이 들어와서 농사 개간했지요. 강의 이름 랍림하 집들은 도랑 서쪽으로 그렇게 붙었지 대성툰이 우리가 살던 데거든요. 안가역이라는 데 있지, 거기에 원래 파출소가 있었다고…… 안가역에 있었다고. 툰에서 한 6리, 육리면 한 삼천 미터…….[28]

위의 구술에 따르면, 파출소와 안가역에서 3,000m 정도 떨어진 곳에 농장의 마을들이 들어섰다. 처음 마을에 도랑을 파서 물길을 낼 때 이를 반대하는 한족들의 반발에 부딪치기도 했지만 안가농장은 설계에 따라 무사히 건설되었다.

민락조선족향(안가농장)에 있는 조선족 마을인 대성촌에
조선족들이 수전 농법을 위해 마련한 도랑[29]

28. 「리현균 구술 자료」(2007. 1. 23).
29. 사진 출처는 김도형 외, 앞의 책(구술자료총서 4권), 2009, 203쪽.

도랑의 폭은 10m~5m 정도였다. 농지는 한 가구ᆖ당 3헥타르 (100m×300m)의 논을 일정하게 배분하였다. 3헥타르 논이 자작농 한 가구의 농토가 되었던 것이다.[30]

민락조선족향(안가농장) 수립으로 설계도에 따라 마련한 100×300m 넓이의 수전과 민락 조선족향(안가농장)의 일률적인 수전과 더불어 일직선으로 늘어선 마을의 가옥

농지는 설계도에 따라 100m×300m의 면적으로 "풀이 있든지, 늪이 있든지 관계하지 않고 전부 사람을 들이대어 뚝을 만들"[31]어 분배하였고, 가옥 건축 역시 규정에 따라 "큰길을 하나 복판에 내고 그 길 북쪽으로 두 줄, 남쪽으로 두 줄로 집"을 세우는 식으로 "한 줄 한 줄 일직선으로 집을 지"었다.[32]

이처럼 "만몽회사가 처음으로 농민들에게 토지를 값을 쳐서 주자" 농민들은 자작농이 되었다. 자작농이 된 조선인 농민들은 "적극적으로 그래 와서 도랑을 파고 제방을 쌓고"하면서 "그때 고생을 낙으로 삼아" 열심히 농장 건설에 참여하였다.[33] 조선인들은 만몽회사로부터 10년 기한을 두고 땅값을 연부年負로 양도 받아 자작농이 되었다. 농장에 들어온 조선인 사람들이 집을 "한 자락 한 자락씩 짓기 시작하"

30. 오상시 2, 4쪽.
31. 「리승낙 부부 구술 자료」(2006. 1. 20).
32. 「리현균 구술 자료」(2007. 1. 23).
33. 「김ㅇ수 구술 자료」(2007. 5. 12).

고, "자리를 잡고 오래되다 보니까 마을이 형성되기" 시작하여 13개 마을이 구성되었다. "한 마을당 많은 곳은 180세대가 되"고 작은 마을은 "50여 호가 되었다."[34]

안가농장은 중국 동북지방에 건립된 다른 안전농장과 같이 '통제와 안전安全', '자경농장창정自耕農場昌政' 정책을 수행하는 농장이었다. 농민들은 수확한 벼를 만주국 식량정책에 따라 회사가 정한 값으로 모두 공출하고, 좁쌀 등의 배급미와 생활용품을 공급받았다. 이 과정에서 거래되는 모든 물품과 토지에 관련된 것들은 회사 수입이 되었다. 회사는 매년 가을에 자경농장창정 제도에 따라 이자가 붙은 연부로 지정된 양도비를 거두어들였는데,[35] 이것이 주요한 회사의 경영항목이었다. 또한 농민들에게 농사지은 벼를 회사의 규정 값으로 모두 받아들여 가공해서 팔아 수입하는 것도 주요한 경영항목이었다. 한편으로 회사는 양식배급을 책임지고 좁쌀 같은 것을 농호들에게 양식으로 팔아 수입을 얻고, 각종 농기계와 생활용품도 공급하면서 수입을 올리기도 하였다. 이러한 농장 경영 방식을 마을 주민은 다음과 같이 말했다.

스무 마지기씩 농사를 지어가지고, 그리고 다 바쳐라, 그리고 남는 것이 있으면 먹고. 우리가 여기 복종을 해야 안 되겠나, 안 그러면 우리가 여기서 먹고살 수 있겠나, 일본 놈 밑에 사니까 방법 없죠……. 이십 마지기 가져다 바치고 남는 것 쪄 먹으라 하고, 그것 먹고 모자라면 좁쌀, 기장쌀, 차전쌀 이런 것은 맘대로 가져다 먹으라고 하지요. 회사에서 가져다 쟁여놓고 이것을 맘대로 가

34. 「리승낙 부부 구술 자료」(2006. 1. 20).
35. 강위원, 앞의 책, 2008, 61쪽.

져가라 하지요. 농사지은 것에서 좁쌀 값을 제하지요.[36]

　조선인들은 자신들이 생산한 쌀은 모두 회사에서 거두어 가고 좁쌀 등의 식량만을 배급받다 보니 "농사를 져도 입쌀을 먹을 권리가 없"었다. "먹으려면 땅굴을 파놓고 거기에 몰래 감추어놨다가 몰래 절구 이런 것을 갈아서 조금씩 훔쳐 먹"을 수 있을 뿐이었다.[37] 당시 "만몽회사에서는 땅 값을 다 문 사람은 금강산 유람 시켰"을 정도로 땅 양도비를 받으려고 애를 썼다.[38] 하지만 1945년까지 연부로 책정된 땅값은 절반도 걷지 못했다.[39] 사실, 1945년 안가농장의 조선인 가구 8.3%만이 상중농 이상의 부유한 계층에 속하였고, 나머지 91.7%는 하중농 이하의 빈곤한 생활을 하였다.[40] 500호 농장계획에 따라 개발된 500호 자작농들의 3헥타르 농지는 한 가구의 노력만으로 힘겨웠으며, 많은 사람이 머슴을 두거나 방청살이[41]를 시켰다. 이러한 머슴이나 방청살이를 하는 사람들은 담보 능력이 없어서 연부로 토지를 양도 받을 수 없거나 차례가 늦어 자작농이 되지 못한 빈곤층 사람들이었다.[42] 안가농장에는 이러한 빈곤층이 많이 살았던 것이다. 구체적으로 1945년 안가농장의 조선인과 한족 계층 분포는 다음과 같았다.

표 5-1　1945년 안가농장의 조선인과 한족 계층 분포

계층	총 호수		고농		빈농		하중농		상중농		부호		지주	
민족	조	한	조	한	조	한	조	한	조	한	조	한	조	한
%	580	149	29.3	6	50.2	55.7	12.2	32.9	6.7	23.5	1.6	9.4	0	9.4

36. 「리승낙 부부」(2006. 1. 20).
37. 「김○수 구술 자료」(2007. 5. 12).
38. 「리승낙 부부 구술 자료」(2006. 1. 20).
39. 강위원, 앞의 책, 2008, 61쪽.
40. 오상시 1.
41. 남의 땅을 넘겨받아 농사를 지어 생산된 수확을 배분하는 제도임.
42. 오상시 2.

물론, 안가농장의 마을 주민들은 다른 지역과는 다르게 안가농장에서 필요한 기본적인 모든 것을 해결해주었기 때문에 절대적인 빈곤에 허덕이지는 않았다. 농사는 기본적으로 풍년이었고, "한 천여 가구 모여서 사니까 살기도 괜찮았고"[43] "회사에서 좁쌀 같은 것은 쟁여 놓고 이것을 맘대로 가져가라 하"여 배를 곯는 경우는 없었다. 마을 사람들의 인심도 좋았다. 그때를 회상하며 마을 주민은 다음과 같이 말했다.

그때 생활이 좀 곤란했어도 사람 인심들이야 좋았지요. 서로 돕고 서로 방조해주고 그다음 먹을 것 없으며 서로 꿔주기도 하고 지금 사람들 생각하고는 많이 바뀌지요. 지금도 종종 모이면 그래도 못살 때가 정이 더 있어라…… 그러지요.[44]

농장 건립의 대다수는 만몽산업주식회사가 설립된 길림성 서란현 평안진에 이주하여 살고 있던 경상도 출신 이주자들이었다. 이들은 집단으로 안가농장으로 이주하였고, 이들을 찾아 조선에서 건너온 친지나 친척들이 이 지역으로 모여들었다. 이 때문에 안가농장은 경상도 언어와 생활방식이 마을의 전통이 되었다.[45] "조선어를 쓰니까 조선 사람 설하고 먹고 놀고 그런 거는 다 같았"고 "제사도 맨 같이 삼 년 그거 다 지내고, 하던 대로 다" 지냈다.[46] 경제공황과 홍수로 인해 어려웠던 당시 경상도 지역에 비해 쌀은 아니지만 기아에 허덕이지 않아도 되고, 상대적으로 일제의 통제가 덜한 이 지역으로 가족이나 친척

43. 「리승낙 부부 구술 자료」(2006. 1. 20).
44. 「송성호 구술 자료」(2006. 10. 26).
45. 강위원, 앞의 책, 2008, 61쪽.
46. 「리승낙 부부 구술 자료」(2006. 1.)

들을 데리고 오면서 더욱더 많은 수전기술을 가진 노동력이 확보되어 활발한 농장 개척이 가능해졌다. 이에 이 지역의 인구도 계속 증가하였다.

1926년 오상시 전체 조선인 인구는 애초 262명에 불과했다.[47] 하지만 농장이 운영된 이후 안가농장의 조선인 인구는 1944년 현재 560호의 2,981명에 달했다. 물론 그 후 농장 인구는 1945년까지 유지되다가 1946년에는 1944년에 비해 22.4%가 감소한 2,250명이 되었다. 이것은 해방 후 만몽회사와 안가농장의 직원들, 그리고 일부 부농들이 조선으로 귀국했기 때문이다. 1944~1946년 안가농장의 호수와 인구 변동은 다음과 같다.

표 5-2 1944~1946년 안가농장의 호수와 인구 변동[48]

연도	호수(호)			인구(명)						
	계	조선족	한족	계	조선족			한족		
					계	남	여	계	남	여
1944	865	560	285	4,663	2,981	1,485	1,496	1,682	891	791
1945	855	580	275	4,513	2,987	1,486	1,501	1,526	783	743
1946	705	450	255	3,756	2,250	1,115	1,135	1,506	778	708

2. 오상시 민락조선족향중심소학교의 역사(1939~1945)

1) 안가농장의 학교 설립과 운영

만몽회사의 농장 경영 방식은 매우 체계적이었다. 만몽주식회사의 대표는 공진항이 맡았고, 안가농장은 공진항의 친구인 이선근이 담당

47. 재외동포재단, 앞의 책, 1999.
48. 오상시 1.

했다. 1939년 본격적인 농장의 개장과 더불어 안가농장은 그 밑에 재무계, 측량계, 건축계 등을 두어 농장을 건설하였다. 농장을 지은 후 안가농장에는 교육계가 설치되었고, 교육계에서는 소학교를 설립하여 1939년 겨울부터 수업을 시작하였다. 학교 설립과 운영에 필요한 자금은 만몽회사에서 부담하였다. 농장에서 학교를 설립한 이유는 조선인들의 교육열을 이용하여 자작농을 신속히 흡수하고자 함에 있었다. 농장을 개척하고 학교를 설립하지 않으면 농민들에게 장기로 토지를 불하하고 양도비를 받는 흡인력이 약해지기 때문에 농장의 안정적 운영을 도모할 수 없었다.[49] 실제로 학교 건립 소식을 듣고 외지에서 조선인 농민들이 많이 몰려왔다.[50] 이처럼 조선인 농장 설립과 확대를 위해 안가농장에 설립되어 운영된 학교가 바로 '오상현안가대동소학교'다. 학교 설립의 과정을 마을 사람들은 다음과 같이 말했다.

> 만몽회사 성질을 따지면, 지금 분류하면, 개체 개인 기업 택인데, 이 사람들은 무슨 권리가 있었는가 하면, 재무계 산업회사이니까 재무계는 있어야 하고, 그다음 건축을 해야 하니 건축계가 있어야 하고, 농장 건축을 해야 하니 측량계가 있어야 하고, 그 다음에 일차 농장 수립되면, 교육계가 따로 있어야 되지요. 교육계는 농장에서 먹여 살려야지요…… 일본아들 있을 때 대동학교 大東學校를 세웠지요.[51]

농장의 교육계가 주도하고 건축계와 재무계가 협력하여 민락향 민

---

49. 오상시 2.
50. 오상시 1.
51. 「집단 구술 자료」(2007. 5. 11).

안툰(현재 왕가툰)에 자리 잡고 있는 한족 농민이 살던 초가 몇 채를 사서 새로 짓거나 보수하여 교실을 만들었다. 회사 교육계는 칸막이를 막아 임시 교실을 만들었다. 처음에는 1학년 2개 반, 2학년과 3학년 각 1개 반, 총 학생은 200여 명이 조금 못 되는 규모였다. 이때 학생의 구성은 만몽회사 직원 자제, 자작농의 형제와 자제, 방청살이를 하는 소작농 자제, 친적집에 사는 외지 학생 등으로 구성되었다. 그러나 그 후 유입되는 인구가 증가하면서, 1941년에는 5학년까지 총 8개 반, 300명으로 늘어났다.[52] 당시 안가농장 조선인들은 대부분 어려운 경제 형편에 처해 있었지만 교육열은 대단했다. 이에 대해 이 학교를 다녔던 마을 주민 한 사람은 다음과 같이 말했다.

조선 사람들이 교육에 대해서는 관심이 대단해요. 그때 학교 세웠죠. 먼 동네는 1리가 500미터이거든요. 삼천 미터 되는 데서 학생들이 걸어 다녀요. 우리는 본 학교 소재지니까 학교가 가깝고. 먼 데는 십 리까지 됐다고. 내가 45년도 1학년이거든. 일본 학교 1학년 댕겼다고. 그전에 우리 삼촌 누님이 6학년 그랬으니까 해방 나던 해, 그러니까 적어도 오륙 년 전에 세웠을 거라…… 신발은 돈 주고 사지 않고 헝겊으로 풀을 붙여서 만들었어요. 집새기 닥치는 대로. 여름에는 기본 신발 안 신고 다 맨발로 댕기고, 곤란하지. 그래도 공부는 다 시켰다고. 내가 죽을 먹고 배를 곯아도 자식들은 다 공부를 시킨다고, 조선족들이 이게 웃점이라. 한족들은 다 밖에 나가서 일을 해야 해. 니 앞으로 먹고살 것 그걸 먼저 해결해야 해. 그거 완전히 달라요.[53]

52. 강위원, 앞의 책, 2008, 62쪽; 오상시 1, 5쪽.
53. 「리현균 구술 자료」(2007. 1. 23).

초라했던 초가집 교사校舍였지만 1939년 시작한 학교는 1941년까지 5학년 8개 반으로 발전되었다. 안가농장 개간사업의 속도가 빨라지자 그만큼 농장은 융성하게 되었다. 이에 따라 학생 수도 날마다 확대되었다.

오상현안가대동소학교는 민간교육단체이었기에 정부에서 재정 지원을 하지 않았다. 때문에 모든 운영비는 만몽회사가 부담하였다. 그러나 만주국 정부의 교육정책과 규정에 맞추어 학교를 등록하고 운영하였다. 1941년에는 만주국 정부가 표준화한 학교로 성장하기 위해 새로운 교사를 신축하였다. 회사 교육계에서는 민락툰의 한족 집을 헐값으로 사서 교사 신축 공정기구를 조직하여, 건축면적이 1,200평방미터가 되는 'ㄱ'자형 교사를 신축하여 1942년 2월부터 사용하였던 것이다. 새 교사에는 현관, 복도, 교실, 교무실, 교장실 등을 마련하였으며 현관 복도와 교실마다 소나무 판자로 마루를 깔고 학교 창문 밑으로는 엷은 판자로 벽을 장식하여 보온도 하였다. 교실 안과 복도를 꾸미기도 하였다. 북쪽 벽 쪽으로 길게 뻗은 복도의 동쪽 끝에는 북문이

1942년 'ㄱ'자 형태의 교사를 신축하고 교과과정을 만주국 학제에 따라 편성함으로써 만주국 공립학교로 운영되기 시작한 오상현 공립안가대동국민우급학교 졸업 기념사진(1943. 12. 25)[54]

54. 사진 출처는 김도형 외, 앞의 책(구술자료총서 4권), 2009, 195쪽.

있었는데, 그 밖에는 행랑을 달아 화장실로 나갈 수 있도록 하였다.

이때부터 학교는 완전소학교(국민우급학교)로 승급하였다. 교명도 '오상현공립안가대동국민우급학교'로 개정되었다. 이 시기는 황민화 교육을 강화하던 시기로 만주국 정부는 사립학교를 공립으로 개정하였으며, 이 학교도 만주국 학제에 따라 공립화되고 우급이라는 이름을 학교명에 붙이게 되었다. 이 시기에는 "창씨개명"과 일본어 강의를 실시하였다. 그래서 졸업생들은 교장이 조선인이었지만 교장의 조선인 이름을 기억하지 못하였다. 1939~1945년 학교의 개황을 요약하면 다음과 같다.[55]

표 5-3 1939~1945년 오상현공립안가대동국민우급학교 개황[56]

연도	명예 교장	교장 부교장	교원 수	학년 수 年級數	반 수 班級數	학생 수	학교명
1939	李宣根 竹內	金永生	22	3	4	200	五常縣安家大東小學校
1940	李宣根 竹內	金永生	22	3	4		五常縣安家大東小學校
1941	李宣根 竹內	金永生	22	5	8		五常縣安家大東小學校
1942	李宣根 竹內	大川	22	6		300	五常縣公立安家大東國民优級學校
1943	李宣根 竹內	大川	22	6			五常縣公立安家大東國民优級學校
1944	李宣根 竹內	大川	22	6			五常縣公立安家大東國民优級學校
1945	李宣根 竹內	李信永 大川	22	6			五常縣公立安家大東國民优級學校

*1943년 동광(東光)분교 설립–총 4개 학급, 학생 수 80명, 교장: 大山

1942년 재학생은 300여 명 정도였다. 당시로는 규모가 큰 학교였다. 만철에서 설립한 학교인 근처의 오상철로학교는 주로 일본인과 소수의 부유한 한족 자제들이 다닌 학교였는데, 이 학교의 학생 수가 100여

55. 학교에 관한 내용은 오상시 2 자료를 바탕으로 서술하였다.
56. 오상시 1, 12쪽.

명에 불과했던 것을 보면 그 규모를 짐작할 수 있다. 이듬해인 1943년에는 북쪽에 사는 학생들이 통학 거리가 먼 것을 이유로 항가툰에 동광東光분교를 설립하여 운영하였는데, 1~4학년까지 80여 명의 학생이 있었다.[57] 한편, 만몽회사에서는 왕가툰에 있었던 원래 학교 교사는 소학교를 졸업한 학생들이 다니는 초중급 농업학교로 만들었다.

2) 학교명의 의미

만주국 시대인 1939년 겨울에 건립되었는데, 처음 설립할 시기 학생 수가 200명도 되지 않는 소학교였다. 건립시 학교 이름은 '오상현안가대동소학교'였다. 당시에는 민간교육단체의 성격을 띠었으므로 안가농장의 조선인들은 학교의 명칭을 지방 명칭인 '안가安家'에다가 '대동大東'이라는 두 글자를 덧붙여 '안가대동소학교'라고 지었다.

'大東'은 '大同'과 의미가 달랐다. '大同'이란 일제가 동북에서 1931년 9·18 사변을 일으킨 후 1932년과 1933년 사이에 실시한 정치 시기를 일컫는다. 일제는 중국 동북 지역을 침범하는 명분으로서 조선이나 만주나 일본이나 역사적으로 같은 조상이라는 이유로 중국인, 조선인, 일본인이 모두 공영할 수 있다는 의미의 '大同'이라는 구호를 사용하였다. 이에 반해 '大東'은 '해뜨는 동쪽'이라는 의미로 조선인들의 민족 얼이 담긴 용어였다. 안가농장의 조선인들은 지금은 부평초처럼 떠다니지만 언젠가는 고국으로 돌아가겠다는 마음으로 조선인으로서의 의기를 북돋기 위해 '大同'에 맞서 '大東'이라는 용어를 사용하였던 것이다.[58]

본 학교는 1942년 오상현공립안가대동국민우급학교가 되었다. 당시

---

57. 강위원, 앞의 책, 2008, 62쪽.
58. 오상시 2, 11~14쪽.

일제는 조선인에 대한 정치적 통제와 안전정책을 더욱 강화하던 시기였기에 민영인 본 학교를 공립학교로 개정하고 소학교를 만주국 신학제에 맞추어 우급학교(완전소학교)로 승급시켜 성 정부에서 일정한 교육 경비와 설비를 지원하였다.

표준화된 규모를 갖출수록 일제의 간섭은 더욱 강력해졌다. 다른 지역과 마찬가지로 일제의 황민화 정책에 따라 선생님과 학생은 창씨개명을 해야 했으며, 학교에서는 조선말을 할 수 없었다. 이 때문에 현재 생존해 있는 1950년 5기 졸업생들은 75세 정도인데, 이들은 제2대, 제3대 교장 선생님이 분명 조선인이었지만 교장 선생님의 조선 이름을 모르고 있으며, 해방 전에는 1~2학년 학생들이었기에 모두가 일본 이름이 있어 동학들 간에 오랜만에 만나면 조선 이름은 알지 못해도 일본 이름을 기억해 부르는 경우가 많다고 한다. 이러한 운영은 1945년 8월 해방이 될 때까지 지속되었다.[59]

이러한 일제의 통제 속에서도 1943년부터 농장 마을 사람들은 일반 농민을 대상으로 '문맹퇴치'란 기치를 내걸고 야학을 운영하였다. 야학에서는 밤에 사회성인 교육을 실시하여 조선의 역사와 지리를 교육하였다. 조선역사와 지리를 가르치는 것이 금지되었던 시기여서 조선역사와 지리를 가르치던 교원들[60]이 어느 순간 사라지기도 했다.[61] 당시 안가농장 사장이었던 이선근도 야학에서 조선역사를 가르치는 것은 모르는 척해주었다고 한다.[62]

---

59. 오상시 2, 14쪽.
60. 이러한 야학 교사는 여러 명인데 그중에서도 대표적인 인물로는 연변자치주 전임 선전부장 겸 연변대학교장으로 재직하였던 배재화가 있었다고 한다(오상시 2, 14쪽).
61. 강위원, 앞의 책, 2008, 62쪽.
62. 정근재, 앞의 책, 2005, 117쪽.

제2절 1945년 이후의 역사

　민락조선족향중심소학교는 해방이 되자 1946년부터 일어 강의를 폐쇄시키고 한글로 수업을 하였으며, 조선 역사와 지리까지 가르치게 되었다. 1947년 겨울부터는 중국 공산당 지방정부가 재건립되면서 오상현립 제1조선완전소학교로 명칭이 변경되어 오상현의 지도적 역할을 하였다. 그 이후 1948년부터는 중국 현대사의 변화에 따라 학교의 명칭과 성격이 규정되었다. 즉, 1948년도부터 1950년에는 오상현 제8구 조선완전소학교로서 중국 정부의 교육 체제하에서 운영되기 시작하였고, 1950년 분교가 독립되자 1951년부터 제8구제1완전소학교로 명칭을 변경하여 해방 이후 제1회 졸업생을 배출하기 시작했다. 1956년에는 제8구가 없어지고 민락향과 안가향이 분립되면서 민락향조선족중심소학교가 되었으며, 1958년에는 향정부가 인민공사화되면서 민락인민공사 조선족중심소학교가 되었다. 1993년 8월부터는 문화대혁명이 완전 해결되면서 민락조선족향중심소학교라는 명칭을 회복하여 지금에 이르게 되었다. 이하에서는 중국의 현대사와 조선족의 역사를 고스란히 반영하고 있는 학교의 역사를 이해하기 위해 민락조선족향의 마을과 교육 현황을 살펴본 후, 민락조선족향중심소학교의 변화 과정을 정리한다.

1. 오상시 민락조선족향 마을 역사와 교육

1) 민락조선족향의 마을 역사

흑룡강성에는 2000년 현재 3,689만 명이 살고 있다. 그중 한족은 3,504만 명으로 95%, 소수민족은 185만 명으로 5%를 차지한다. 이 소수 민족 중 조선족은 38만 명에 이른다.[63] 흑룡강성의 조선족은 여러 지역에 널리 분포되고 소규모로 집거하는 것이 특징이다. 현재 흑룡강성에 있는 8개 행정지역에는 21개 조선족자치향이 있으며, 각 조선족향 마다 2개 이상 조선족 마을이 있다. 흑룡강성 조선족자치향은 대체로 1983년부터 1986년에 설립되었다.[64] 이 중 민락조선족향은 1984년 설립되어 오늘에 이르고 있다.

해방 전 안가농장은 17개 자연툰自然屯으로 구성되었다. 8개 툰(運勝, 大産, 民安, 安家, 趙家, 民樂, 米家, 大成)은 조선족만 거주하는 마을이고, 5개 툰(長儀屯, 三家子, 万來屯, 項家, 趙壁屯)은 조선족과 한족이 공동으로 거주하며, 4개 툰(破瓦房, 套子里, 汗泡子, 陸家)은 한족만 거주하였다. 이러한 안가농장은 1945년 만주국이 해체되자 많은 만몽회사와 안가농장의 직원과 부호들이 사라졌다. 1946년에는 1944년의 안가농장의 인구 중 조선인은 24.5%가, 한족은 10.5%가 감소하였다.[65]

만주국 정부가 무너지자 안가농장은 무법천지의 무정부 상태가 되었다. 밤이면 토비들이 나타났다. 마을 사람들은 자체적으로 마을을 지켜야만 했다. "자체로 돈을 내서 총을 사고 툰을 보호한다고 하면서 툰 밖에다 도랑을 파고 담을 쌓"기도 했다.[66] 한 마을 주민은 그때 일

63. 『중국인구통계연감』, 2000.
64. 문정매, 「중국 조선족 학교 통폐합의 원인 분석: 흑룡강성 조선족 학교를 중심으로」, 서울대학교 석사학위논문, 2007, 18~19쪽.
65. 오상시 1, 9~10쪽.

을 이렇게 회상했다.

우리는 안에서 총을 준비하고 일본 놈 공수품 있는 데 가서 총을 가져오고 수류탄 이것도 가져오고 그래서 툰을 지켰지요. 그래 다 살아야 하니까 이 툰은 군사행동을 했어요. 여자들을 놔두고 일 소대, 이 소대, 일 중대 이래 중대별로 대대가 있고 소대가 있고 이래 군사적으로 했어요. 벽에 다가 헐어가지고 벽을 쌓았으니까 일 중대는 어디서부터 어디 소대를 책임져라 이래 하고 그다음에는 감시를 댕기는 사람들이 있지요. 이 한 군데만 터져서 도둑놈들이 들어온다고 하면 안에 있는 사람들은 다 죽습니다…… 한 소대 한 소대 그래 나눠서 열이면 열 명씩 집중해 잤어요. 집중해 있다가 그래 소리만 나면 일이 삼삼 번갈아 하면 십분 안에 지방고가 다 서게 되어요. 군사 능력 좋았어요. 예전에 군대 뽑혀가서 돈 받던 사람들, 나이 많아서 나오기도 하고 도망쳐 나온 사람도 있고. 그러니까 이런 사람들은 군대 경험이 있단 말이야, 어떻게 배치하는 게 나을 수 있다는, 그래 이 사람들이 선두에 서지요. 이 사람들이 어떻게 배치하면 적을 막을 수 있고, 토담을 쌓는다고 해도 사람이 못 넘어다보게 해요. 만약 넘어다보면 동산에 있다가 총을 쏘면 죽는다고. 십 리 밖에 오는 사람을 발자국 소리를 듣고 알 수 있는 거죠. 한 1년 반 정도 되지요. 장개석 정부 때……[67]

해방 직후 "토비들의 공격도 그 후 발을 붙이기 어려웠고", "국민당

66. 「김○수 구술 자료」(2007. 5. 12).
67. 「리승낙 부부 구술 자료」(2006. 1. 20).

과 공산당이 자리를 차지할 때 국민당은 여기 와서 발을 못 붙였"다. 이에 반해 중국 공산당 지방공작대는 1946년도부터 들어왔으며, 그 영향하에 안가농장에서는 바로 토지 분배가 진행되었다. 공산당에 의해 "46년도에 임시 분배가 한 번 있었고 정식분배는 47년 겨울에 중국 공산당 토지대강 정책에 따라 분배하기 시작"하였다.[68] 지주의 땅을 빼앗아 토지를 분배하던 때를 마을 주민들은 이렇게 말하였다.

중국 사람이고 조선 사람이고 간에 총 영도는 중국 사람이 했죠…… 그 부잣집에 막 들어가서 살림 꺼내라, 지주 부농 꺼내라 말이죠. 그 사람들은 재산가들이래요. 막 꺼내서 쳐라 죽어라, 그때 대단했죠. 각 동네에서 다 이래 선전되었으니까, 근데 그 동네에서 하려면 얼굴이 익어서 못하지 않습니까, 그래서 그 동네 사람 이 동네 오고 이 동네 사람은 그 동네 가고 이래서 또 뒤에 따라다니면서 공작시키는 사람 있지요. 그래서 살림 다 뺏어버리고. 너 이만치 잘살았으니까, 그거 다 남의 피땀으로 잘산 거니까 너도 한번 곤란하게 살아봐라 하고 그 집은 헐벗고 못사는 사람들에게 들어 살아라, 하고 내쳤지요. 근데 정부가 없고 말할 사람이 없으니까, 무조건 복종해야 돼요. 토지는 지주한테 말 들어볼 것도 없고 막 뺏어버렸죠. 그래서 토지 없는 사람들 마지기 수로 다 분배해버렸어요…… 공작대를 하는 사람은 다 없는 사람 가정에서 일어난 사람이에요……. 그때 공산당원도 없었어요. 지주 부농 밑에서 고생하던 사람들, 남 집에 품살이하던 사람들 다 배운 거 있고 똑똑하지요.[69]

68. 「집단 구술 자료」(2007. 5. 11).
69. 「리승낙 부부 구술 자료」(2006. 1. 20).

1948년부터 공산당이 집정하는 지방정부가 건립되었고, 중국 정부가 수립된 1949년에는 안가농장의 인구가 급속하게 증가해 1946년에 비해 조선족은 60.3%, 한족은 26.2%가 증가하였다. 1949년 조선인은 안가농장 총인구의 65.5%를 차지하였다. 식량 생산량도 1945년 3,247t에서 1949년 6,669t으로 증가하였다.[70] 1944년에서 1949년까지의 안가농장 인구수와 호수는 다음과 같다.

표 5-4 1944~1949년 안가농장 인구수와 호수 변화[71]

연도	호수(호)			인구						
	조선족	한족	합계	조선족			한족			합계
				남	여	합계	남	여	합계	
1944	560	285	865	1,485	1,496	2,981	891	791	1,682	4,663
1945	580	275	855	1,486	1,501	2,987	783	743	1,526	4,513
1946	450	255	705	1,115	1,135	2,250	778	708	1,506	3,756
1947	510	285	795	1,291	1,259	2,550	807	903	1,710	4,260
1948	490	291	781	1,195	1,255	2,450	812	934	1,746	4,196
1949	773	327	1,100	-	-	3,607	-	-	1,901	5,508

1949년 안가농장에는 송강성 오상시 제팔구松江省 五常市 第八區 인민정부가 성립되었다. 그 밑에는 민주촌民主村이 건설되어 안가농장에 있는 주요 조선인 거주 구역을 관리하였고, 이것이 현재 오상시 민락조선족향의 전신이 되었다. 1949년 10월 1일 중화인민공화국이 수립된 이후 1950년 민주촌은 민락촌民樂村과 신락촌新樂村으로 분립되었다. 그런데 마을 주민들은 교민 신분이 되었다. 1950년 한국전쟁 때 주민들은 "임시 중국 공민자격으로 참전"[72]했지만, "1953년도까지는 교민

70. 오상시 1, 9쪽.
71. 오상시 1, 9쪽.
72. 「리승낙 부부 구술 자료」(2006. 1. 20).

으로서 거민증이라는 게 있었다."[73] 1953년에 이르러서야 중국 공민이자 소수민족으로서 조선족이라는 명칭을 얻게 되었다. 1952~1953년 〈중화인민공화국 민족구역자치구 실시요강〉에 따라 연변에 조선족자치구가 성립되자, 흑룡강성 인민정부도 민족구역자치에 관한 실시방안에 따라 조선족들이 집거해 있는 현과 촌에 조선족 자치구, 자치촌을 형성하면서 민주촌을 민족연합자치구[74]로 지정하였다. 그 후 1956년 중국 국무원의 〈민족향을 건립할 때 관한 정부방침〉에 의해 30개 자치향이 설립되면서, 민락촌은 민락조선족자치향으로 지정되었다. 그러나 1958년 인민공사화가 진행되면서 민락조선족자치향은 민락인민공사가 되었다. 이러한 민락조선족자치향의 경제 단계는 1948년 토지개혁 완료 이후 다른 지역과 마찬가지로 호조조 단계(1952~1953), 초급농업합작사 단계(1954~1955), 고급농업생산합작사 단계(1956~1957), 인민공사화 단계(1958~1965)의 과정을 겪었다. 호조조와 합작사 단계가 진행될 때의 사정을 한 마을 주민은 다음과 같이 말했다.

> 47년도 말까지 토개를 완료했어요. 그런 다음에 48년도부터는 호조조, 품앗이죠. 해방되고 땅 없는 사람 땅도 주고 그러는데, 소도 없지, 그러니까 같이 해야 한다고, 그리고 군대 간 사람들 이런 사람들 있는 데는 농사를 누가 져? 그러니까 천상 호조조, 52년도까지 지냈는가, 53년도부터 초급사, 그게 농업 합작사. 호조조까지는 제 땅에 품앗이로 농사를 졌고 초급사부터는 집체로, 핵산 단위, 내가 한 개 소개의 오십호면 오십호, 면적에서 나

---

73. 「리현균 구술 자료」(2007. 1. 23).
74. 민족연합자치구는 인구 비례는 되지 않지만 조선족이 많아서 타민족과 연합해서 이루어진 지역을 말한다(강위원, 앞의 책, 2008, 40쪽).

오는 산량을 매일 나가면 공표를 적어요. 하루에 내가 열 시간을 했는데 또 남자는 열품이다 여자는 힘이 적으니까 팔품이다 해서 하루의 품값을 다 받는다고. 이걸 1년 내내 다 만들어가서 총 그 벼농사에서 국가에 팔아가지고 들어온 수입하고 각 집에 양식을 분배하거든, 근데 식구가 다르니까 식구에 따라 다르거든, 그런 다음에 값이 다르니까 값 치고 해서 분배를 한단 말이다. 식구는 양식 분배할 때 분배하고, 수입은 노동료 일한 것을 보고 분배하지.[75]

이상의 1950년부터 1959년까지 민락조선족향의 집체화 발전 정도를 정리하면 다음과 같다.

표 5-5 1950~1959년 민락조선족향의 집체화 변화 개요

연도	鄕급 형식	村, 大隊급 형식	관리 구역 大隊 수	농민 생산 형식 및 분배 방식
1950	민락촌, 신락촌	屯(툰)	18	개체 생산
1951	민락촌, 신락촌	屯(툰)	18	개체 생산
1952	민락촌, 신락촌	호조조	3	합작 운영, 개체 핵산
1953	민락촌, 신락촌	호조조	4	합작 운영, 개체 핵산
1954	민락촌, 신락촌	초급합작사	13	집체 생산, 통일 분배
1955	민락촌, 신락촌	초급합작사	16	집체 생산, 통일 분배
1956	민락조선족자치향	고급합작사	7	집체 생산, 통일 분배
1957	민락조선족자치향	고급합작사	7	집체 생산, 통일 분배
1958	민락인민공사	생산대대	7	집체 생산, 통일 분배
1959	민락인민공사	생산대대	7	집체 생산, 통일 분배

실제로 1949년에 비해 1959년에는 벼농사 면적은 26.7% 증가하였고, 벼 생산량은 40년대에 비해 50년대에 평균 43.3%가 증가하였다.[76] 인

75. 「리현균 구술 자료」(2007. 1. 23).
76. 오상시 1, 21~22쪽.

민공사화 시기에는 거주이전이 자유롭지 못한 점이 불편했지만, 한편으로 마을 주민들은 당시의 생활이 넉넉하고 인심 좋았다고 기억한다. "그때 좋은 점도 많았습니다. 참 흥성했지요. 정말 마을이 흥성하고 재미있고 그랬"다는 것이다.[77] 1960년에서 1963년 4년간 민락인민공사 인구는 1959년에 비해 41%나 증가하였다.[78]

그 후 문화대혁명이 시작되던 1966년 민락인민공사는 민락인민공사 혁명위원회로 변경되었고, 1976년에는 혁명위원회로 변경되었다. 문화대혁명 기간에는 '지역민족주의'라는 비판과 함께 소수민족 권리가 박탈되었다. 만주국 때 아버지가 경찰을 하였던 한 마을 주민은 문화혁명 시기 겪은 고초를 다음과 같이 말했다.

문화혁명 때 22, 23세입니다. 우리 아버지가 위만경찰이라 보니까 우리는 중국 사회에서 적대계급으로 되었지요……. 반동분자 됐지요……. 그때가 고중 갓 졸업하고 나오니까, 문화혁명이 딱 폭발했어요……. 이 사람들이 맨날 저녁이면 혁명투쟁 하거든요. 혁명투쟁하면 아버지를 불러다가 앞에다가 세워놓고 심할 때는 말 잘 안 하면, 난로뚜껑도 가져다 목에 씌우고 그리고 꿇어앉히기도 하고 그리고 질문하지요. 옛날에 어떻게 빈하중농을 압박하고 착취했느냐 그리고 내한테는 주요하게 묻는 게 왜 계급노선을 안 가르는가? 난 뭐 모른다. 너도 알겠지만, 아버지, 어머니 살아간 세상을 어떻게 아냐? …… 그래 대꾸가 그것뿐이지요. 그래 내보고 그렇지요. 내보고 계급관념이 틀렸고 빈하중농을 괄시하고 학대한다 이거라…… 어떤 때는 주먹질이 들어올 때 있습니다. 집에

77. 「집단 구술 자료」(2007. 5. 11).
78. 오상시 1, 47쪽.

도 안 보내고 감옥 같은 데 하루 이틀 갇혀도 있고…… 다 아는
사이지요. 맨날 같이 일하는데, 그때는 한 개 생산대거든요. 한국
으로 말하면, 조합인데, 조합에서 생산대에서 맨날 같이 일하고,
이러는 사람들이지요.[79]

문화혁명이 종결되고 1980년대에 들어와 〈민족향을 재건할 데에 관
한 국무원의 통지〉에 근거하여 흑룡강성에는 1983~1985년까지 16개
향이 다시 회복되었고 1986년 추가로 3개 향이 건립되었다. 민족향은
향인민대표대회 대표의 60% 이상이 해당 지역 소수민족이어야 하며,
향장은 해당 소수민족 간부가 맡도록 되어 있다.[80] 민락 지역도 1981년
에 민락향 인민정부가 건립되었고, 1984년 8월에 민락조선족향으로 개
칭되면서 각 촌과 툰이 정리되어 지금에 이르고 있다. 해방 이후 다시
1984년 민락조선족향이 회복되기까지 행정구역의 변화 과정을 정리하
면 다음과 같다.

표 5-6 1945~1984년 민락조선족향의 행정구역 변화 개요

연도	행정 구역 변화
1945년	安家農場
1949년	五常县第8區 民主村 成立
1950년	民樂村, 新樂村 分立
1956년	民樂朝鮮族自治鄉 成立(安家鄉과 分立)
1958년	民樂人民公社 成立
1966년	民樂人民公社革命委員會 成立(党政 一元化)
1976년	革命委員會
1977년	革命委員會 党政 分設
1981년	民樂鄉人民政府 成立
1984년	民樂朝鮮族鄉 成立

79. 「송성호 구술 자료」(2006. 10. 26).
80. 문정매, 앞의 논문, 2007, 21쪽.

1985년 이후 농업생산 속도가 급속히 확대되었고, 다른 마을에는 없는 농민협회라는 자발적인 조직을 결성하였다. 기술교류, 공동연구 등을 통해 품질 좋은 쌀을 생산하기 위해서였다. 2002년부터는 농약과 화학비료를 치지 않는 유기농법을 도입하였다. 개인에게 종자와 기술을 제공하고 가을에 쌀을 수매해주는 계약재배 방식의 농업이 이루어지기 때문에 이곳에는 정미소의 권한이 강하다. 이러한 노력으로 민락쌀은 국가적으로 품질을 인정받고 있다.

2005년 현재 흑룡강성의 21개 조선족자치향 중에 오상시 민락조선족향에는 13개의 조선족 마을이 있다.[81] 민락조선족향은 흑룡강성에서 비교적 큰 조선족향이다. 2005년 현재 인구 12,000명 중에 7,000여명이 조선족이다. 향장과 당위서기 등 고위직은 조선족이 맡고 있다. 조선족들은 민락조선족향 13개 마을에 흩어져 거주하고 있다. 조선족 마을 가운데 조가촌, 민락촌, 이가촌, 영흥촌, 운성촌은 순수 조선족 마을이며, 그 외 마을엔 한족이 섞여 산다. 민락조선족향의 조선족 주민 가운데 원적지가 한국인 사람이 95% 이상으로 특히 경상도 출신이 많다.[82]

그러나 2004년 현재 민락조선족향 조선족 가운에 농사를 짓는 호수는 70호 정도이다. 1990년 중반부터 한국으로 출국하는 사람들이 늘어나면서, 2003년까지 민락조선족향에서 한국으로 출국한 사람은 1,183명이다. 이 가운데 귀국한 사람이 327명이나 되지만 다시 농업에 종사하는 사람은 23명뿐이다.[83] "90년대 중반기까지도 그렇게 큰 차이가 없었"으나 한국 나가서 일하기 시작해서 빈부 차이가 많이 나"기

81. 흑룡강성 정부 사이트 http://www.hlj.gov.cn; 강위원, 『흑룡강성의 조선족』, 서울: 고함커뮤니케이션, 2005, 70~72쪽.
82. 정근재, 앞의 책, 2005, 116~180쪽.
83. 『영남일보』, 2004. 10. 25.

시작했다." "한국 갔다 오면, 벽돌집을 짓"기도 했다.[84] 한국 등 외국으로 나가 돈을 번 사람들이나 자녀 교육을 위해 마을을 떠나는 사람들이 해마다 증가하고 있어서 2005년 현재 120~130호 정도가 잔류하고 있다. 그러나 이곳 마을에서는 한족을 아직까지 받아들이지 않고 있으며, 민락촌에 중학교가 있는 관계로 한족지구에서 산재한 조선족들이 들어오는 가정도 늘어나고 있다. 그러나 마을에 남아 있는 사람들은 한국 등지로 취업을 한 자녀들이 남겨놓은 손자들을 교육하면서 여생을 보내는 노인들이 대부분이다.[85]

2) 민락조선족향의 교육 현황

1949년 중화민국 성립 당시 흑룡강성에는 274개 조선족소학교, 13개 조선족중학교가 있었으며, 학생 수는 각각 37,562명, 3,359명이었다. 1957년 흑룡강성에는 319개 조선족 소학교, 16개 조선족 소학교, 학생 수는 각각 39,146명, 9,348명이었으며, 1960년대 초에는 조선족 교육의 전성기로 흑룡강성 조선족 교육 이래 학교 수가 가장 많고 재학생 수도 많았다. 조선족 소학교가 419개, 중학교가 34개, 학생 수는 각각 54,111명, 10,873명이었으며, 조선족 마을마다 조선족 학교가 설립되었고 조선족들이 집거한 현(시)마다 중학교가 설립되었다. 문화대혁명 이후 1988년에는 흑룡강성 전 지역에 409개의 조선족 학교가 분포되어 있었으나[86] 1990년대 들어오면서 농촌 지역을 중심으로 학교들이 폐교하기 시작하여 2006년 현재에는 소학교 40개, 중학교 18개가 남아 있다.[87] 2005년 흑룡강성 조선족 중소학교 개황을 정리하면 다음과 같다.

---

84. 「집단 구술 자료」(2007. 5. 11).
85. 강위원, 앞의 책, 2008, 62쪽.
86. 羅正日, 「關于黑龍江省朝鮮族教育情況的調查」, 『黑龍江民族叢刊』 95(6), 2006, 99~105쪽.

표 5-7 2005년 흑룡강성 조선족 중소학교 일반 개황[88]

학교 유형	학교 수	학생 수	교사 수
소학교	68	5,480	1,174
초급중학교	8	1,626	319
9년제학교	14	1,878	484
완전중학교	16	12,191	1,176
고급중학교	2	841	89
계	108	22,016	3,242

1947년 겨울부터 중국 공산당이 지방정부를 운영하면서 민락중심
소학교는 오상현립 제1조선완전소학교로 변경되었고, 산하소학교가
제2완전소학교가 되었고 그 외 완전소학교는 없었다. 민락중심소학교
출신들은 배치를 받아 근처 지방 학교에 배치를 받아가게 되었다.[89]
1944년도부터 1949년도까지의 안가농장 교육 현황은 다음과 같다.

표 5-8 1944~1949년 안가농장 교육 현황[90]

년도	소학교			
	학교 수	학급 수	학생 수	교원 수
1944	1	-	-	-
1945	2	12	552	13
1946	2	12	552	13
1947	2	12	543	14
1948	2	12	567	17
1949	2	18	648	18

이 학교 졸업생들은 국공내전 및 한국전쟁에 참전하였다. 불완전

87. 崔弘洙, 「黑龍江省朝鮮族敎育 57年」, 『中國朝鮮族近代敎育 100周年學術大會 資料集』 1-5, 延邊: 延邊大學校出版社, 2006, 3쪽.
88. 동북조선민족교육과학연구소 편찬, 『중국조선족학교현황지』, 연변: 연변출판사, 2005, 11쪽.
89. 오상시 2, 14쪽.
90. 오상시 1, 15쪽.

한 통계에 의하면 1950년 민락중심소학교 제8회 졸업생 중 12명이 열사 칭호를 받았다. 1945년 해방 전에 민락중심소학교 교도주임이었다가 그 후 오상시 교육국 민족교육국장, 연변자치주 정협부주석을 역임했던 민족작가 백이련白以漣(필명 白浩然)은 이러한 정황을 담아 다음과 같은 노래를 작곡하였다. "랍림하 구비치는 기름진 땅에/날 따라 오곡을 길러줍니다./할 일이 많고 많은 오늘 이 사회/피를 흘려 뭉치어 싸워갑니다." 이 노래는 내전이 계속된 정치적 격변기의 시대의식을 반영한 곡이었다. 1950년도 졸업생들은 이 노래를 감회 깊게 부를 줄 알고 있다고 한다.[91] 그 후 1950년 안가농장은 민락촌과 신락촌으로 분립되면서 학구도 분립되었고, 민락촌은 1956년 민락조선족자치향으로 지정되어 중국 국무원의 조선족 학교에 대한 지원체계를 갖추었다. 1950년부터 1959년까지 민락조선족향의 교육기관 현황은 다음과 같다.

표 5-9 1950~1959년 민락조선족향 교육기관 현황

연도	중학교				소학교				업여학교(業余學敎)[92]		
	학교 수	학급 수	교원 수	학생 수	학교 수	학급 수	교원 수	학생 수	학교 수	민사 수	참가인 수
1950	-	-	-	-	2	18	25	1,000	-	-	-
1951	-	-	-	-	3	18	19	582	-	-	-
1952	-	-	-	-	3	18	15	681	1	3	31
1953	1	2	5	96	3	18	21	692	1	3	35
1954	1	2	5	99	3	18	24	710	3	3	107
1955	1	2	5	86	3	18	25	749	3	4	112
1956	1	2	5	72	3	18	27	759	3	4	124
1957	1	2	5	56	4	27	35	872	4	5	481
1958	1	2	5	96	5	32	47	972	5	7	481
1959	2	4	14	212	6	39	56	1,404	6	9	561

91. 오상시 1, 1~2쪽.
92. 업여학교는 근로자가 근무 시간 외에 학습하는 학교를 말한다.

흑룡강성에서 조선족이 가장 많이 집거하고 있는 곳으로 알려진 오상시에는 3만 2,000여 명의 조선족들이 주거하고 있었다. 오상시 오상진의 조선족집거지와 오상시 민락조선족향을 중심으로 40여 개의 크고 작은 조선족 마을이 있었고 학교가 가장 많았을 때는 30여 개의 조선족 소학교가 있었다.[93] 송화강지구 오상현 민락조선족향은 1984년 8월 다시 건립되었고 2005년 현재 조선족소학교 4개, 조선족 중학교 2개가 있었다. 그런데 1990년대 중반부터 규모가 작은 조선족 마을의 학교들이 인근의 학교와 통합하기 시작하였다. 오상시의 30개 학교들이 향진을 중심으로 재구성되었다. 그 결과 8개 학교가 폐교되고 22개 학교가 남았으며, 2001~2003년까지 2년 동안 12개 학교가 폐교되고 10개 학교가 남았다. 그 후 2004~2006년에 5개 학교가 폐교되고 5개 학교(오상시조선족고급중학교, 오상시조선족실험소학교, 민락향중심소학교, 산하향조선족소학교, 영성자향조선족소학교)가 남았다.[94] 2006년에는 오상시 민락조선족향 민락중학교에 조선족 부설학급으로 남아 있던 민락조선족중학교마저 폐교 신청을 하였다. 2007년 현재 오상시 조선족 학교 개황은 다음과 같다.

표 5-10 2007년 오상시 조선족 중소학교 개황[95]

학교명	학생 수(명)	학급 수(개)	교사 수(명)
오상시조선족중학교	560	13	42
오상시조선족실험소학교	306	11	28
민락향조선족소학교	30	3	12
산하향조선족소학교	27	3	11
영성자향조선족소학교	6	2	5

93. 「김규태 전 오상시 민족사무위원회 주임 구술 자료」(문정매, 앞의 논문, 2007, 30쪽에서 재인용).
94. 장세일, 『중국조선족학교현황지』, 연변: 연변대학출판부, 2005, 207~297쪽.
95. 문정매, 앞의 논문, 2007, 32쪽.

2011년 오상시 30여 개 농촌 마을에 산재되어 있던 학교는 모두 폐교되었다. 그리고 시에 2개 학교가 있으며, 향 소재에 남아 있는 남아 있는 3개 학교는 총 학생 수가 70명 미만이다. 세 학교는 서로 거리가 멀어서 통합할 수 없는 상황에서 폐교되었다.[96]

2. 오상시 민락조선족향중심소학교의 교사校舍 신축과 운영

1945년 해방 이후 졸업생이 국공내전으로 흩어지자 수업을 중지하였다. 경제적으로 여유 있는 조선인들은 모두 조선으로 떠나갔지만 대다수 조선인 난민들은 그대로 남아 있을 수밖에 없었다. 그들은 계속 농사를 짓고 마을을 보호하며 학교를 운영하였다. 이때의 학교 이름은 '오상현안가대동소학교'였으며, 비로소 우리말로 학교 이름을 부르게 되었다. 당시 안가대동소학교의 교가는 다음과 같았다.

> 혁명의 서광에 떠밝아 가는 곳
> 새로운 빛을 안은 넓은 천지야
> 고국의 새 세상을 멀리 바라며
> 아 동북에 사는 용사의 무리
> 대동, 대동, 우리 학원 민족의 학원

이 교가는 조선인들의 고국에 대한 그리움과 얼과 혼을 담은 노래로 1946년도 작곡되어 1948년까지 불렸다. 1946년부터 일본어 강의가

---

96. 『길림신문』, 2011. 11. 30.

폐지되고 한글로 수업을 하기 시작했다. 조선역사와 조선지리도 배우기 시작하였다.

1946년 안가농장 조선인 사이에는 문맹퇴치, 성인교육, 야학운동과 더불어 아동들의 교육보급운동이 일어났다. 가난한 집의 아이들, 뜨내기 살림꾼, 피난민들이 이곳으로 밀려와서 정착하게 되어 학생 수는 급속히 증가했다. 이에 학교 본관 서쪽으로 동향집 초가 한 채를 더 지었다. 이곳에는 교실이 여섯 칸 있었다. 당시 같은 교실에는 연령 차이가 현저하였다. 두세 살 차이는 보통이었고, 일곱 살까지 차이가 나는 경우도 있었다. 1947년 겨울부터는 중국 공산당 지방정부가 재건립되면서 민락조선족향중심소학교는 오상현립 제1조선완전소학교로 명칭이 변경되어 현립학교로서 지도 역할과 사범 역할을 하였다. 이 학교 출신들은 각 지방의 교장과 교원으로 배치를 받아 나가게 되었다. 1946년부터 1949년까지 졸업한 학생은 140명이었다.[97] 그 후 1950년도부터는 중국 학제에 따라 교과서와 교육 내용이 바뀌었다. 이에 대해 졸업생은 다음과 같이 말했다.

46년도부터는 이제 교과서가 바뀌기 시작하지. 교과서가 바뀌는데 이제 우리말 지금 우리말을 조선어라 하나 그때는 한글이라 말입니다. 조선역사도 배웠어요…… 그다음 중국의 교육대강이 언제 나왔는가 하면 50년도부터 나오기 시작했다고요. 정식으로…… 그때부터 학제도 바뀌고 교과서도 다 바뀌고, 교과서 내용도 다 바뀌고 그랬습니다……. 50년도 이후에는 기본상 조선역사 없애버렸고, 중국 역사, 중국 지리를 가르쳤으니까. 그다음

---

97. 오상시 1, 12쪽.

세계 역사 안에 조금 조금씩 있었지요……. 해방 나고 나서는 연변에서 책을 조선말로 출판하고 나니까 조선 사람은 조선역사 가르치고, 조선지리도 가르치고 했는데, 그다음 중국에서 교육대강 나온 다음부터는 중국역사고 중국지리고 이래 되었지요…….[98]

1949년부터는 18개 반으로 확대되었다. 재학생이 1,000여 명에 이르자 반마다 학생들이 비좁게 들어앉았다. 그래서 1950년에는 학교 본관 서북쪽에 북쪽채 초가집을 한 개 더 세웠다. 한편 1950년부터 항구툰의 동광분교를 5학년까지 증설하고 1951년부터 이 학교가 완전소학교로 건립되자 민락향 아동들은 이 두 개의 학교에 분산되었다. 이에 따라 1951년부터 1955년 사이 학생 수는 800여 명으로 줄어들었다. 학생이 줄어들자 북쪽채는 1952년부터 1953년까지 초중반을 꾸렸으며, 1954년에는 보습반으로 사용하였다.[99] 1953년 이후에는 해마다 150여 명이 졸업하는 전성기를 구가하였다.[100] 1954년에는 위험하게 낡은 ㄱ형 본관 교사를 허물고 한일자의 기와집으로 지었다. 당시의 학

인민공사 시기 한일자 기와집 교사를 허물고 ㄷ 자형 벽돌 기와집을 짓고 학교 명칭을 '오상시 민락인민공사조선족중심소학교'로 변경한 본교의 졸업 기념사진(1964. 7. 10)과 1986년 신축되어 현재까지 남아 있는 오상시 민락조선족향중심소학교의 2층 교사.

98. 「집단 구술 자료」(2007. 5. 11).
99. 오상시 2.
100. 강위원, 앞의 책, 2008, 62쪽.

생 수는 750명 정도였다.

1964년에는 다시 한일자 기와집 교사를 허물고 공工 자형 벽돌 기와집을 지었다. 그 후 1966년에는 문화대혁명의 광풍에 휩쓸리기 시작하였다. 학교 운영은 전적으로 정부에서 관장하였다. 학교가 다시 교육의 정상화를 이루기 시작한 것은 1982년부터이다. 공工 자형 벽돌 기와집을 허물고 지금의 새로운 2층 건물을 지었다.

낙성식은 1986년 10월 5일이었다. 1986년 현재 교사가 지어지면서 학교 건물은 면적 1,880평방미터의 2층이 되었다. 실험실 60평, 준비실 60평, 도서실 60평, 음악체육실 겸 소선대활동실 60평, 컴퓨터, 타자기, 복사기 등이 구비되었다. 마당에는 체육장(축구, 배구, 철봉, 쌍봉장 등)이 있으며 놀이터도 있게 되었다.

1986년 재학생은 300명이 채 되지 않았다. 급속한 조선족 인구 감소에 따라 학생 수는 급속히 감소하였다. 1999년에는 졸업생이 54명이었으며, 2005년에는 학생 수가 60명 정도가 되었고,[101] 2011년 학생 수는 6명에 불과하게 되었다. 이에 따라 건물은 황폐화되고 있으며, 2011년 결국 폐교되었다.[102] 1946년에서 2011년까지 민락조선족향중심소학교의 개황은 표 5-11과 같다.

학교 명칭은 행정 구역의 변화에 따라 변경되었다. 1947년 겨울부터 중국 공산당 지방공작대의 영향으로 토지개혁이 실시되면서 학교 이름이 '오상현립 제1조선완전소학교'가 되었다. 그 후 중국 정부가 건립되어 행정구역의 변화에 따라 학교 명칭은 변경되었다. 1948년부터 1950년까지는 '오상현 제8구조선완전소학교'로 변경되었다. 제8구는 안가진과 민락향이 분리되기 전의 행정구역 이름이며, 당시 제8구에

101. 강위원, 위의 책, 2008, 62쪽.
102. 오상시 2.

표 5-11 1946~2011년 오상시 민락조선족향중심소학교 개황[103]

연도	명예교장	교장부교장	교원 수	학년 수 年級數	반 수 班級數	학생 수	학교명
1946	姜南浩	大川朴信德	30	6	-	-	五常縣 安家大東小學校
1947	姜南浩	朴宗植	30	6	-	-	五常縣立 第一朝鮮完全小學校
1948	李秀德	朴仁根	18	6	-	-	五常縣 第8區朝鮮完全小學校
1949	-	-	25	6	18	1,080	五常縣 第8區朝鮮完全小學校
1951	-	-	-	-	-	800	第8區第1完全小學校
1954	-	-	-	-	-	750	第8區第1完全小學校
1986	-	-	-	-	-	300	民樂人民公社朝鮮族中心小學校
2011	-	-	-	-	-	6	民樂朝鮮族鄉中心小學校

오상현립 제1조선완전소학교 시절 학생들의 수학여행 기념사진(1949. 10. 30)[104]

조선완전소학교는 본 학교뿐이었다.

1951년부터 1955년 7월까지는 '제8구제1완전소학교'로 불렀다. 1950년부터는 본 학교로부터 향가툰 분교가 독립되어 완전소학교 기틀을 잡고 1951년에 제1기 필업생을 내보내기 시작하였다. 1956년 하반기부터 안가향과 민락향으로 갈라지면서 본 학교는 '민락향 조선족중심소학교'로, 1958년에는 향정부와 농업생산합작사가 결합하여 향정부도

103. 오상시 1; 오상시 2.
104. 사진 출처는 김도형 외, 앞의 책(구술자료총서 4권), 2009, 197쪽.

인민공사 시기인 오상현 민락인민공사조선족중심소학교
시절의 교직원들의 모습(1964. 11. 30)

촌정부도 없어지고 인민공사가 되면서 '민락인민공사조선족중심소학
교'로 되었다.

그 후 인민공사 정사합일이 완전 해체되고 향정부가 회복되면서
1993년 8월부터 '민락조선족향중심소학교'라는 명칭을 회복하여 오늘
에 이르고 있다. 1945년 이후 명칭 변화는 다음과 같다.

표 5-12 1945~1983년 오상시 민락조선족향중심소학교 명칭 변화

연도	학교명
1945년	오상현안가대동소학교
1947년	오상현립제1조선완전소학교
1948년	오상현제8구조선완전소학교
1950년	오상현제8구조선완전소학교(동광분교 분립)
1951년	제8구제1완전소학교
1956년	민락향조선족중심소학교
1958년	민락인민공사조선족중심소학교
1984년	민락조선족향중심소학교

제6장

보론 1:
중국 조선족 교육 경험과 교육 세계[1]
– 1945년 이전 교육에 대한 구술 조사를 중심으로

1. 본 장은 졸고, "The Educational World of Joseon People Living in Manchuria during Japanese Imperialism", The Review of Korean Studies, 12(1), The Academy of Korean Studies, 2009. 03. 논문을 수정 보완하였다.

제1절 재만 조선인의 교육 세계

    인간은 제한된 실존적 세계 속에서 일상을 살아간다. 인간은 지리적·역사적·문화적 조건이 실재해 있는 세계 속에서 그 세계를 부분적으로 또는 인상적으로 인지하며 자신의 삶을 이어간다. 인간은 자신의 경험, 기대, 갈망 등을 통해 여과된 시각으로 세계를 인식하고 행동하기 때문이다.[2] 즉, 개인은 일상에서 직면하는 사회적 실재를 자신의 눈을 통해 나름대로 해석하고, 이에 대응함으로써 자신의 삶을 영위한다. 따라서 개인 삶의 경험을 담은 구술 자료는 개인적·주관적 사료이다. 그러나 구술 자료는 완전한 개인적, 주관적 사료라고 할 수 없다. 객관의 주관적 반영[3]이기도 한 것이다. 제한된 개인의 일상생활, 즉 생활세계는 동일한 시공간 안의 타인과 공유되며, 그래서 개인의 의식구조는 하나의 사회적 인식 구조로 재구성되기 때문이다. 다시 말하면, 인간은 사회적 상호작용을 통해 일상을 타인과 공유하며, 공유된 일상은 각 개인들의 경험과 사고로 축적된다. 그리고 이렇게 축적된 경험과 사고는 다시 그들 자신의 사고와 경험을 해석하고 재구

---

2. 이희영, 「사회학 방법론으로서의 생애사 재구성: 행위이론의 관점에서 본 이론적 의의와 방법론적 원칙」, 『한국사회학』 39(3), 한국사회학회, 2005, 130쪽.
3. 윤택림·함한희, 『새로운 역사 쓰기를 위한 구술사 연구방법론』, 서울: 아르케, 2006, 53쪽.

성한다. 인간은 사회적 존재이며, 자신들이 생활하고 있는 사회의 경험, 지식, 행동 등 생활세계의 총체에 기반을 하여 전망하며 사고와 행위를 결정한다.[4] 이 글에서 사례 학교가 위치한 세 개 지역(장춘, 연길, 오상)은 특징적인 전망을 형성하는 기본 단위[5]이다. 즉 조선족 산거지구, 조선족 집거지구, 조선족 집단농장 지역의 특징적 역사를 대변할 수 있는 지역이다. 또한 구술 자료를 통해 교육의 역사를 이해하는 이유는 개인의 생활세계를 담고 있는 구술 사료는 그들의 교육적 경험을 이해하기 위한 가장 적절한 사료이기 때문이다. 한 인간은 살면서 필연적으로 자신의 장래와 직결된 배움, 교육, 학교, 학문 등과 관련된 경험과 인식 및 전망을 형성한다. 삶 속에서 경험되고 인식된 교육 경험은 구술 사료를 통해 가장 생생하고 구체적으로 재현된다는 것이다.

이 장에서는 이러한 재만 조선인들의 교육 세계를 드러내보고자 한다. 다시 말하면 당시 그들의 일상을 통해 그들이 경험하고 인식했던 실제적 교육 환경과 교육적 가치, 교육 내용을 알아보고자 한다. 사실 재만 조선인 교육사에 대한 연구는 그간 주로 교육제도와 민족교육운동 분야에 주목해왔다. 그러나 교육사는 교육제도나 사건을 포함하여 당시를 살았던 사람들이 실제적 교육 세계, 즉 교육을 무엇이라고 생각했으며, 교육을 통해 무엇을 절실하게 기대했는지 그리고 교육과 관련해 어떤 갈등과 문제를 겪었는지를 연구하는 학문이다. 이에 이하 본 절에서는 당시 그들의 이러한 교육 세계를 분석해보고자 한다.[6] 분석 대상 자료로는 생활사 구술 자료를 이용하고자 한다. 당시 교육을

---

4. Shutz, Alfred, Collected Paper 1: The Problem of Social Reality, The Hague: Martinus Nijhoff, 1962. 454.
5. Blau, P. Michael, Exchange and Power in Social Life, New York: John Wiley, 1964.
6. 따라서 본 연구는 "사실적 진실성과 서사적 진실성의 상호 연관 방식"(김성례, 「한국여성의 구술사: 방법론적 성찰」, 조옥라·정지영 편, 『젠더, 경험, 역사』, 서울: 서강대 출판부, 2004, 50쪽)에 대한 다양하고 자세한 해석까지는 시도하지 못하고 있다.

둘러싼 그들의 인식과 소망, 체험을 알기 위한 가장 적절하고 충실한 방법은 당시를 살았던 그들 자신의 자연스러운 삶의 이야기에 귀를 기울이는 것이기 때문이다. 교육 세계는 교육 환경, 교육의 의미와 가치, 교육과정으로 구분하여 살펴보고자 한다. 향후 생활사 구술 자료를 바탕으로 한 교육 구술사 연구의 한 사례를 보여주고자 하며,[7] 객관적이고 계량적인 문헌 분석이 간과한 주관적이고 개인적인 교육적 경험과 인식을 살펴봄으로써 좀 더 생생하고 본질적인 당시 교육적 현실과 세계에 대한 이해에 보탬이 되고자 한다. 이 장의 분석 자료인 구술 자료는 2006~2007년에 연령이 약 70~90대이신 분들, 즉 출생 연도가 1920년대 이후 분들을 대상으로 진행했던 구술 조사를 통해 얻은 것이다. 따라서 본 연구의 대상 시기는 이주기 전체가 아닌 1920년에서 1945년까지로 한정한다.

1. 교육 환경: 집단 기억 형성의 토대

교육 환경에서는 1945년 이전 교육을 둘러싼 사회적, 민족적, 개인적 환경에 대한 전반적 경험과 인식은 무엇인지를 파악한다. 즉, 교육 주체인 구술자가 당시의 교육과 관련된 경험을 어떠한 시공간적 상황과 결부해서 이야기하는지, 그리고 교육 문제와 연관된 가장 중요한 사회적 의식과 관행으로 무엇을 말하는지를 살펴본다.

---

7. 그 이유는 1990년대 들어서면서 구술사를 그 방법론으로 채택한 교육사 연구가 진행되고 있듯이, "앞으로 교육 구술사는 중요한 방법론적 쟁점의 하나로 등장할 여지가 있"(정선이, 「개화기 일제강점기 제도교육 연구의 현황과 과제」, 『한국교육사학』 28(1), 한국교육사학회, 2006, 247쪽)으며, 또한 그렇게 되기를 바라기 때문이다. 구술 사료는 거시사의 적절성에 대한 의문과 역사적 현실에 대한 의문을 풀어줄 수 있는 문헌 자료보다 더 본질적 사료이기에 교육사의 내용과 그 수준을 한층 확대, 심화시킬 수 있다고 생각한다.

1) 삶의 쓰라림 그리고 학교

지금도 여전히 만주 지역의 겨울 추위는 매섭다. 평균 영하 15도 이하의 추운 날씨와 살을 에는 듯한 칼바람 때문에 서 있기조차 힘들다. 일제강점기를 지나온 구술자들의 기억 속에 담긴 어린 시절의 학교는 이러한 겨울의 혹독한 추위와 더불어 빈한했던 집안 사정을 떠오르게 하는 주제이다. 연변대 부속병원 내과 의사를 지낸 김룡석은 조부 때 함경북도 경성에서 연길로 이주했다. 그의 아버지는 슬하에 9남매를 둔 소작농이었고, 가난한 살림에 자식들을 학교에 보내기 어려웠다. 이 때문에 김룡석은 초등학교[8]에 가지 못하고 있다가 12살이 되어서야 입학했다. 초등학교 졸업 이후에는 또다시 집안의 농사일로 인해 4년 동안 학교에 가지 못했다. 그러다 1945년 겨우 용정 대성중학교에 입학해 중학생이 되었다. 그는 당시를 다음과 같이 이야기했다.

> 그때는 돈이 없으니까 종이를 사지 못하고, 판에다 모래를 담아 가지고 나무로 글씨를 썼어요……. 열두 살까지 집에서 농사를 지으면서 야학 공부를 했지요. 그러다가 열두 살에 소학교 사학년에 들어갔어요……. 42년도에 졸업하고, 그다음에 또 중학교를 못 갔어요. 중학교를 가야 되는데, 돈이 없었거든요……. 그 후 용정학교를 그만두고 집에서 다닐 수 있는 덕신학교로 옮겼어요. 덕신학교에서는 월반 시험을 쳐서 2년 반에 졸업했어요.[9]

---

8. 만주 지역의 조선인 학제는 일제에 의해 수립된 만주국학제인 '신학제'가 발표된 1938년 이전과 이후로 크게 구분된다. 대체로 1938년 이전에는 초등교육과 중등교육 체제가 보통학교(6년)·중학교(5년) 체제였다가 이후 국민학교(4년 또는 국민우급학교 6년)·국민고등학교(4년) 체제로 변경되었다. 본 논문에서는 이해의 편의를 위해 초등교육기관은 초등학교, 중등교육기관은 중학교로 통칭하여 부르기로 한다.
9. 「김룡훈 구술 자료」(2006. 9. 30).

김룡석은 집안의 가난 때문에 초등학교 입학이 늦어지기도 했고, 중학교로 이어지는 학업이 중단되기도 했다. 초등학교 졸업 후 "3·1 운동 때 독립운동에 참여해 조선족 사이에 유명해진 용정 대성중학교"[10]에 입학했지만, 하숙비가 없자 집 근처 중학교로 옮겼고, 그곳의 중학교에서는 조속한 졸업을 위해 월반하고자 노력했다. 그에게 있어 학업을 이어나간다는 것은 가난한 삶과의 전쟁이기도 했던 것이다. 연변대 총장을 지냈던 박문식도 어린 시절 학교 이야기를 하면서 어려웠던 집안 살림 이야기를 꺼냈다.

팔가자에 서성촌이라고 있어요. 왕복 25리(필자 주: 10km) 걸어 다니면서 그곳에서 공부를 했어요. 형님들이 저를 공부를 시키려고 여러 가지 방면에서 애를 쓰면서 고생을 했지요. 그때 짚신을 신고 학교를 다녔어요. 고무신을 신은 아이들이 얼마나 부러운지…….[11]

박문식은 형들의 도움을 받아 학교를 다녔다고 이야기하면서 눈시울을 적셨다. 극도로 가난했으나 그 가난을 이겨낼 수 있을 만큼 따뜻했던 혈육의 정이 그를 울컥하게 만든 것이었다. 강귀석도 1945년 중학교에 입학하던 당시를 기억하면서 학비 이야기와 초라했던 자신의 의복에 대해 말했다.

10. " " 표시는 구술자가 말한 내용을 직접 인용한다는 것을 나타낸다. 그리고 만주국 시기 연변 지역의 조선인 중등학교는 20년대에 설립된 용정의 6대 중학(광명, 대성, 은진, 동흥, 광명여고, 명신여고) 이외에는 없었고, 중국인·조선인 공학의 간도사도학교, 연길국민고등학교, 훈춘국민고등학교 등이 있었다(「박문일 구술 자료」, 2006. 10. 19). 그중에서 대성중학교는 명문으로 가장 이름이 높았다(「강귀길 구술 자료」, 2006. 10. 19).
11. 「박문일 구술 자료」(2006. 10. 19).

입학금이 당시 백 원이었어요. 그 당시 백 원이면 농민들에게 적지 않은 돈이에요. 거기다가 용정에 와서 공부를 하기 위해 하숙했지요. 하숙비로 쌀 여섯 말(필자 주: 약 90kg)을 냈지요. 농사를 져도 쌀을 일본인들이 다 가져가니까 쌀이 없었어요. 에이구, 그때 생각하면 옷을 깁다 못해 마지막에 깁을 여지도 없으니까 쌀풀을 가지고서 헝겊을 대어 붙였지요.[12]

변철희도 학교 이야기를 꺼내면서 당시 학교로 가는 뱃삯과 학교 수업료를 내지 못해 곤란했던 장면을 떠올렸다. 그는 함북 청진에서 살다가 어머니와 둘이 중국으로 이사를 왔다. 그런데 중국에 와서도 림강을 헤엄쳐 조선에 있는 학교를 다녔다. 림강을 건너기 위해 "3전 내지 4전 하는 뱃삯이 부담스러워 헤엄쳐" 다녔던 것이다. "수업료를 못 내는 경우도 많아 학교 선생님이 수업료를 검사할 때는 교실에 들어가지도 못했다."[13] 그는 수업료 봉투에 월사금을 담지 못해, 교실에 들어가지도 못했던 경험을 이야기하면서 수업료 봉투의 노란색까지도 또렷이 기억했다. 그 기억은 그에게 노란색처럼 선명히 남아 있는 것이다.

당시 가난한 농민들이 대다수였던 조선족들의 자제들이 학교 그것도 중학교에 다닌다는 것은 대단히 어려운 일이었다. 예를 들어 강영호가 살던 "해방 전 용정 황신촌에 40호의 조선족이 살았다." 그중에 "딱 한 명의 중학생"이 있었고 나머지 비슷한 나이의 아이들은 농사일에 매달렸다. 또한 1942년 훈춘국민고등학교에

12. 「강귀길 구술 자료」(2006. 10. 19).
13. 「변철호 구술 자료」(2007. 4. 25).

입학한 채규철이 살던 당시 훈춘에 중학교는 중국인과 조선인이 함께 다니는 "해성, 신한, 명덕국민고등학교와 일본인 중학교 4개"가 있었는데, 당시 훈춘에 "조선인 중학생은 5~6명"뿐이었다.[14] 그리고 박경찬이 살던 "무순에 국민고등학교가 1개, 일본인중학교가 4개" 있었는데 조선족 학생이 들어가는 비율은 한 해에 1~2명 정도였다. 박경찬은 당시 외가에 의탁해 자라면서 무순에서 중학교를 다녔는데, 그와 같이 "외가댁에 의탁해 가지고 공부하는 애가 뭐 중학교 간다는 건 그건 정말 하늘에 별 따기"[15]였다.

이처럼 당시 조선족 농민 가정의 생활은 대단히 척박했다.[16] 따라서 학교에 다닌다는 것은 너무나 어려운 일이었다.[17] 학교에 다니는 것은 부모들에게는 경제적으로 부담되는 일이었고, 자식들에게는 육체적으로 고된 일이었다. 어린 학생들은 7~8리(약 3km) 떨어진 학교를 예사로 걸어 다녔다.[18] 35리(필자 주: 약 14km)까지 떨어진 학교를 걸어 다니기도 했다.[19] 신발이나 의복도 형편없어 학교 가는 길이 더 힘들었다. 짚신을 신고 다녀야 했고 누더기가 된 옷을 또다시 기워 입고 다녀야 했다.[20] 한편 대다수 소작농으로 일했던 부모들은 중국인 지주에

14. 「채규억 구술 자료」(2007. 4. 24).
15. 「박경옥 구술 자료」(2007. 4. 10).
16. 실제로 1920년대 실시한 조사에 따르면 중국 동북 지역으로 이주한 조선인의 93.6%가 경제적 이유 때문에 조선을 떠났다(임계순, 앞의 책, 2003, 65쪽). 또한 1920년대 만주 지역에 거주하고 있던 조선인의 90% 이상이 水田농업으로 생계를 유지하였지만 토지 소유는 60% 대에 그쳤고, 그것도 가구당 평균 0.4헥타르에 불과한 영세농이었다(홍종필, 「'재만' 조선인 이민의 분포 상황과 생업-1910~1930년을 중심으로」, 『백산학보』 41, 백산학회, 1993).
17. 만주국의 중등교육기관인 국민고등학교와 일본 중학교는 많은 면에서 차이가 났다. 정봉권의 말에 의하면, 중국인과 조선인 공학인 국민고등학교는 4년제인 반면에 "일본 중학교는 5년제로 대체로 수준이 높았으며, 보통 한 초등학교에서 한 명 혹은 두 명이 그곳에 들어갈 수 있었다"라고 한다. 그런데 조선인으로 그곳에 합격한 학생들을 보면, 학부형회 회장이나 조선인 민회회장 등의 아들로 그들의 자제들의 성적은 그리 우수하지 않았다고 한다.
18. 「변철호 구술 자료」(2007. 4. 25).
19. 「김룡호 구술 자료」(2007. 4. 20).
20. 「박문일 구술 자료」(2006. 10. 19); 「강귀길 구술 자료」(2006. 10. 19).

게 소출의 반 심지어는 소출의 7/10을 바쳐야 했다. 일제가 인공적으로 만든 안전농촌에 사는 경우에는 일제에게 쌀을 전량 공출당했다.[21] 교사의 월급이 보통 40전, 최고로 많이 받는 경우에 100원이었던 당시에[22] 부모들이 자식의 초등학교 월 수업료로 약 30전을 낸다는 것은 어려운 일이었다.[23] 더구나 자식을 중학교에 보내기 위해서는 더 많은 돈이 필요했다. 월 수업료 30전 이외에도 중학교 입학금 100원을 내야 했다. 거기다가 학교 수가 적어 대부분 중학교는 집과 멀리 떨어져 있었고 그 때문에 하숙비로 매달 여섯 말(필자 주: 약 90kg)의 쌀까지 내야 했다.[24] "쌀 한 말(필자 주: 약 15kg)에 2, 3원 할 때니까[25] 매달 여섯 말이라면 12~18원 정도이며 이것은 큰돈이었다. 그러므로 당시 구술자들은 학교 이야기를 하면서 어려웠던 가정 형편, 비싼 학비, 먼 통학로에 대해서 이야기했다. 그들이 다녔던 학교는 궁핍한 집안 살림, 추위 등과 함께 했던 힘겨운 나날을 배경으로 한 것이었다.

2) 전근대 의식과 중첩된 교육열

북경대학 제1기 연구생이자 연변대 교수를 지낸 강귀석은 6남매 중 장남으로 태어났다. 그의 아버지는 가난으로 먹고살기가 힘들던 참에 중국은 농사짓기가 유리하다는 말을 듣고 연변으로 이주한 소작농이었다. 그의 아버지는 학식이 전혀 없었다. 그러나 9남매 집안의 장손인 강귀석만은 공부를 시켜야 한다는 생각을 천명처럼 갖고 있었다. 그 때문에 강귀석은 학교에 다닐 수 있었다.

21. 「리승대 구술 자료」(2006. 10. 22).
22. 「김재율 구술 자료」(2006. 10. 20).
23. 「변철호 구술 자료」(2007. 4. 25).
24. 「김재율 구술 자료」(2006. 10. 20); 「강귀일 구술 자료」(2006. 10. 19).
25. 「박경옥 구술 자료」(2007. 4. 10). 「리승대 구술 자료」(2006. 10. 22)에 의하면 당시 쌀 5말이 10원 25전 정도였다고 한다.
26. 「강귀길 구술 자료」(2006. 10. 19).

우리 집이 9남매인데 내가 장손이에요. 그래서 나만은 학교에 보냈어요. 그때의 목표는 초등학교까지 졸업하는 것이었어요……. 초등학교가 두도구에 있었기 때문에 아버지가 두도구로 이사를 와서 작은 집을 지었어요. 생활이 곤란할 때라서 집을 살 수는 없었어요.[26]

강귀석의 아버지는 아내도 없는 가난한 살림에 집안 장손인 강귀석을 학교에 보내기 위해 초등학교가 있는 두도구로 이사했다.[27] 그의 아버지는 빈곤한 살림에 집을 살 수가 없어 초등학교가 있는 그곳에 작은 집을 직접 지어 살면서 그를 학교에 보냈다. 초등학교 졸업 후에는 다시 1년간 돈을 모아 중학교까지도 보냈다. 그래서 강귀석은 당시 연변 일대 조선족 중학교 가운데 명문으로 알려진 용정의 광명중학교에 1943년 입학할 수 있었다. 그러나 그의 여러 동생들은 학교 근처에도 가보지 못했다.

한편 연변체육학교 교장을 지낸 한수남은 이와 비슷한 상황으로 곤란을 겪었다. 한수남은 집안의 장자가 아니었기에 초등학교를 졸업하고 상급 학교에 진학할 수 없었다. 스스로도 초등학교 졸업 후 농사일을 거들어야 한다고 자신을 다독했다. 그러나 학교 선생님이 학비가 면제되는 사도학교로의 진학을 권고하자 집안에서 반대할 것을 알면서도 그에게는 학교에 가고 싶은 생각이 고개를 들었다. 그는 집에 돌아와 학교에 가고 싶다고 울고 불며 사정했다. 그러나 그의 아버지는 셋째 아들인 그를 학교에 보낼 생각이 전혀 없었다. 그런데 한수남의

---

27. 당시 두도구에는 일제가 직접 통제하는 두도구보통학교가 있었다. 이 학교의 졸업생은 연변의 최고 명문 중학교인 용정의 광명중학교 수석을 해마다 차지할 정도로 교육 수준이 높았다고 한다(「강귀길 구술 자료」, 2006. 10. 19).

큰형 아들인 8살 어린 조카는 학교에 반드시 보내야 한다는 것이 집안 어른들의 생각이었다. 조카는 첫째 아들의 장자, 즉 장손이었기 때문이다. 집안에서는 이러한 어린 조카를 혼자 하숙시키는 것을 걱정했다. 그 덕분에 한수남은 어린 조카를 돌보는 조건으로 조카와 하숙을 하며 하숙지에 있는 사도학교에 다닐 수 있었다. 한수남은 학교 선생님께 사도학교 진학을 권고 받고 온 이후의 집안 상황을 이렇게 말했다.

집에서 한 일주일 울었어요. 나는 제사를 안 지내는 사람이라서 공부를 안 해도 된다는 것이지요. 내가 셋째예요……. 그래서 김을 매면서도 울면서 맸어요……. 다른 애들이 학교 가는 걸 보면 부러웠어요. 그러나 손자는 맏이기 때문에 공부해야 된다는 거예요. 그래서 집에서 토론이 있었지요.[28]

이러한 사정은 여자들에게도 마찬가지였다. 여자라는 이유로 학교에 다닐 기회를 놓치기도 했다. 리복순은 여자이기 때문에 제 나이에 학교에 가지 못했다. "부모들이 남자들이 공부를 해야지 여자가 공부를 해서 무엇하냐며 공부를 안 시켰"[29]기 때문이다. 그러나 집안의 남자 형제들이었던 오빠 1명과 남동생 3명은 모두 학교에 다녔다. 방현옥도 여자였기에 학교에 가지 못했다. 일제가 만든 조선인 집단부락에서 살았던 그녀는 그곳에 처음으로 초등학교가 세워졌던 과정과 그때 집안의 반대로 초등학교에 가지 못해 너무나 안타까웠던 기억을 다음과 같이 이야기했다.

28. 「한수은·김금순 부부 구술 자료」(2007. 5. 18).
29. 「리복녀 구술 자료」(2007. 10. 8).

하루는 부락장이 집마다 다니면서 학교 입학생을 적었어요……. 저는 그 부락장을 따라다니며 저도 공부하고 싶으니 제이름도 적어달라고 자꾸 졸랐어요. 그랬더니 부락장이 너희 집에서 반대를 하는 데 어떻게 적어주니라고 하더라구요. 그때 우리 할아버지가 반대를 하셨거든요……. 남들은 다 학교 가는데 저는 학교에 가지 못하자 골방에 들어가 하루 종일 울었습니다.[30]

그 후 방현옥은 밤에 하는 야학에 몰래 다녔다. 거기서 열심히 공부했다. 반장도 맡아서 했고, 야학 선생님들께 실력도 인정받았다. 야학의 교장 선생님은 그런 그녀를 팔도구에 있는 초등학교에 보내고자 따로 공부를 가르쳐주었다. 4학년까지 있는 야학과 달리 보통학교에는 5~6학년이 있고, 그녀를 그곳 5학년에 입학시키기 위해서였다. 교장 선생님은 그녀의 할아버지에게 그녀를 초등학교에 입학시키자고 설득했다. 그녀는 학교에 가고 싶어 며칠을 울었다. 그러나 집안의 반대는 한결같았다. 결국 그녀의 초등학교 입학은 무산되었다. 그러나 방현옥의 남동생은 달랐다. 남동생은 당시 연변에서 이름난 학교들이었던 간도보통학교와 광명중학교에 다녔다. 집안의 아들 또는 장남이 집안의 전폭적인 지지로 교육받았던 만큼 여자나 차남은 교육받을 수 있는 기회에서 멀어져 있었다.

3) 움트는 민족적 반항심

구술자 대다수는 일본 사람을 "일본놈", "일본애들"이라고 지칭했다. 리승하와 정봉권은 "일본 개새끼"라는 말도 자연스럽게 내뱉었다.

---

30. 「방현숙 구술 자료」(2007. 4. 21).

정봉권에 의하면 "당시 조선 사람들 가운에 90% 이상은 반일사상이 있"었으며,[31] 강귀석에 의하면 "공부를 잘해서 일본을 물리쳐야 한다는 생각이 당시 학생들 사이에 만연해 있었다"[32]라고 한다. 실제로 형님의 도움으로 학교를 다닌 정봉권은 학교까지 15리(6km)를 걸어 다녔던 탓에 손발이 동상으로 얼어 터지고 매일 김치 반찬뿐인 도시락 때문에 자존심이 상해도 "일본 학생보다 더 공부를 잘해야겠다는 민족적 자존심"[33]으로 모든 것을 이겨낼 수 있었다.

이러한 일제에 대한 반감은 어린 시절 그들의 일상생활에서부터 그리고 무의식으로부터 생성되었다. 실례로 식민지 시기 "민족 전람회를 방불케 하는 장춘 지역의 상점에는 일본인에 한정한다는 구인 광고가 나붙었다."[34] 장춘은 만주국의 수도인 신경으로 일본, 조선인뿐 아니라 만주족, 한족, 러시아인 들이 다 모여 있는 국제적 도시였다. 이곳에서 조선인들은 민족적 차별을 일상으로 느끼며 살았던 것이다. 또한 가족 중에는 독립운동을 했던 사람이 있기도 했다. 리승균의 부인은 어려서 놀 때 독립군이었던 오빠로부터 독립군가를 들었다고 했다.[35] 박경찬도 "자신이 여섯 살 때 아버지가 돌아가셨는데, 그때 아버지가 독립군이었다는 것을 알게 되었고 자신에게 조선이 독립해야 한다는 생각의 뿌리가 생겼다"[36]라고 했다. 그 후 박경찬은 학교를 다니면서 더욱 민족적인 각성을 하게 되었다. 나이가 많은 학생 한 명이 저녁에 학교 기숙사 마당에 나와서 독립군 이야기를 해주곤 했으며, 상급생들은 저녁에 모여 독립운동에 대한 이야기를 나누기도 했기 때문이었다.

31. 「정봉권 구술 자료」(2007. 4. 13).
32. 「강귀길 구술 자료」(2006. 10. 19).
33. 「정봉권 구술 자료」(2007. 4. 24).
34. 「정봉권 구술 자료」(2007. 4. 24).
35. 「리승낙 부부 구술 자료」(2006. 1. 20).
36. 「박경옥 구술 자료」(2007. 4. 10).

그때 학생들 가운데 20살이 넘어 자기 아들과 함께 학교 다니는 사람이 있었어요. 아들은 1학년 다니고 자기는 5학년 6학년 다녔어요. 그런데 기숙생활을 하면서 저녁이면 학교 마당에 느릅나무 의자에 앉아 바람 쐬면서 얘기했는데, 그때 나이 든 학생들이 조선 독립에 대한 얘기를 했어요. 지금까지 기억에 남아 있는 이야기는 김일성이 축지법을 해서 하룻밤에도 몇 곳에 나타나며, 그 때문에 일본 놈들이 벌벌 떤다는 이야기예요……. 중학교 때도 상급생들이 저녁에 모여 얘기하는 것이 독립운동에 대한 것이었어요.[37]

이처럼 당시 조선족들은 민족적 차별을 일상으로 느끼며 살았다. 가족 중에 독립군이 있기도 했다. 학생들은 모여서 자연스럽게 조선의 독립에 대해 이야기했다. 일제에 대한 반항심은 초등학교, 중학교를 거치며 어린 그들의 가슴속에 서서히 그리고 뿌리 깊게 내재되어갔던 것이다.

2. 교육의 의미와 가치: 삶의 철학적 목표와 전략적 도구

여기에서는 당시 교육에 대한 열정이 어느 정도였으며 교육적 열망의 이유는 무엇이었는지를 알아본다. 이를 위해 고학을 하거나 친지의 도움을 얻어 어렵게 공부했던 경험과 정식 학교 이외의 교육 경험에 관한 것을 확인해보고 교육을 통해 그들이 기대했던 바를 정리한다.

---

37. 「박경옥 구술 자료」(2007. 4. 10).

1) 어두운 현실을 비추는 한줄기 빛

교육에 대한 열망은 조선족들의 가장 보편적이며 강렬한 열망 중의 하나였다.[38] 가난한 집안의 농사일을 도맡아 했던 김룡석은 "아침에 일어나자마자 농사일을 미리 해놓고 15리(6km) 되는 학교에는 그 뒤에 뛰어서 갔다. 달리는 동안에는 공부할 거리를 머릿속으로 외"웠다.[39] 리승하의 말에 의하면 "당시 학생들의 머리에는 공부 잘해서 대학에 가려는 생각에 다른 데 정신을 팔 여유가 없었다"[40]라고 한다. 이러한 자식들을 학교에 보내기 위해 부모들은 갖은 애를 썼다. 극도로 빈한하거나 부모가 없는 경우에는 형제나 친지가 동생의 그리고 친지의 학업을 돕기도 했다. 어려운 살림에 집안일을 도맡아 하느라 학교에 갈 수 없었던 홍병주는 자신도 어린 나이였지만 자신보다도 더 어린 동생들만이라도 학교에 보내기 위해 온 힘을 쏟았다.

저는 아버지가 8살, 어머니가 9살에 돌아가셨어요……. 아이들이 뭘 하겠어요? 그래서 난 학교를 못 다녔어요. 우리 누나도 못 다녔어요……. 그런데 내가 공부 못한 것은 괜찮지만, 나이 어린 내 동생은 공부를 시켜야겠다고 생각했어요. 내가 벌어서라도 동생을 공부시킨다고 생각했지요. 그래서 동생을 15살에 학교에 보냈지요.[41]

---

38. 조선족의 교육열에 대해서는 많은 구술자들이 이구동성으로 이야기하였다. 예를 들자면, 김재호는 "그때나 지금이나 우리 조선족이 그런 게 있어요. 빌어먹어도 우리 아들 공부시켜야 된다"라고 했고 박진하도 "조선 사람들이 자식 공부시키려고 물을 떠서 날라다 공부시키는 사람도 있었어요"라고 했다. 리승낙, 김인호, 강영석 역시도 "조선족들이 옛말에 있잖아요? 소를 팔아서 아이 공부를 시킨다고. 아무리 집이 구차해도 학교를 다니도록 하였지요"라고 말했다.
39. 「김룡호 구술 자료」(2007. 4. 20).
40. 「리승대 구술 자료」(2006. 10. 22).
41. 「홍병국 구술 자료」(2007. 4. 22).

이 밖에도 형제나 친지의 도움으로 학교를 다닌 경우는 많다. 리복순은 큰오빠의 도움으로 초등학교에 다녔다. 초등학교를 졸업하고 상점의 점원으로 일했던 그녀의 오빠는 여자도 반드시 배워야 한다는 생각에 16살이나 먹은 여동생을 초등학교에 다닐 수 있도록 돈을 보냈다.[42] 정봉권도 형의 도움으로 학교에 다녔다. 그는 들어가기 힘든 국민고등학교에 만점으로 합격을 했다. 그런데 집안이 어려워 그의 아버지는 학교 입학을 꺼려 했다. 그러자 공부하지 못한 것에 대한 쓰라림을 간직하고 있는 그의 형은 동생만이라도 꼭 공부를 해야 한다며 동생의 학비를 댔다.[43] 또한 김재호는 교사인 사촌 형의 도움으로 중학교를 다닐 수 있었고[44] 홀어머니가 동생과 자신을 어렵게 길렀던 채규철도 사촌 형이 그의 중학교 입학금을 대주었다. 채규철은 집안이 어려운 것을 잘 알고 있기에 애초 중학교에 입학할 생각을 하지 않았다. 그러나 눈물까지 글썽이며 진학을 권고하시는 선생님 때문에 중학교 입학시험을 보았다.[45] 시험을 치른 결과 우수한 성적으로 합격했고, 15살인 사촌형이 그의 입학금을 대주었던 것이다.

한편 그들은 고학을 하기도 했다. 박경찬은 초등학교를 졸업하고 스스로 학비를 벌어서 사도학교에 진학했다. 돈을 모아 학교에 진학하게 된 과정과 고학을 하면서 학교를 다녔던 과정을 그는 다음과 같이 이야기했다.

중학교에 갈 엄두도 못 내고 집에서 며칠 빈둥거리다가…… 점

42. 「리복녀 구술 자료」(2007. 10. 8).
43. 「정봉권 구술 자료」(2007. 4. 24).
44. 「김재율 구술 자료」(2006. 10. 20).
45. 「채규억 구술 자료」(2007. 4. 24).

원을 한 달 하니까 12원 주었어요. 12원이면 그때 적은 돈이 아니에요……. 돈을 더 벌어서 공부를 계속해야 되겠다 생각하고 그곳을 그만두고 신문배달을 했어요……. 그걸 하게 되면 한 달에 40원 수입이 돼요. 그걸 정말 고생스럽게 했어요. 아침 5시에 집에서 밥 한술 먹고는 10리 길을 걸어 7시에 신문배달소에 도착해서 아침에 한 번, 저녁에 한 번 배달했어요. 한번에 300부씩…… 그 다음에는 일본인이 하는 목공소에 가서 점원으로 일했어요. 옻칠하는 거…… 그것으로 한 달에 15원인가 받았어요. 그렇게 10달해서 모든 돈이 500원 되더라구요. 그래서 그 돈을 가지고 학교에 갔어요.[46]

당시 구술자들은 부모님의 도움을 받을 수 없는 경우에 형제, 친지의 도움으로 학업을 계속 이어나갔다. 그러나 이마저의 도움도 받을 수 없는 경우에는 고학을 하기도 했다. 아무리 심한 어려움을 겪더라도 공부만큼은 포기할 수 없는 것이었다.

2) 삶의 희망을 만나는 공간

구술자들은 학교에 다니기 전 또는 학비 문제, 집안의 반대 등으로 학교 대신 야학에 많이 다녔다. 9남매의 가난한 소작농 아들인 김룡석은 8살 때 초등학교에 입학할 수 없었다. 가난 때문이었다. 그래서 그는 8살부터 5년간 밤에 하는 야학에 다녔다.[47] 여자라는 이유로 학교에 갈 수 없었던 방현옥도 집안 어른들의 반대를 피해 야학을 몰래다녔다. 낮에는 농사일을 돕고 저녁에는 짬짬이 할아버지의 눈을 피해

---

46. 「박경옥 구술 자료」(2007. 4. 10).

야학에 나갔던 것이다. 그녀는 집안 어른들이 무서워서 집안 어른들 앞에서는 책도 펼쳐놓지 못했다. 그렇게 열 살 즈음부터 다녔던 야학에 그녀는 열아홉 살 시집가기 전까지 다녔다.[48]

물론 야학은 정식 학교는 아니었다. 그러나 운영이나 학업 수준 면에서 그에 못지않은 기관이었다. 초등학교 입학하기 전 야학을 통해 조선어 1권에서 5권까지를 배웠던 한수남은 "그가 야학을 통해 얻은 실력은 초등학교 5학년 수준 정도였다"라고 했다.[49] 또한 방현옥이 다녔던 야학에는 "한 교실의 절반 정도 학생이 모였다." 야학에는 교장과 선생님들이 있었고, 초등학교에 맞추어 시험도 보았다. 졸업식도 초등학교 졸업식과 함께 거행했다." 그녀는 야학에서 "반장도 하고 우등상도 놓치지 않고 탔다."[50] 야학은 그녀 인생의 유일하고도 중요한 교육기관이었으며, 야학은 배움에 대한 희망을 펼칠 수 있는 유일한 장이었던 것이다. 이와 더불어 야학은 민족적 각성을 일깨우는 장이기도 했다. 1936년, 김재호는 초등학교 4학년이었다. 그때 깊은 산골이었던 그의 마을에는 야학이 있었다. 야학에서는 독립군들이 공부를 가르쳤다. 마을 사람들은 밤에 야학을 열고 있는 독립군들에게 양식을 몰래 가져다주었다. 그런데 이를 눈치챈 일제가 마을 전체를 사격하는 등의 만행을 저질렀다. 김재호의 이야기는 다음과 같다.

우리 집이 깊은 산골에 있었어요……. 1936년 내가 4학년 때인데 독립군들이 왔다 갔다 했어요……. 밤에 공부하는 야학이 있었어요. 야학에서는 독립군들이 연설하고 그 이후에 토론을 하고

---

47. 「김룡호 구술 자료」(2007. 4. 20).
48. 「방현숙 구술 자료」(2007. 4. 21).
49. 「한수은·김금순 부부 구술 자료」(2007. 5. 18).
50. 「방현숙 구술 자료」(2007. 4. 21).

그랬어요. 그래서 마을 사람들이 그들에게 양식을 가져다주었지요. ……그런데 어느 날 저녁 일본 부대가 마을에 들어왔어요. 마을에 오자마자 사격을 했어요.[51]

야학 이외에도 마을에는 서당이 있었다. 학교에 들어가기 전이나 학교에 가지 못하는 아이들은 방 하나를 빌려 한문을 가르쳐주었던 서당에 다녔다. 1934년 8살 때 아버지가 폐결핵으로 돌아가시고, 친척도 없이 혼자서 어머니가 어린 동생과 자신을 키웠던 채규철도 초등학교에 들어가기 전 마을에 있는 서당을 다녔다. 어려운 살림이지만 그의 어머니는 그를 서당에 보냈다. 월사금으로는 농사지은 양식이나 가지고 있는 물건 등을 갖다 주었다.[52]

이처럼 조선족들은 마을에 야학이나 서당 등의 비공식적 교육기관을 만들었으며, 가난하거나 어린 학생들은 그곳에서 교육받았다. 그곳에서는 한문, 조선어, 수학, 창가, 그리고 독립사상에 이르기까지 다양한 내용을 가르쳤다. 그 수준도 높고 운영도 조직적이었다. 당시 만주의 조선인들은 자기 자신 그리고 자식, 가족, 나아가 우리 민족의 교육에 모두가 헌신했던 것이다. 그러면 그들은 왜 그토록 교육에 온 힘을 기울였을까? 박창수는 그 이유를 다음과 같이 말했다.

왜 그런고 하니, 그 동기가 지금 생각하면 옳지 못한데, 농촌이라는 데가 참 생활하기 어려운 곳이지요. 그러니까 자기가 공부 못하면 소 궁둥이 두드리며 농사만 지어야 했지요. 그래서 공부한 거 같아요. 그게 동력이지요.[53]

51. 「김재율 구술 자료」(2006. 10. 20).
52. 「채규억 구술 자료」(2007. 4. 24).

채규철도 "우리가 농촌에서 벗어날 수 있었던 것은 학교를 다녔기 때문"이라고 말했다.[54] 핍박받고 가난한 농촌 마을 즉 어려운 현실에서 개인적으로 그리고 민족적으로 벗어날 수 있는 길, 그 길을 그들은 교육에서 찾았다. 때문에 그들은 그 꿈을 이뤄갈 학교, 야학, 서당 등을 세웠고, 스스로가, 형제가, 친척이, 우리 민족이 교육받을 수 있도록 노력했던 것이다.

3. 교육 공간과 일상: 일상적 고통과 즐거움이 공존하는 곳

여기에서는 당시의 교육과정 중에 무엇이 가장 구술자들에게 커다란 인상으로 남아 있는지를 살펴본다. 성장 과정에 겪은 교육 내용과 경험으로 인해 지금까지 남은 인상은 그들의 당시 사회적, 교육적 구조에 대한 인식 여하에 상관없이 구술자들이 체험한 중요한 삶의 과정이자 내용이다.

1) 틀어막힌 조선어

1937년 이전 재만 조선인들은 만주 지역에 살고 있는 식민지인으로서 일본 국적을 가지고 있었다. 그러나 그 이후 조선인에 대한 치외법권이 철폐되자 재만 조선인들은 만주국과 일본 이중 국적을 취득하게 되었다. 재만 조선인들은 일제의 필요에 의해 만주 국왕의 인민이자 일본 천황의 신민이 되었던 것이다.

재만 조선인 교육 역시 이와 동일한 의도하에 진행되었다. 일제는

---

53. 「박창욱 구술 자료」(2007. 4. 20).
54. 「채규억 구술 자료」(2007. 4. 24).

만주국 내 모든 민족의 단결을 위한 의도로 오족협화를 부르짖으며 조선인 초등학교에서도 민족공학제를 실시하였다. 그러나 실제 교육 내용에 있어서는 황민화를 위한 온갖 교육 강제를 강화해나갔다. 만주사변 전부터 일제는 조선인 학교에서 조선총독부의 교과서를 사용하게 하였다. 1932년부터는 조선인 학교에서 조선 역사를 배울 수 없게 하였고 태극기도 걸을 수 없게 하였으며, 조선 애국가도 부를 수 없게 하였다. 게다가 만주국의 신학제가 실시된 1938년부터는 일본어를 국어라고 명명하였고, 일어 교수 시간은 늘린 반면 조선어 교수 시간은 대폭 줄었다. 그나마 1941년부터는 조선어의 사용과 교육을 일체 금지했고, 1943년 전쟁 비상 체제 시에는 종일 전쟁을 위한 노력 동원이 실시되었다.[55]

이 글의 연구 사례가 된 신경보통학교의 학생들 역시 이와 동일한 교육 환경에 처해 있었다. 본 학교는 민족협화 정신에 따라 조선인, 일본인, 러시아인, 중국인 등 여러 민족의 취학을 허용하는 민족공학제를 표방하고 있었다. 그러나 실제로 조선인이 대다수였고, 나머지 민족은 "1반에 1~2명 정도로 소수에" 불과했다. 일제는 이들 신경보통학교 조선인 학생들에게 만주국의 다른 지역이나 다른 학교들보다 더 이른 "1937년부터 조선어를 쓰지 못하게 했다.""조선어를 쓰면 벌금을 내게" 했던 것이다. "학생들은 아침마다 동방에 있는 일본 천황을 향해 동방요배東方遙拜를 해야 되었고"[56] "1942년 입학생들의 경우 학교 입학시험으로 간단한 일본어와 수학에 대한 문답" 시험을 보아야 했다. 또한 식민지 조선의 학생들처럼 본 학교의 학생들도 "황국신민

55. 박금해, 「만주사변 후 일제의 재만 조선인 교육정책 연구」, 『동방학지』 130, 연세대학교 국학연구원, 2005 참조.
56. 「정○권 구술 자료」(2007. 4. 22).

서사와 교육칙어를 줄줄 외우도록" 강요당했으며, "1944년부터는 등교 후, 종일을 여름에는 포플러 나무 열매를, 겨울에는 면화대 수집을 하면서 보냈다. 일본 군인복의 방한용 솜으로 쓰기 위해서"였다.[57]

구술자들은 학창 시절의 기억 중 조선어 사용을 못 하게 한 일을 가장 많이 이야기했다. 주기돈과 리복순은 "40년부터 조선어를 사용하는 아이에게 팻대를 전해주어 마지막 갖게 된 학생이 변소 청소를 했다"[58]고 했다. 변철희도 "학교에서 5장씩 팻대를 나누어주고 조선어를 말하면 뺨을 때리면서 하나씩 가져가 주말에 팻대가 없는 사람에게는 벌"을 주었던 기억을 이야기했다.[59] 또한 박창수도 39년부터 조선어를 사용하면 죄패를 받고, 마지막에 죄패를 제일 많이 가지고 있는 학생이 변소 청소를 했던 기억과 다른 학교에서는 죄패 한 장에 1원을 받았다는 이야기를 했다. 초등학교 월사금이 한 달에 10~30원이었던 당시, 1원은 어린 학생들에게 큰돈이었을 것이다. 그러나 그걸 못 내면 다리에 멍이 들도록 회초리를 맞아야 했다. 그래서 박창수는 쉬는 시간에는 조선말을 하고 싶어 교문을 막 달려 나오기도 했다. 당시의 이야기를 하면서 박창수는 쓴웃음을 지었다.

> 39년부터 죄패를 만들었어요, 죄가 있는 패라는 뜻이지요. 조선말 한마디를 쓰면 그걸 하나씩 줬어요……. 그래서 저녁에 누가 제일 많이 가지고 있는가 검사하죠. 그래서 제일 많이 가지고 있는 아이가 변소 청소하고 벌을 받았어요. 회초리를 맞았어요……. 다른 학교에서는 벌금까지 받았어요. 죄패 한 장에 1전…… 그래

57. 「석○진 구술 자료」(2007. 6. 14).
58. 「김인호·주기돈 구술 자료」(2006. 10. 22); 「리복녀 구술 자료」(2007. 10. 8).
59. 「변철호 구술 자료」(2007. 4. 25).

서 쉬는 시간에는 조선말을 하고 싶어서 교문을 막 달려 나왔어요. 학교 밖에 나와서 조선말을 막 하려고…….[60]

이처럼 일제강점기 재만 조선인들은 언제부터인가 느닷없이 일상적으로 사용하던 조선어를 학교에서는 더 이상 사용할 수 없게 되었다. 조선어를 사용하면 벌을 받았다. 그것은 그들에게 적응하기 어려운 일이었다. 그러나 당시 초등학생이었던 경우 그들은 뚜렷한 민족적 반감 없이 지시에 따랐다.[61] 식민지 상황에 대한 인식이 몽롱한 정도의 것이었기 때문이다. 그럼에도 불구하고 그들은 조선어 사용 금지가 적응하기 어려운 일이었던 만큼 스스로도 모르게 깊은 내상을 입었다.

2) 사라져간 학생들

당시 중학생이었던 구술자들은 학교 운영 및 내용이 일제 식민지적 구조에서 기인한 것임을 그때 뚜렷이 인식하고 있었다. 그래서 그들은 학창 시절 기억에 남는 사건으로 학교에 다니면서 반일 집단행동이 일어난 것을 보았거나 참여했던 경험을 이야기했다. 중학교 학생이었던 김재호, 박창수, 현송남은 1941년 태평양전쟁이 일어나자 학교에서 학생모 대신 전투 모자를 쓰라고 했다는 이야기를 했다. 그중 김재호는 학교생활 중 가장 기억에 남는 사건을 물어보자 그 지시에 반대하는 데모에 참여했던 이야기를 다음과 같이 했다.

민족문제에 대한 사상투쟁 또는 실제 행동이 많았지……. 42년도 내가 중학교 2학년 때인데 그때 우리는 모자는 동그란 학생

60. 「박창욱 구술 자료」(2007. 4. 20).
61. 「현송원 구술 자료」(2006. 10. 26).

모자를 썼어요. 그런데 학교에서 그 모자를 벗고 전투모를 쓰라고 했어요. 그래서 우리가 다 데모했지요. 우리는 군대모자 안 쓰고 학생모자 쓰겠다고요.[62]

1941년부터 길림성 제6국민고등학교에 다녔던 박창수는 열악한 조건의 기숙사에서 지내면서, 일본 신사를 짓는 것에 반대했던 이야기, 노력 동원 반대 데모를 했던 이야기를 했다. 그가 다녔던 중학교는 "전기화학공장에서 약간의 지식이 있는 노동자를 사용하고자 세워졌던" 학교였다. 박창수는 "졸업을 하면 의무적으로 쓴다"라는 말에 그 학교에 입학했다. 그런데 "한 칸에 50~60명이 들어가는 학교의 기숙사 생활은 혹독한 군대생활과 같았다. 그는 밤에 공부할 생각은 없고 이불을 덮어쓴 채 울기만 했다." 그곳에서 박창수는 학기 중에 "길림성 전체 중학생이 이불과 삽을 들고 일주일을 걸어가서 길을 닦는 데 동원"되었다. "학교에 돌아와서는 학교 안에 일본 신사를 지었다. 참다 못한 당시 학생들은 노력 동원에 반대하며 수업 거부 투쟁을 벌였다"라고 한다. 또한 수업을 할 선생님도 모자랐다. "학교의 지주회사인 화학공장에서 강사를 보내서 화학 과목은 그나마 수업을 할 수 있었으나 전기 과목은 전기회사에서 강사를 보내지 않아 수업이 제대로 이루어지지 않았다. 학생들은 수업이 제대로 이루어지지 않자 수업 거부 투쟁을 벌였고, 천황의 사진을 뜯어버렸다. 그러자 일본 영사관과 경찰서에서 사람이 나와 학생들에게 정신교육을 실시했고, 천황의 사진을 뜯어버린 학생들을 적발했다. 이 일로 6명이 퇴학, 10명이 정학을 당했다"라고 한다. 당시 부모들도 학생들의 민족적 행동에 감정적으로

---

62. 「김재율 구술 자료」(2006. 10. 20).

동감했다고 한다. 그리고 그는 "중학교 최고 학년인 4학년 때 공장으로 실습을 갔다. 그런데 실습이란 것은 가방 만들기, 석회석 깨기 등의 노동을 8시간 이상 하는 것이었다. 학생들은 수업 거부 투쟁에 또다시 돌입했다. 박창수는 실제로 이 투쟁의 연락원의 일을 맡았다. 그는 연락원을 하면서 민족적 감정을 절실히 느꼈다고 한다. 당시 학생들 사이에는 만약 이 일로 잘못되면 조선군이 많이 포함되어 있는 팔로군이 되어야겠다고 결심하는 일도 있었다"는 것이다.[63]

한편 그들은 책을 통해서 민족주의가 무엇인가를 깨닫기도 했다. 정봉권은 책이 많았던 친구 집에서 프롤레타리아 문학서와 사상서를 접하게 되었고 공산주의와 민족주의 사상에 눈을 떴다. "대정, 소화 초기에는 그러한 책들이 여기저기에 가득했다." 정봉권은 "수업이 끝난 후 일주일에 한두 번 모여 공산주의와 민족주의 사상서를 읽는 모임에도 참여했다. 학생 독서 모임의 이름은 무명회無名會였다." 정봉권은 무명회 회원들과 함께 산해관에 있는 조선 독립군에 들어갈까까지도 의논했다. 그것에 대해 그는 다음과 같이 말했다.

일본의 억압만 받아서 되겠는가 하는 마음이 있는 한 40명가량이 수업이 끝난 후 일주일에 한두 번씩 모였지요……. 어떤 때는 일본인 선생들을 막 놀려주고 그랬습니다……. 마지막에는 우리 산해관으로 건너가볼까 이런 말도 했어요. 그러니까 독립군 찾아서 산해관 넘자 이런 의논도 해봤지요.[64]

채규철도 1942년, 중학교인 훈춘국민고등학교에 다녔는데 그 학교

63. 「박창욱 구술 자료」(2007. 4. 20).

에 민족주의 사상에 대한 책을 읽는 학생들의 조직인 독서회가 있었다고 한다. 이로 인해 학생들 몇 명이 붙잡혀가기도 했다. 그는 1945년 징병이 시작되자 학교는 곧 군대가 되었다며 다음과 같이 말했다.

> 1945년에는 내가 4학년 때인데 1년 동안은 아무것도 가르치지 않고 일만 시켰어요. 훈춘 산 너머에 병기 부대가 있었어요. 1637부대라고. 거기에서 자고 먹고 하면서 탄환, 대포알 또는 군대에서 쓰는 궤짝, 수레를 만들었어요.[65]

현송남도 전시 비상 체제로 점점 피폐화되어갔던 학교에 대해 말하면서 강제징병을 이야기를 꺼냈다. "징병자들은 죽지 않기를 바라는 마음에 학교와 민가를 돌아다니며 하얀 천 위에 천 명의 바느질 한 코씩을 부탁해서 천 땀을 모았다"[66]라고 했다. 그들에게 당시는 그만큼 절박했던 순간이었다. 그러나 많은 학생들은 전쟁터로 끌려 나갔고 결국 수많은 학생들은 그곳에서 목숨을 잃었다.

3) 잊을 수 없는 선생님의 기상

학창 시절 가장 기억나는 사람은 선생님이다. 구술자들에게도 학창 시절의 선생님은 그들의 우상이었다. 그중에서도 민족에 대한 자부심과 긍지를 이야기하던 선생님은 그들에게 누구보다도 제일 먼저 떠오르는 얼굴이었다. 리승하는 학창 시절 가장 기억나는 선생님에 대해 다음과 같이 말했다.

64. 「정봉권 구술 자료」(2007. 4. 24).
65. 「채규억 구술 자료」(2007. 4. 24).
66. 「현송원 구술 자료」(2006. 10. 26).

일본 역사서 고사통古史通을 배웠는데, 제3과에 신후왕후가 조
선을 정복했다는 내용이 있었어요. 그때 이동신이라는 선생님이
이것은 새빨간 거짓말이라고 말해주었어요.[67]

아버지가 독립운동가였던 박경찬은 일본 유학을 하고 일본의 눈을
피해 자신이 다녔던 중학교에 있었던 선생님을 기억했다.[68] 변철희도
가장 기억나는 선생님으로 조선어를 가르치셨던 여선생님을 꼽았다.
그 여선생님은 일본말을 해서 벌을 받는 학생들을 위해 변호를 해주
셨다며 다음과 같이 말했다.

그때 우리 학교에 김영숙이라고 조선어를 가르치는 여자 선생
님이 있었어요. 그분이 참 훌륭한 분이에요. 난 지금도 그 선생님
을 생각할 때가 있지요. 우리 아이들이 일본말을 해서 벌을 받으
면 선생님이 나서서 막아주신 것이 잊혀지지 않아요……. 일본 선
생들에 비하면 학식이나 인격이 정말 훌륭한 분이셨어요.[69]

어린 그들의 기억 속에 가장 강렬한 기억으로 남아 있는 선생님은
민족적 감성과 결기를 지닌 분이었다. 그들이 그리는 이상적 인간형은
민족적 정기를 간직한 지식인이었던 것이다.
조선인 교직원 중에서는 민족적 성향이 강한 인물도 있었다. 일본인
이 교장으로 부임한 후 부교장으로 물러났던 초대 교장 정두훈은 "전
체 학생들을 향한 훈화 시에, 신경보통학교 바로 앞에 위치한 일본인

67. 「리승대 구술 자료」(2006. 10. 22).
68. 「박경옥 구술 자료」(2007. 4. 10).
69. 「변철호 구술 자료」(2007. 4. 25).

소학교와 본교는 서로 다르며" 오히려 신경보통학교가 "좀 더 낫다는 것을 알리기 위해 학교 운동장 바닥을 높게 돋우어 일본인 소학교보다 높게 만들었다는 말"을 서슴지 않았다.[70] 그리고 당시 민족적인 서사시와 민족 가극 등에서 소재를 취하여 작품을 만들었던 작곡가 김대현金大賢[71]도 이 학교 음악 교사로 재직했다. "그는 학교의 교가를 작곡하는 한편 학생들에게 음악에 관한 재미있는 이야기를 들려"주기도 했다.[72]

4) 순수한 동심과 낭만

일제에 의한 교육 환경 속에서도 신경보통학교 조선인 학생들의 내면은 여전히 조선인이자 어린이였다. 그들은 조선어와 다른 "일본어의 발음에 웃음이 나서" "일본인 선생님을 뒤에서 비웃기도 했고", 조선어를 사용할 수 없다는 학교 규칙에도 불구하고 "쉬는 시간이면 조선인 친구들과 조선어로 떠들어댔다."[73] 또한 "같은 반 일본인 친구의 성적이 본인보다 못한 것이 내심, 고소"했으며 "은근히 민족적 자부심까지" 느꼈다.[74]

일반적으로 일제가 운영하는 조선인 공립학교는 조선인들이 운영하는 사립학교에 비해 설비와 교원 대우가 우수했다. 학교에서 학생들에

---

70. 「석○진 구술 자료」(2007. 6. 14).
71. 김대현(金大賢, 1917~1985, 작곡가)은 함남 홍남 출생으로 1937년 함남 영생고등보통학교(永生高等普通學校)를 졸업하고 동경제국음악학교(東京帝國音樂學校) 작곡과를 졸업한 후 1942년부터 1945년까지 만주에서 조선인 합창단을 지휘하고 창작 활동을 하였다. 1945년부터 1947년까지 함흥의 관북관현악단, 함흥 영생중학에 있었고, 1948년부터 1950년까지 원산 실내악단을 지휘하다가 월남했다. 그 후 서라벌예대 교수로 재직하며, 오페라, 교향시곡, 영화음악, 성가곡, 동요, 가곡 등 수많은 작곡을 했다. 지금까지 우리에게 잘 알려진 대표적인 동요로 〈자장가〉(우리 아기 예쁜 아기)와 〈자전거〉(따르릉 따르릉) 등이 있다(한국예술종합학교 한국예술연구소, 『한국 작곡가 사전』, 1995 참조).
72. 「전○범 구술 자료」(2007. 6. 15).
73. 「허○ 구술 자료」(2007. 6. 5).
74. 「정○권 구술 자료」(2007. 4. 22).

게 달마다 돈을 주었고, 학생들을 무료로 기숙하게 하였으며, 교과서를 무상으로 배부했다.[75] 일제의 조선인 공립 보통학교였던 신경보통학교의 경우도 "반마다 마련되어 있는 사물함 속에 학용품을 넣어두고 학생들에게 모든 학용품을 일체 지급"했다. 때때로는 "그 당시 학생들에게 평상시에는 좀처럼 먹어보기 힘든 꿀물을 주기도 했"으며, "일본 천황 아들의 탄생일과 같은 특별한 기념일에는 맛있는 과자를 나누어 주기도" 했다. 심지어 "학생들에게 일일이 운동화를 지급해주기도 했다." 이러한 새로운 물건 지급은 당시 어려운 환경 속에서 지내던 어린 학생들에게 그것을 지급해준 이가 누구이며 그 의도가 무엇인가에 상관없이 신나는 일이었다.[76]

또한 학교에서 열렸던 각종 행사는 커다란 추억거리가 되었다. "가을에 열렸던 운동회에서는 주로 달리기 시합을 했는데" 주변에 살고 있는 학부형들도 많이 참여해 즐거운 한때를 보내기도 했으며, "당시 세계에서 제일 크다는 신경 자연동물원으로 소풍을 가서 들판에 뛰어노는 동물들을 구경하던 일"은 학생들에게 "잊을 수 없는 것"이었다. "학기 말, 전체 학생들이 모여 강당에 열었던 학예회에서는 그동안 갈고닦은 노래와 춤을 곁들인 연극"을 선보였으며, "끝나고 나서는 기념촬영"을 하며 즐거운 한때를 마감했다. "학생들은 겨울에 높이 솟아 있는 학교 운동장 위에 물을 얼려 스케이트를 타고 놀았으며, 평소에는 말타기와 말싸움 같은 놀이"를 즐기기도 했다.[77] 조선인 학생들은 배우고자 하는 학구열에 휩싸이기도 했다. "겨울에 손이 동상으로 얼어 떠지면서도 교통비를 아끼려고 15km의 거리를 걸어서 학교에 등교

75. 중국조선족교육사 편찬위원회, 앞의 책, 1991, 90쪽.
75. 「석○진 구술 자료」(2007. 6. 14).
77. 「석○진 구술 자료」(2007. 6. 14).

하기도 했고", "다른 친구보다 더 좋은 성적을 얻고 싶은 생각에 교실에 있는 책을 모두 독파"하기도 했다.[78] "조선으로 돌아온 경우에는 그곳의 일본인 담임선생님에게 그리움을 담은 편지"를 쓰기도 했고, "여학생 반 옆을 지날 때는 혼자 괜스레 얼굴이 붉어지기도 했다."[79] 감수성 예민한 어린이로서 누릴 수 있는 한 시절의 즐거움과 자유로움은 그 무엇으로도 막을 수 없는 것이었다.

　일제강점기 일제가 여러 기관을 통해 장춘보통학교를 지휘·감독하고 조선인 학생들의 민족성 말살을 획책했으나, 조선인 학생들은 조선인으로서의 그리고 한편으로는 어린이로서의 심성과 태도를 가지고 있었다. 장춘보통학교의 어린 초등학생들은 집단적인 반일 행동을 드러내놓고 하지는 않았으나, 조선인으로서 자각과 자부심을 가지고 있었으며, 어린이로서의 자유로움과 즐거움도 느끼고 있었던 것이다.

<hr />

78. 「정○권 구술 자료」(2007. 4. 17).
79. 「석○진 구술 자료」(2007. 6. 14).

제2절 구술 교육사를 위한 제언

여기에서는 구술 조사에서 발생했던 면담 시 몇 가지 문제점에 대해 짚어보도록 하겠다.

첫째, 구술자와 면담자 간의 지속적인 긴장 관계로 인해 원활한 구술이 이루어지지 않는 경우가 있었다. 보통 면담이 시작될 때의 어색한 분위기는 이야기가 진행되면서 어느 정도 해소된다. 그러나 구술자와 면담자 간에 두드러지지는 않지만 그 저변을 흐르는 미묘한 긴장 관계가 면담 분위기를 장악하기도 한다는 것이다. 예를 들어 구술자의 이야기가 순조롭게 계속되지 않고 도중에 빈번히 막히는 경우, 면담자가 이야기를 이끌어가기도 했다. 이때 구술자는 잘 모르거나 그다지 말하고 싶지 않은 이야기를 해야 하기 때문에 취조를 당하거나 이용을 당하고 있다는 느낌을 갖는 듯했다. 반대로 구술자가 진솔한 경험을 이야기하기보다 과도하게 자신의 경험이나 이력, 지식 등을 드러내거나 가르치고 싶어 하는 경우도 있었다. 특히 다른 기회를 통해 구술을 한 경험이 이미 있는 분들의 경우, 전에 했던 구술 내용을 다시 되풀이하는 경우도 있었다. 때문에 구술자의 진솔한 삶의 이야기를 들을 수 없었다. 따라서 구술자와 면담자는 인간적인 진정성과 유대감을 가지면서도 동시에 대등한 인간적 분위기를 유지하는 것이 필요하다고 본다.

둘째, 구술 조사 시 언어 소통 문제가 자주 발생했다. 본 조사의 조선족들은 대체로 한국어를 사용하지만, 본래 고향에 따라 그 지방 사투리를 심하게 사용하거나 중국어를 섞어서 말하거나 중국어로만 이야기하였다. 말씨가 어눌하거나 너무 작은 목소리로 말해서 알아듣기 힘든 경우도 있었다. 특히 장소, 이름, 사건 등의 고유명사는 정확한 철자를 알아듣기 어려웠다. 그래서 고유명사는 그것을 적어달라고도 했는데, 한글이나 한자 등의 글자를 모르거나 사용이 서툰 분의 경우 그마저도 확인하기가 어려웠다. 가계도나 지도 등을 그려달라는 요청에 대해서도 제대로 답변하지 못하는 경우가 많았다. 또한 구술자가 면담자의 질문 자체를 이해하지 못하기도 했다. 때문에 본 조사의 경우에는 중국 조선족 한 분을 통역자로 동반하여 면담하였고, 녹취 시에도 조선족의 검독을 거쳤다. 이처럼 실제로 일반인들이 사용하는 언어는 표준어나 공식적인 어휘보다는 일상생활어, 사투리, 방언, 비문투성이로 구사될 가능성이 높은데, 표준말과 표준문법에 익숙한 면담자는 구술 맥락을 이해할 때까지는 그 뜻을 파악하기 어렵다, 따라서 면담자는 구술 맥락을 이해하기 위해, 말 이상의 그림, 사진, 몸짓, 눈짓 심지어는 한숨, 눈물, 침묵까지 세심히 살펴야 하며,[80] 그 이외에도 의사소통이 제대로 이루어질 수 있도록 만반의 준비를 해둬야 한다. 의사소통을 위한 준비의 가장 기본은 면담자가 구술자와 구술 내용에 대한 포괄적인 지식 및 정보에 정통해야 한다는 점이다. 예를 들어 본 조사처럼 조선족 교육에 대해 면담하기 위해서는 조선족 이민사, 조선족 생활 및 교육사, 중국 현대사, 현재 조선족의 정치·경제적

---

80. 김귀옥, 「한국 구술사 연구 현황-쟁점과 과제」, 『사회와 역사』 71, 한국사회사학회, 2006, 321~322쪽.

상황과 문화 등에 대한 지식과 이해가 있어야 한다. 그렇지 않을 경우 질문지를 만들거나 면담을 할 때, 내용을 몰라 중요한 질문을 빠뜨리거나 구술자의 내용을 이해하지 못해 이야기의 자연스러운 진행을 방해하는 경우가 자주 발생하기 때문이다. 구술자가 얼마나 이야기를 잘 풀어내는가의 여부는 구술자뿐 아니라 면담자가 얼마나 충실히 관련 정보과 상황을 잘 알고 있는가에 절반의 책임이 있다.[81] 자신의 상황을 잘 이해하고 있는 면담자에게 구술자는 속마음까지 드러내는 이야기를 할 수 있는 것이다. 특히 본 구술 조사처럼 구술자와 면담자의 지역적 거리가 국경을 넘을 정도로 먼 경우에는 더욱 그러하다. 구술 조사를 한 이후 미처 물어보지 못했거나 이해하지 못해 응대하지 못한 부분이 있었어도 계획을 세운 일정 이외에 추가로 몇 차례 더 방문하는 것이 현실적으로 곤란하기 때문이다.

셋째, 면담 시에 다양한 변수의 개입으로 돌발 상황이 발생하기도 했다. 예를 들면 본 조사의 경우 체력이 약하고 연로하신 구술자가 많아서 구술 도중 면담을 종료하기도 했고, 2차 면접 일정을 잡아놓은 상태에서 갑자기 구술자가 면담 조사를 취소하기도 했다. 그중에서도 가장 곤란했던 것은 녹취라든가 구술 자료 정보 공개 동의서에 대해서 조선족 문화의 관행상 이야기를 꺼내기가 힘들다는 점이었다. 구술자들은 대부분 녹음을 한다는 것 자체에 대한 거부감이 대단하였으며, 구술 자료 정보공개에 대한 개념 자체가 없었고, 정보공개에 대해서는 상당한 반감을 가지고 있기도 했다. 따라서, 구술 조사는 구술자의 제반 상황과 문화적 관행들을 알아야 하며, 돌발적으로 발생하는

---

81. 구술사는 이와 같은 이유로 구술자와 면담자의 공동 작업(전진성, 「기억의 정치학을 넘어 기억의 문화사로-'기억' 연구의 방법론적 진전을 위한 제언」, 『역사비평』 76, 역사문제연구소, 2006, 464쪽)이다.

문제에 대해서는 침착하게 이를 풀어갈 수 있는 인간적 지혜와 노력이 요청된다. 그런데 구술자에게 구술 동의를 얻는 과정에서 몇 가지 유의해야 할 점을 알게 되었다. 우선, 면담자는 구술자에게 자신의 신분이나 구술 조사 기관에 대해 자세히 설명해야만 한다는 것이다. 더불어 구술 조사의 취지와 결과에 대해서도 설명해야 한다. 그래야만 구술자는 면담에 긍정적이고 적극적으로 참여한다. 구술자가 구술 조사를 경계하고 거부하는 가장 큰 이유는 누가 무슨 이유로 구술 조사를 하는지에 대한 의문에서 기인하기 때문이다. 특히 본 조사의 경우에는 중국이라는 국가 특성상 자신과 다른 나라의 국민에게 자신의 생활을 소상히 이야기하는 것을 역사적 경험상 꺼려 했다. 즉, 중국은 자국의 정치, 종교, 민족관계 등에 대해 이야기하는 것을 금기시하고 있기 때문에 자신의 과거 경험에 대해 구술을 한다는 것에 대한 거부감이 컸다. 이에 필자는 순수한 학술조사이며 연구 결과는 학술적 목적으로만 사용된다는 것을 강조해야 했다. 그리고 잊혀가는 조선족들의 옛날 교육상을 자손에게 남겨 전하려 한다고 말씀드렸다. 그러자 구술자들은 구술의 취지에 호응하며 흔쾌히 면담에 동의했다. 다음으로 구술자에게 구술 조사의 과정에 대해 설명해야 한다. 누가 몇 명 방문할 것인지, 몇 시간 정도 구술을 하는지, 녹음 이외에 동영상 촬영을 해도 되는지, 관련 자료를 볼 수 있는지 등을 알려드리거나 문의해보아야 한다.

본 조사의 경우 이 부분을 소홀히 하여 구술자가 면담자를 만나면서 예상치 못했던 상황에 당황하여 구술 분위기가 좋지 않은 경우가 있었다. 녹음을 거부하고 불쾌한 표정까지도 나타냈다. 그러나 구술 과정을 충분히 설명함으로써 구술 진행에 도움이 되는 경우도 많았다. 구술자는 풍부한 경험이 있는 다른 구술자를 소개해주시기도 했으며, 문헌, 사진, 물건, 편지, 일기 등의 자료를 준비해두시기도 했다. 마지막으로 면담 일자와 장소는 구술자의 현재 여러 상황을 알아보고 정해야 한다. 구술자의 위치, 구술자의 건강 상태 등을 확인하고 구술에 적당한 시간과 장소를 확정해야 한다는 것이다. 본 조사는 구술자의 대부분이 70대 이상의 연로하신 분들이기 때문에 먼 거리를 이동하는 것에 어려움을 느끼는 구술자가 많았다. 그래서 연구진은 구술자에게 면담하기 편한 장소를 반드시 여쭤보았고, 되도록 구술자의 자택으로 방문하여 면담하고자 했다. 자택을 방문하는 것은 구술 조사에도 도움이 되었다. 구술자가 생활해온 곳을 볼 수 있었으며, 집안에 있는 자료도 직접 만져보고 설명도 들을 수 있었다. 또한 구술 시간도 구술자가 노인들임을 감안하여 구술자가 가장 편안한 시간대에 맞추어 1시간 정도 진행했다. 힘들어하시지 않는 경우에는 중간에 쉬는 시간을 갖고 최대한으로 2시간 이상을 하기도 했다.

넷째, 구술자를 섭외하는 것에 어려움이 많았다. 본 연구의 경우, 구술자들이 대부분 중국에 거주하기 때문에, 중국 현지에 거주하는 조선족 분을 통해 구술자를 섭외하고 구술 일자를 잡아야 했다. 한국의 연구진이 중국에 있는 구술자와 접촉하기 위해서는 국제전화 이외에 이메일 등의 온라인 매체를 이용하여야 하는데, 구술자는 이를 사용할 수 없는 경우가 많았기 때문이다. 따라서 본 연구와 같이 다른 국가에 거주하는 구술자와 면담하기 위해서는 구술자의 소재지에 거주하는 연구진이나 협력자의 도움이 절실하다. 그래야만 구술자와 수차례 연락을 주고받을 수 있으며, 간혹 발생하는 면담 일자 조정 등의 일을 차질 없이 할 수 있다.

향후 구술사 및 교육사 연구를 위해 몇 가지 제언을 하고자 한다.

첫째, 구술 자료를 분석할 때에는 '구술의 현재성'에 주의해야 한다.

본 연구에서는 구술 내용의 현재적 의미까지는 분석하지 못했지만, 구술 내용의 이해에 있어 다음과 같은 점을 고려해야 할 필요성을 절감했다. 즉, 구술자들은 교육 주체로서 당시의 교육 환경을 인식하는 데 있어서 사회구조적 맥락으로 이해하기보다는 개인 자신의 추상화된 공간과 시간으로 회상하는 경우가 대다수였다. 교육 상황의 원인과 결과를 개인적 차원의 문제로 인식하고 있다는 것이다. 교육의 의미에 대해서도 교육의 민족적 가치보다는 개인적이고 실용적인 가치에 중점을 두어 이야기하는 구술자가 더 많았다. 그러나 교육과정 및 내용에 대해서는 천편일률적으로 민족주의적 가치 맥락으로만 이야기했다. 어린 시절 또는 성장기의 교우관계나 고민, 또는 학창 시절의 즐거움이나 희망 등은 누구도 이야기하지 않았다. 구술자들은 한결같은 내용 즉 조선어 사용 금지, 노력 동원, 군사훈련 등만을 말했다. 이는 동일한 경험에서 오는 일치라기보다는 중국의 공산화 이후 당시 교육을 이러한 내용으로만 반복적으로 들어왔으며, 이 때문에 당시의 어린이 또는 청소년으로서의 다양한 감정이나 내용은 거의 사장되고 이러한 내용만이 그들의 인식에 남아 있게 된 때문이라고 판단된다. 이는 다른 연구에서 일제강점기 교육을 체험한 서울 거주자들의 경험이 비교적 다양했던 것을 통해서도 알 수 있다. 따라서 연구자는 구술 자료를 해석하기 위해 구술자가 다양한 감정적·사회적 요소의 개입에 의해 이야기하지 못한 이야기, 왜곡되어 기억하는 이야기, 고의 또는 타의로 조작된 이야기는 무엇이며 그렇게 말하는 이유는 무엇인가에 대한 깊은 숙고와 이해를 해야만 할 것이다.

둘째, 구술 자료와 구술 자료를 이용한 연구는 그 자료와 연구의 한계점을 명확히 밝혀야 한다. 구술 자료와 구술 자료를 이용한 연구에 대한 이해는 구술 조사의 방법론적인 근거와 구술 절차 및 연구 방향에 대한 파악이 없다면 불충분할 수 있기 때문이다. 즉, 구술 자료는 구술의 '구술성', 즉 구술 상황에 좌우된다. 구술자와 연구자의 특성, 시간, 장소 등에 따라 일정한 한계나 특징을 가진 유일무이한 자료인 것이다. 따라서 이러한 것들을 알아야만 구술 자료와 그 연구의 내용을 제대로 파악할 수 있을 것이다. 본 연구에서 구술 조사의 개요를 서술한 이유도 이 때문이다.

셋째, 앞으로 생활사 또는 생애사 구술 자료를 토대로 한 교육 구술사 연구는 확산되어야 한다. 지금까지 교육사 중 교육 구술사 분야는 활성화되지 못했다. 또한 그동안 진행된 교육 구술사 연구는 고립적인 특정 사건 또는 주제를 중심으로 진행되는 것이 일반적이었다. 물론, 특정한 교육적 사건이나 장소, 주제를 중심으로 받고자 하는 내용을 체계적으로 검토해보고 구술을 받는 것은 관련 없는 내용의 구술을 미리 걸러낸다는 측면에서는 비용과 시간이 줄어든다. 그러나 교육적 가치나 의식 등을 설명하기에는 미흡하다. 교육사 연구는 당시 사람들의 교육에 대한 인식을 살피는 것도 중요하다는 것이다. 따라서 앞으로는 교육적 인식을 밝히는 폭넓고 다양한 시각의 교육 구술사 연구가 이루어져야 할 것이며, 한 개인의 일상 경험이나 전체적 삶의 경험을 담은 생활사 또는 생애사 구술 사료는 이를 위한 주요 사료의 하나로서 주목할 필요가 있다고 하겠다.

마지막으로 일제강점기를 겪었던 조선족과의 구술 조사를 통해 앞으로 생각해야 할 문제들을 남은 과제로 제시하고자 한다.

첫째, 구술자들은 학교 경험을 이야기하면서 양면적인 반응을 보였다. 일제에 의해 탄압받았다는 억울함과 동시에, 순수한 동심으로 돌아가는 듯한 즐거움이었다. 일제강점기 재만 조선인들의 교육 체험은 일제에 의한 탄압과 그들의 저항이라는 그동안의 공식에 의해서만 바라봄으로써 놓치게 되는 체험의 내용들도 적극적으로 드러낼 수 있어야 하고 이것에 대한 해석 역시도 필요하다는 것이다. 둘째, 현재 중국에 거주하고 있는 조선족들은 민족학교 설립과 발전에 있어서의 조선인의 역할과 일제의 식민지 교육 탄압이라는 점에 주로 중점을 두고 진술을 해나갔다. 이에 반해 현재 서울에 소재해 계신 분들은 어린 시절 만주 신경 지역에서 겪은 추억이었다는 태도로 그들의 체험을 이야기해나갔다. 이는 1945년 이후 양측이 살아왔던 지역의 체제와 그에 따른 경험 및 가치관의 차이에서 연유한 것이라고 여겨진다. 구술 자료는 그 중요성에도 불구하고 구술 자료의 내용을 인용하는 연구자 본인에게는 이에 대한 세심한 주의와 경계를 요하는 자료임을 알 수 있다.

제7장

보론 2:
중국 조선족 교육의 역사적 특성

중국 조선족 교육은 명확한 민족 특성을 가지고 출발하였다. 서당 교육에서 출발한 조선인 교육은 근대 학교교육으로 발전하면서 민족 의식 고취를 교육의 목적으로 운영되었다. 물론, 20세기 전반 재만 조선 인은 식민지인이자 이주민이었으며, 그로 인해 조선인 학교의 운영권이 중국 정부나 일제의 간섭과 통제를 받음으로서 그 민족성이 약화되기 도 하였다. 그러나 1945년 해방 이후 조선족 교육은 사회주의 민족교육 체계를 확립하였다. 중국 정부가 수립되자 조선인은 중국 사회의 일원 인 소수민족으로 인정되었고, 그에 따라 조선족 교육은 중국 공교육인 소수민족교육으로서 수용되어 지금에 이르고 있다. 이러한 오늘날의 조 선족 교육에 대해 강영덕(1995)은 그 특징을 "다민족 국가의 소수민족 교육, 과경민족의 교육, 지역교육"으로 정리하였고, 조윤덕(2000)은 "교 육 목표의 단일성, 교육 내용의 보편성과 민족성, 단일 민족학교 운영 형태, 이중 언어교육"으로 정리하였다.[1] 이 장에서는 20세기 초부터 현 재에 이르기까지 그 민족성을 면면히 이어오고 있는 중국 조선족 교육 에 대해 이주와 정착의 과정을 거친 '소수민족의 교육education of national minorities'으로서 어떠한 역사적 특성을 지니고 있는지를 정리한다.

1. 조윤덕, 「중국 조선족의 정체성 형성과 교육」, 강원대학교 박사학위논문, 2000, 115~132쪽.

제1절 도착국과 민족교육 간의 권력 역학

조선족 교육은 도착국인 중국 정부의 교육정책에 따라 조건화되어 왔다. 만주에서의 조선인 근대 교육은 20세기 초엽 간도 일대에서 시작되었다. 19세기 후반부터 이루어진 조선인들의 간도 이주로 인해 이 지역에 조선인 집거구가 생겨나고, 일제의 침략으로 조선의 주권이 점차 상실되는 상황에서 조선의 민족운동가들은 만주로 이주하여 근대적 조선인 학교를 설립하였다. 더불어 간도 각 종교단체에서도 포교의 수단으로 조선인 교육기관을 설치하였고, 이곳에서 반일 민족교육을 실시하였다. 이러한 조선인 사립학교들은 대다수가 신문명 수용과 조선의 독립을 목표로 하였으며, 조선인으로서의 민족의식을 고취할 수 있는 교육을 실시하였다.

그러나 만주는 중국의 땅이었다. 만주에 설립된 모든 교육기관은 중국 지방당국의 관리하에 놓여 있었다. 더욱이 러일 전쟁(1904년) 승리 이후 일제가 중국 침략을 노골화하자 중국 정부는 조선인의 배후 세력인 일제를 견제하기 위해 조선인 동화교육을 꾀하였다. 중국 지방정부는 조선인 자제들을 중국 관립학교에 수용하고자 하거나 조선인 학교를 중국 학제하에 통일시켜 관리하고자 하였다. 그런데 당시 중국 지방당국은 강력한 정치적 세력을 형성하지 못하고 있었다. 이에 강력하고 획일적인 조선인 동화교육 정책을 집행하기는 어려웠다. 한편, 만주 지역을 침략하기 시작한 일제는 조선인이 일본제국의 신민임을 이용하여 간도 지역의 조선인 교육을 최대한 조선 국내의 식민주의 교육과 동일한 방식으로 운영하고자 하였다. 특히 1931년 만주국을 세운 이후 일제는 모든 재만 조선인들에게 동화와 우민화를 위한 철저한 식민주의 교육을 실시하였다. 이로써 1945년 이전, 조선인으로서의 정체성을 확립하기 위한 조선인 교육은 이를 통제하려는 중국 정부나 일본 세력과의 경합과 갈등의 과정을 겪게 되었다. 그러나 한편으로는 이러한 차별과 통제의 과정을 통해 조선인들의 민족의식은 더욱 각성되었고, 민족교육은 중국 지역에 단단한 교육적 뿌리를 내리게 되었다. 만주국 시기 중학생이었던 조선족은 이러한 사정을 다음과 같이 말했다.

> 훈춘중학교(편집자 주-훈춘국민고등학교)가 한번 그거를 했지, 조선어를 배워야 한다는 게 운동을 하고 집회가 대단했지⋯⋯. 자기 조국 없지, 자기 말이 없단 말이야. 이 어린아이들부터 이런 의식을 갖게 되니까 민족의 단결력이라는 게 자연스럽게 강해지게 된다고. 그래서 이런 문제가 나오면 조선족을 지지하지, 그 만주국 그런 것을 암암리에 배심을 가지고⋯⋯ 여기 민족이 의식이라는 게 이렇게 그냥 허공에서 역사를 가지고 하는 게 아니라 투쟁 가운데서 이런 감정이 살았단 말이야.[2]

1945년 일제의 괴뢰국인 만주국의 교육 체제가 무너지자, 조선인들

---

2. 「김재율 구술 자료」(2006. 10. 20).

은 다시 예전의 민족교육을 회복하였다. 옛날의 고유한 교명을 되찾았고, 민족언어와 문자를 사용하여 교육하였다. 그 후 연이은 국공내전의 발발로 조선인 학교는 국민당이나 공산당의 정치 연설을 위한 장이 되기도 하였다. 그러나 1949년 공산정권이 확립되면서 조선인은 중국의 공민이자 소수민족인 조선족이 되었고, 조선족 학교는 민족적 특성이 반영된 중국 공립학교로 정착되었다. 사회주의적 인간 형성이라는 전제하에 민족언어와 교재로 수업을 하는 단일제 교육기관을 운영하게 되었으며, 이러한 단일제 조선족 교육이 현재로 이어지고 있다. 그동안 문화대혁명(1966~1976)의 광풍으로 소수민족동화정책이 실시되고 조선족 교육기관이 해체되는 위기를 맞이하기도 하였으나, 1980년대 개혁개방 이후 조선족 교육기관은 사회주의적 인간 형성과 민족인재 양성이라는 목표를 동시에 추구하는 현대적 사회주의 민족교육기관이 되었다. 정착국의 소수민족교육에 대한 육성 정책과 조선족의 민족교육 지속에 대한 열망이 정치적 타협점을 찾게 된 것이다. 이처럼 지난 100여 년간의 조선족 교육은 중국 사회의 정치적 변화와 조선족의 민족성 유지 사이에서 때로는 협조적이며 때로는 긴장적인 역학적 관계에 따라 구성·지속되어왔다.

오늘날 중국에서는 민족정책의 구체적 체현으로 국가적 차원에서 '민족교육우선발전民族教育優先發展'을 권장하고 있다. 또 지방행정 차원에서 〈길림성소수민족교육조례〉, 〈연변조선족자치주조선족교육조례〉 등과 같은 구체적인 법률, 법규 및 정책을 제정하여 민족학교에서의 소수민족언어의 사용, 민족언어 교재의 사용 및 민족역사, 민족음악 등 민족문화교육의 진행에 대해 법적인 보장을 제공하고 있다. 교육행정 당직자나 교육 현장 담당자들이나 할 것 없이 민족문화교육의 당위성에 대하여 강조하고 있다. 그러나 실제로 조선족 학교에서의 민족문화교육은 조선어문과朝鮮語文課 설치와 조선어 교수 용어 사용 등 협소한 범위에 한정되어 실시되고 있다.[3] 조선족 교육은 분명한 사회주의 체계의 확립이라는 교육 목표와 소수민족의 요구 간의 타협적이며 길항적인 관계를 유지하고 있는 것이다.

조선족 교육은 본래적으로 소수민족의 교육이며 이주민의 교육이다. 이주민 교육이 정착국의 국민교육 정책에 적응하는 현상은 보편적인 역사적 과정이다. 국가는 공교육을 기획함으로써 국민국가를 지탱하고, 그 성원들의 소속감을 강화한다. 이를 위해 공통의 언어, 공통의 역사, 지리, 문학, 윤리 등의 지식과 태도를 교육과정으로 규정한다. 국가의 교육적 의도는 흙과 피의 연대가 이룩한 조국애 이상의 강력한 힘을 발휘한다.[4] 교육은 대부분 정치에 종속적이며, 중국 땅에서 이루어지는 조선족 교육 역시 정치에 종속되어 있다. 특히나 조선족 교육에 영향을 주었던 정착국의 정치 세력은 다른 지역에 비해 다양하게 변화되었다. 만철·조선총독부·관동군·만주국정부 등의 일제 측 세력, 청나라 지방 군벌 세력·중국 국민당, 중국 공산당 등의 중국 측 세력 등 중국 사회에는 그동안 여러 세력들이 등장하여 정치적 영향력을 행사했으며, 이에 따라 조선족을 대상으로 하는 조선족 교육도 그 목표와 내용에 있어서 수차례의 변화를 맞이하였다. 조선족 교육은 궁극적으로 조선의 독립, 중국 또는 일본에의 동화, 사회주의 소수민족 인재 양성 등으로 교육 목표와 교육과정을 수정해왔다. 그러나 그러한 도착국의 정치적 권력은 일방적인 영향력을 행사할 수 없었다. 조선족이 요구하는 민족 정체성을 지속할 수 있도록 타협하는 한에서 그 영향력을 행사하였다. 부르디외가 주장했듯이 "교육은 권력 역학의 핵

---

3. 허명철·박금해·김향화·이정, 앞의 책, 2003, 24쪽.
4. Gellner, Ernest, *Nation and Nationalism*, New York: Cornell University Press, 1983.

심"이다.[5] 출발국과 다른 국적인 중국 국적의 공민으로서 민족교육을 실시한다는 점 자체는 바로 이러한 조선족 교육의 역사적 특징을 반증하는 것이라고 볼 수 있다.

5. Bourdieu, Pierre(trans. Lauretta C. Clough), The state Nobility: Elite Schools in the Field of Power, Stanford, Clifornia: Stanford University Press, 1996.

제2절 고국의 변화와 민족교육 실천의 전략

    중국 조선족 교육은 고국과의 관계적 계보 속에서 변화되어왔다. 중국의 동북 지역은 지리적으로 한반도와 연결되어 있다. 조선인들은 중국 동북 지역에 인접해 살고 있었기에 국경을 넘어 쉽게 이주할 수 있었고, 벼농사를 매개로 한 농촌경제공동체를 형성할 수 있었다. 이러한 동북지방은 1949년 국공내전을 승리로 이끌고 신중국을 수립한 공산당 세력의 전략적 요충지였다. 공산당은 토지를 중요한 생계 수단으로 하는 동북 지역의 조선인들에게 1945년 해방 이후 토지를 제공함으로써 조선인의 지지와 지원을 확보하며 국공내전에서 승리할 수 있었다. 1945년부터 1948년까지 국공내전 시기 동안 동북 조선인의 5% 이상인 62,942명이 참전하여 3,550명이 희생되었다.[6]

    공산당과의 공조 관계로 원만히 중국 사회 일원으로 정착하게 된 조선족은 대부분 하층 계층의 농민들이었다. 1945년 해방 이후 만주국 세력에 기생하던 조선인 관리나 부농들은 고국으로 돌아갔으며, 중국에 남기로 작정한 사람들은 대부분 선조 대대로 조선에서 천민과 같은 대우를 받고 생활난 때문에 중국 대륙에까지 건너가 핍박과 착

---

6. 강위원, 앞의 책, 2008, 36쪽.

취 속에서 살아왔던 사람들이다. 해방 후 그들은 공산당의 토지 분배 정책에 감격했으며, 공산당의 정책을 열렬히 환영하였다. 그 이후 자연히 이들은 한국전쟁을 겪으면서 공산화된 북한을 고국으로 여기게 되었다. 이들은 중국 공산당과 친밀한 조선 공산당을 조국으로 삼을 수밖에 없었던 것이다. 1949년 국공내전을 승리로 이끌고 신중국을 건설할 당시 조선인으로 구성된 부대의 전략은 막강하였다. 동북의 조선족들은 한반도의 독립과 통일에 관심이 막대하였다. 이들 부대는 한국전쟁의 참전을 한반도 통일 전쟁에 참전하는 것으로 받아들였다. 이들 부대는 한반도가 과거에는 일본에 의해서 현재는 미국에 의해서 고통을 당한다고 생각하고 "미 제국주의를 물리치고 조선을 완전 해방"하기 위해 항미원조抗美援朝 전쟁에 참전하였다.[7] 이들 부대는 한국전쟁 발발 3일 만에 서울을 함락하는 등 연전연승하였다. 신중국이 건설된 이후에도 친밀해진 중국과 북한 관계를 기반으로 많은 북한 주민들은 인구밀도가 낮으며 식량 생산량이 많은 중국 동북 지역으로 이주하였다. 1949년에서 1982년까지 중국 조선족의 인구 성장률은 57.55%에 이르렀고, 이때 많은 북한 주민들이 동북으로 이주하였다. 북한을 고국으로 여김에 따라 1980년대까지 조선족 학교에서 사용하는 표준적인 교수 용어는 평양에서 사용하는 언어였다.

해방 이후 문화대혁명(1966~1976) 이전까지 조선족 학교는 학생 수가 크게 증가하면 전성기를 누렸다. 문혁 시기 중국 정부에 의해 민족 교육이 탄압을 받으면서 조선족 학생 수가 줄어들었던 것이다. 그러나 문혁 시기에 조선족 학생 수가 줄어든 것은 중국 정부의 강압에 의한 것이었지 조선족 자체의 자발적 선택은 아니었다. 그런데 1980년대 개

---

7. 『동북조선인민보』, 1950. 11. 11.

혁·개방 이후 조선족은 자발적으로 점차 한족 학교를 선택하는 수가 늘어나기 시작했다. 중국에 자본주의적 경제관념이 확산되고 중국이 구조적·문화적으로 변화를 겪으면서, 중국은 도시화, 산업화, 기계화되어가고 있다. 중국인들의 직업의식과 사회의식도 변화하고 있다. 이에 따라 개인의 탁월하고 전문적인 능력 배양을 주요한 교육 목적으로 여기게 되었고, 조선족 학생들은 자발적으로 한족 학교에 입학하고자 하는 경향을 보이게 되었다. 조선족들은 자식을 한족 학교에 보내는 것이 다민족사회인 중국 사회의 소수민족으로서 이로운 것인지 심각하게 고민하게 되었고, 주류 민족이 사용하는 중국어를 능통하게 하는 것이 그 이후 삶에 도움이 된다는 의식이 점차 조선족 사회에 퍼졌다. 90% 이상의 인구가 한족으로 이루어진 한족 중심의 중국 문화권에서 한족의 언어와 문화는 보편 문화이며, 이러한 보편 문화에 적응하는 것은 더 큰 성공의 기회를 제공한다는 생각에서였다. 이 때문에 조선족은 민족학교보다 한족 학교가 더 많은 입학비를 받음에도 불구하고 한족 학교를 선택하는 경우가 많아졌다.

중국 조선족 사이트http://bbs.moyiza.com에는 조선족들이 한족 학교에 가는 이유에 대해 자주 토론이 벌어진다. 아래의 글은 중국 조선족 사이트에서 조선족이 한족 학교에 가는 이유에 대해 쓴 글이다.

중국 조선족들이 한국에 오면 한국 문화에 맞춰 살아야 하듯이 중국에서 살려고 한다면 조선족 학교의 교육보다는 중국 학교 교육을 받는 것이 중국에서 살아가는 데 더 도움이 되잖아요. 중국 사회에 적응하여 살아가는 길이 그들 부모님 세대처럼 한국에서 일하며 한국에 대한 미움으로 가득 찬 삶을 사는 것보다 나을 것 같은데요. 그럼 서로 싫어하면서 함께 살아야 할 이유가 없

죠. 만약에 중국에서 어느 정도의 안정된 삶이 보장된다면 한국
에 가려고 하시는 조선족분이 거의 없을 거예요.

2011년 현재 연변 지역에 살고 있는 조선족 학생들의 42%, 초중생
의 37.2%, 소학교생의 22.2%가 한족 학교에 다니고 있다.[8] 사실, 오늘
날 이주민 교육은 이민자들의 가치나 정체성의 원천으로의 '출발국'뿐
아니라 '도착국과의 관계'가 중요한 비중을 차지한다.[9] 브루베이커는
과거에 이주민이 "조국 지향성", "문화적 경계의 보존" 등의 특징이 있
었다면 최근에는 "현지에서 나름의 문화를 재생산할 수 있는 능력"이
중요한 특징이 되었다고 지적한다.[10]

이러한 조선족의 교육에 1992년 한중수교는 새로운 고국에의 전략
을 구사할 수 있는 단초를 제공하였다. 학교가 발전하느냐 해체되느냐
의 갈림길에 서 있는 것이라고 판단한 조선족 학교는 2000년 이후 새
로운 성장 방안을 찾고 있다. 이에 따라 조선족 학교들은 경제적으로
성장한 한국 정부나 한국 교육기관과의 관계 개선에 역점을 두고 있
다. 학교에서는 서울에서 쓰는 표준 언어가 점차 민족언어로 변화되고
있다. 학교에서는 조선족 학생뿐 아니라 한족 학생, 북한 학생, 더 나
아가 남한 학생들의 입학에도 힘을 쏟고 있다. 그러면서 중국어와 한
국어를 사용하는 이중 언어교육을 조선족 학교의 새로운 강점으로 내
세우고 있다. 조선족이니 조선족 학교에 가야지라는 대답은 제1세대
조선족에게는 당연한 논리였다. 과거에는 통제와 배제의 기억이 오히
려 조선족 학교를 가게 되는 이유로 기능했지만, 현재에는 지원과 통

---

8. 「조선족 학생 한족 학교 입학 열기 식어간다」, 『연변일보』, 2011. 6. 7.
9. 이석구, 『제국과 민족국가 사이에서: 탈식민시대 영어권 국가 다시 읽기』, 서울: 한길사, 2011, 393쪽.
10. Brubaker, Rogers, The 'diaspora' diaspora, *Ethnic and Racial Studies*, 28. 1, 2005. 1, pp.
    5~7.

합의 정책 속에서 조선족 학교를 가는 실리적 이유를 생각하게 되었다. 이로 인해 연변 지역의 경우 2010년부터 점차 조선족 소학교 입학생 수가 증가세를 보이고 있다.[11]

사실, 민족언어와 민족문화 교육이라는 조선족 교육의 목표와 내용이 중국 사회에서 뚜렷한 성공을 보장하지 못하는 것을 주지하면서도 여전히 조선족들의 대다수는 자녀를 조선족 학교에 보내고 있다. 고국과의 관계가 직접적이었던 경우에는 고국에 대한 '애국심'이 분명히 있었다. 어느 조선족은 이민 1세대들이 고향에 대해 갖게 되는 자연스러운 애착을 그렇지 않은 세대와 비교해서 다음과 같이 말한다.

지금 노인들은 중국하고 한국이 차면, 한국이 꼭 이겨야 된다고 하고, 젊은 아들은 중국 이기라 막 이런다 말입니다. 마음에 쓸리는 게 이상하게 그렇게 쓸리니까요…….[12]

어느 한구석에서 항상 고향 생각이에요, 매 앉았다고 하면서 조선 얘기죠, 내 어디서 왔다 하면서, 어렸을 때 고생하던 일이라도 말하라 하면 잊지 않고 다 얘기하죠…….[13]

그러나 이민 3~4세대인 요즈음 젊은이들에게 종족 근본주의적 애착은 사라지고 있다. 이에 대해 조선족 제1세대는 다음과 같이 말한다.

문화혁명까지도 조선 사람이 한족에 시집가는 거 야단했소. 이

11. 「조선족 학교 학생 수 꾸준히 증가」, 『연변일보』, 2013. 1. 14.
12. 「집단 구술 자료」(2007. 5. 11).
13. 「리승낙 부부 구술 자료」(2006. 1. 20).

젠 다 동화됐고. 마음대로요. 무슨 방법이 있소? 한국도 광복 직
후 조선 사람이 미국, 코 큰 애들한테 시집가는 것이 대단히 여겼
지. 지금은 무슨 어쩐다고…… 다 한가지요.[14]

그럼에도 불구하고 여전히 많은 조선족이 질적 수준이 높고 중국
어에 더욱 능통할 수 있는 한족 학교를 선택하지 않고 조선족 교육
을 고집하는 이유는 무엇인가? 이러한 현상은 이들의 삶이 고국의 잠
재적 후보인 한국, 북한, 중국과의 소통과 관계에 주목하고 있다는 데
에서 기인한다. 이들은 오랜 시간 소수민족으로 살아오며 초국가적 이
동성의 가능성을 몸으로 체화하고 있으며, 이주적 삶의 대응책으로서
민족교육을 실천하고 있다. 초국가적 이민자로서 분명히 세대별 고향
의식은 상이하다. 현대의 조선족들이 고향을 추구하고 재현하는 것은
고향 자체에 대한 애착과 민족주의적 충성을 표현하는 것이라기보다
는 삶과 정체성 구성의 전략화의 일부인 경우가 많다는 것이다. 이들
이 행하는 현재의 민족교육의 모습은 '조선족'이라고 조건 지어진 특
정한 역사적 맥락과 이들을 둘러싼 고향의 관계 속에서 잘 이해될 수
있다. 소수민족으로서 민족적 정체성을 구성하는 집단적 삶의 핵심에
그들의 교육 실천이 자리하고 있으며, 중국 사회의 소수민족으로서 적
응할 수 있는 전략적 기회로 이용하고 있다.

조선족 학생은 법적 중국인으로 살아갈 수밖에 없고 조선족 학교
를 다님으로써 한국인이 되도록 배우지는 못한다. 각자의 경험, 가정
환경, 미래 계획 등에 따라 소속감과 정체의식은 여러 스펙트럼을 가
지고 있다. 소학교와 중학교 12년간의 조선족 학교생활을 통해 조선족

14. 「리승대 구술 자료」(2006. 10. 22).

은 중국인과도 다르고 한국인과도 다른 조선족으로 자라난다. 이들은 민족언어의 유지가 중국 사회의 경쟁을 뚫고 갈 도구를 제공한다고 생각한다. 현대의 맥락에서 민족학교를 선택하는 것은 소수민족의 불안감에서 발원된, 민족 내 집단끼리의 결속을 마지막 생의 보루로 남겨두려는 초국가적 의식이 깔려 있다는 것이다.

중국의 조선족 대학생은 한국어 사용의 미래를 밝게 보고 있다. 젊은 조선족들은 한국과의 관계에 기대하는 바가 크다. 단적으로 2002년 중화민족대학 대학생 98명을 상대로 설문조사를 한 바에 의하면, 앞으로 한국어의 활용 가치가 점차 증가할 것이라는 대답이 전체 응답의 79.5%였다. 졸업 후 중국 국영기업에 근무하고 싶다고 대답한 비율이 26.5%인 것에 비해 한국 기업과 외국 기업에 근무하고 싶다는 비율은 57.1%로 나타났다.[15] 이처럼 새로운 삶의 전략으로 떠오르는 중국 소수민족으로서의 삶에 유용한 전략을 조선족 학교가 제공하고 있는 것이다.

이주민의 민족교육이 출발국과의 일정한 관계 속에서 진행된다는 것은 보편적인 현상이다. 그러나 조선족 민족교육은 도착국과 출발국이 정치·경제·지리·문화적으로 긴밀히 연결되어왔다는 점, 출발국인 고국이 남북한으로 복수라는 점, 이 때문에 복수의 출발국과 도착국 간의 정치·경제적 관계를 바탕으로 한 전략적 선택 속에서 진행되었다는 점 등은 조선족 교육의 역사적 특징으로 볼 수 있다.

---

15. 문형진, 「중국 조선족 대학생의 민족의식과 조선어 교육」, 『한국외대 역사문화연구소 국제학술회의 자료집』, 2002, 6쪽.

제3절 민족교육의 토대, 교육 중시 문화와 친밀감

조선족은 중국 내 다른 소수민족보다 더 확고한 민족의식을 간직하고 있다. 그동안 이러한 민족의식 보유의 원인으로 보통 농업경제를 기반으로 한 폐쇄적 집거지의 형성과 유치원에서부터 대학에 이르는 일관된 민족교육 체제가 거론되어왔다. "상대적으로 안정된 민족집거구의 형성, 단일한 민족학교 운영 형식 및 민족학교에서의 조선어문과 설치와 조선어 교수 용어는 조선족의 민족 특색을 부각하는 데 상당한 작용을 하였다"[16]라는 것이다.

그중에서도 민족 정체성 형성에서 가장 결정적인 공헌을 한 것은 민족교육으로 지적된다. 실제로 조선족들은 민족의식과 민족언어의 유지를 위해 조선족 교육기관을 세우고 운영하는 데 심혈을 기울여왔다. 중국 조선족 교육은 ‧절멸의 위기에서도 조선족들의 민족교육에 대한 열망과 지원에 힘입어 유지, 발전되어왔다.

이 글에서 사례로 삼은 장춘 관성구조선족소학교의 경우를 살펴보면, 만주국 해체 이후의 정치적 공백 상황에서 조선족 학교를 전면적으로 운영하여 민족교육을 부활시킨 것은 조선인들이었다. 국공내전

---

16. 허명철·박금해·김향화·이정, 앞의 책, 2003, 11쪽.

시기 극심한 어려움 속에서 민족학교를 운영하였으며, 공산정권이 확립되자마자 전쟁으로 잠시 휴교되었던 수업을 재개하기 위한 노력을 기울였던 것도 조선인들이었다. 그 후 사회가 안정되고 학교의 학생수가 늘어나자 조선인들은 학생들의 수업 공간과 수업 교재 마련에 나서기도 했으며, 장춘 교육당국 및 조선족 유지 등과 협의하여 교사校舍 마련에 힘썼다. 더불어 시교육국에 조선족 교원을 추천하여 교원확보에 노력해왔으며, 현재까지 학교 발전 및 역사 찾기 사업에 적극적인 후원을 하고 있다. 이 학교가 절멸과 해체의 위기를 극복하고 그맥을 이어올 수 있었던 가장 큰 힘은 조선족들의 따뜻한 관심과 지원이었다.

그런데 이러한 민족 정체성 형성에 민족교육이 가장 큰 영향력을 발휘할 수 있었던 데에는 교육을 중시하는 문화가 있었기 때문이기도하다. 이는 수치로 확인되는데, 1987년 12세 이상 인구에서 문맹률이한족의 경우는 26.40%인 데 반해 조선족은 7.16%에 불과했었다. 고졸 이상 교육을 받은 경우도 한족이 8.75%, 조선족 이외 소수민족이5.28%인 데 비해 조선족은 27.55%에 달해 한족보다 3배 이상의 고등교육을 받고 있다.[17] 한족과 비교되는 이러한 교육열은 교육을 인간으로서의 인격 형성에 반드시 필요한 것으로 여기는 조선족의 생활문화가 존재하고 있음을 알 수 있게 해준다.

물론, 현재에는 한족의 교육열이 조선족과 다르지 않다. 더군다나한족 학교를 간다고 해서 조선족 사회에서 곱지 않은 눈초리를 보내는 경우가 없다. 그러나 여전히 조선족 대다수는 입버릇처럼 "조선족은 조선어를 알아야지, 조선족은 조선족 학교에 다녀야지"라고 말하

---

17. 문형진, 앞의 논문, 2002, 4쪽.

고 있으며, 조선족 교육의 쇠퇴를 걱정하는 글들이 각종 조선족 관련 포털사이트에 넘쳐난다.

조선족 사이트http://bbs.moyiza.com에는 한족으로 동화되어가는 친척을 보는 착잡한 심정을 다음과 같이 적고 있다.

내 사촌 동생도 이번에 설에 가보니 한족 애 다 됐어요……. 한족 학교 다니더니 왠지…… 한족 애처럼 보이는 게……ㅋㅋ 친근감이 없다고나 할까?

구술 조사 시에도 여러 조선족들이 조선어를 잊을지도 모른다는, 조선족이 한족으로 동화될지도 사실에 일종의 두려움을 표현하곤 하였다. 그 이유는 무엇인가?

그것은 조선족들에게 원론적으로 민족성이 자리 잡고 있기 때문으로 보인다. 조선족들에게는 아직도 강한 민족주의적 감성과 친밀감이 남아 있다. '조선족은 조선어를 알아야지' 하는 말은 고향의식, 민족성이 도구적 필요에 의해서만 지속된다고는 볼 수 없다는 것을 알게 해준다. 더 나아가 혈통적 뿌리의식이 사라질 수도 있다는 것에 대한 불안감은 고향에 대한 자부심으로도 연결되고 있다.

이주민의 민족교육은 민족적 정체성을 토대로 진행되며, 민족적 정체성이 세대가 지나면서 경제, 사회, 문화, 심리적 환경의 변화에 따라 약화된다는 것은 보편적 현상이다. 이민 2~3세대 조선족들의 민족 정체성이 약화되면서 조선족 학교의 학생 수가 줄어들고 있는 현상은 이를 반증한다. 그러나 대다수의 중국 조선족은 조선족 교육에 동참하지 못하거나 사라지는 것에 대해 세대를 초월하여 스스로 불안감과 안타까움을 느끼고 있다. 어느 다른 국가에 살고 있는 재외 동포보다

민족교육에 대해 갖고 있는 민족주의적 감성과 친밀감이 크다. 이러한 점은 중국 조선족 교육이 지나온 역사와 환경이 만들어낸 중국 조선족 교육의 역사적 특징이다.

제8장

요약 및 제언

이 글은 중국 조선족 교육의 역사를 이해하기 위해 중국 길림성 장춘長春 지역에 있는 길림성 장춘시 관성구조선족소학교, 길림성 연길시 중앙소학교, 흑룡강성 오상시 민락중심소학교의 역사와 현황을 조사하였다. 이 학교들은 20세기 초반에 설립되어 현재에 이르기까지 조선족 학교로서의 전통을 면면히 이어오고 있는 조선족 소학교이다. 그러나 다음과 같은 점에서는 다른 과정을 겪었다.

첫째, 세 학교의 설립 지역이 뚜렷하게 다르며, 이러한 지역적 특색에 따라 다른 역사적 경험을 갖게 되었다. 관성구조선족소학교가 위치한 장춘은 한족들이 대다수인 조선족 산거지구이며 대도시이다. 이 지역은 만주국 시기 수도로 정해지면서 급속하게 도시화되었다. 이 지역의 조선족들은 한족과 함께 사는 삶이 일상이었다. 따라서 대다수의 한족 가운데서 살아갔던 조선족들은 학교의 성립과 운영에 오히려 다른 지역보다 더 큰 애착을 가지고 동참해왔다. 주변의 한족들에 둘러싸여 지냄으로써 조선족 학교의 설립과 운영에 더 강한 민족적 사명감을 느끼게 된 것으로 보인다. 그러나 중앙소학교는 조선족의 최대 집거지인 길림성 연길시에 위치한 학교이다. 연변조선족자치주 여러 지역 중에서도 조선족들이 가장 집중되어 있는 지역이다. 따라서 이 지역의 조선족들은 조선어를 일상생활에서 항상 듣고 사용해왔으며, 본인이 조선족이라는 특별한 각성 없이 자연스럽게 조선족 학교에 입학하여 다녔다. 연변 중심지에 위치한 학교는 점차 조선족 학생들이 다니는 연변조선족자치주의 대표적인 조선족 학교로 성장하였고, 외부로부터 가장 우수한 조선족 학교로 인정받게 되었다. 흑룡강성 오상시 민락조선족향중심소학교는 앞의 두 학교와 달리 농촌 지역에 위치하고 있다. 1930년대 이후 조선인 농장회사가 설립한 학교는 같은 고향의 조선족들로 구성된 농장의 조선족 자제들이 다녔다. 따라서 조선족들은 외부와의 교류 없이 폐쇄적이고 전형적인 벼농사 조선족 공동체를 이루며 살았고, 긴밀한 연대의식 속에서 학교를 운영하거나 재학하였다. 그러나 최근 조선족 농촌 마을이 붕괴되면서 꾸준히 유지되던 학생 수가 급속하게 줄어들어 결국 2011년 폐쇄되고 말았다.

다음으로 세 학교의 최초 설립 세력은 일제강점기 만주 지역에 존재했던 다양한 세력을 대변하고 있다는 점에서 다른 역사적 과정을 겪게 되었다. 일제강점기 조선인 학교는 설립 위치에 따라 학교 설립 주체 세력이 달랐다. 길림성 관성구조선족소학교는 만철 부속 지역에 설립되었기 때문에 만철에서 학교 경비와 운영을 담당하였고, 길림성 연길시 중앙소학교는 조선총독부가 최초로 만주 지역에 세웠던 조선인 초등학교인 용정보통학교의 분교로 출발하였기 때문에 조선총독부에서 설립하여 운영되었다. 흑룡강성 오상시 민락조선족향중심소학교는 조선인이 만주 지역 농장 개발을 위해 설립한 만몽산업주식회사에서 경비를 대어 설립, 운영하였다.

마지막으로 세 학교의 운영 과정은 일제강점기 만주 지역 조선족 학교의 여러 운영 방식을 나타내고 있다는 점에서 다른 역사적 과정을 겪었다. 길림성 관성구조선족 소학교는 만철에 의해 운영되면서 만주국 시기에도 일본식 학제에 따라 운영되었고, 길림성 연길시중앙소학교는 조선총독부 학제와 만주국 학제에 따라 운영되었으며, 오상시 민락조선족향중심소학교는 조선인 농업회사가 운영하는 농장의 교육계에 의해서 운영되다가 만주국 학제에 따라 농업 중심 초급학교로 운영되었다. 그러나 1945년 이후 이들 학교의 역사는 중국 공산당 정부의 민족교육 정책과 궤를 같이하였다. 1945년 이후 중국 교육은 정치에 종속적이었으며, 중국 땅에서 이루어지는 조선족 교육 역시 정치에 종속된 정책 집행의 장이었다. 일제가 패망하면서 일제 괴뢰국으로서의 만주국 교육 체제는 무너지고 조선족 민족교육은 회복되었으나, 공산정권이 확립되면서 조선족 학교들은 중국 인민학교로 정착되었고, 공산당의 사회주의 교육 이념과 민족 지원 정책에 따라 사회주의적 인간 형성이라는 전제하에 소수민족언어와 교재로 수업을 하게 되었던 것이다. 문혁 시기에는 중국 정부가 소수민족동화정책을 실시하자 해체의 위기를 맞이하였고, 개혁개방 이후에는 중국식 사회주의 정책에 따라 자본주의적 현대화와 사회주의적 인간 형성이라는 두 가지 목표를 동시에 추구하고 있다. 이상을 통해 볼 때, 조선족 교육은 도착국과의 권력 관계 속에서 진행되었으며 고국과의 관계 변화에 따라 다른 전략을 구사하며 지속되었다. 그런데 그 기저에는 교육을 중시하는 민족적 생활문화와 민족문화에 대한 친밀감과 향유에의 의지가 놓여 있었다.

더불어 이 글은 구술 자료를 통해 1945년 이전 재만 조선인들의 교육 세계를 3가지 구성 요소로 그려보았다. 교육 환경, 교육의 의미와 가치, 교육 공간과 일상이 그것이다. 그 결과를 정리하자면 다음과 같다. 우선 조선족의 1945년 이전 민족교육은 만연한 궁핍, 민족적 차별, 전근대적 의식 속에 놓여 있었다. 만주국에 사는 이주 식민지인이었던 그들은 새로운 땅에 적응해나가는 과정에서 느끼는 고통, 일제로부터의 경제적 착취와 민족적 설움을 겪을 수밖에 없었고 전근대적인 차별의식의 잔존에서도 자유로울 수 없는 상태에서 살아갔다. 이러한 삶의 환경은 곧 그들의 교육 환경이었던 것이다. 그들은 교육이 자신과 민족을 궁핍하고 억압적인 현실적 질곡으로부터 벗어나게 해줄 수 있는 열쇠라고 생각했다. 때문에 그들은 자기 스스로가, 형제가, 친척이, 우리 민족이 교육받아야 한다는 한마음으로 하나가 되었다. 즉, 일제강점기 재만 조선인들은 교육을 억압적이고 피폐한 개인적·시대적·민족적 상황 속에서 보다 나은 세계로 진입하기 위한 등용문 또는 고상하고 인간다운 세계로 나아갈 수 있는 창으로 여겼다. 어떤 어려움 속에서도 보다 나은 미래를 설계할 수 있는 희망의 단초로 생각했던 것이다. 이 때문에 많은 조선족들은 스스로 교육을 받지 못하는 현실에 고통스러워했으며, 어떠한 경제적·민족적·신체적 고통을 감수하더라도 교육받고자 또는 교육시키고자 노력했다. 삶에 대한 열망이 강할수록 그 노력은 더욱 컸다. 당시의 교육은 그야말로 고난이자 영광이었던 것이다. 그런데 학창 시절 그들은 일제에 의한 조선어 사용 금지, 노력 동원, 군대식 훈련 등의 교육을 받았다는 사실을 가장 많이 기억하고 있으며, 민족적 기상을 지닌 조선인 선생님을 가장 존경했다.

이제 조선족이 중국에 뿌리를 내린 지 100년이 지났다. 중국의 소수민족으로 새롭게 자라나는 세대의 민족적 뿌리 의식은 엷어지거나 변모하고 있다. 조선족들은 생존 전략의 일환으로 중국어와 한국어 중에서 경쟁력 있는 인력으로 성장하기에 더 유리한 언어는 무엇인가를 따져보고 그에 따라 자녀의 취학을 결정한다. 조선족이니까 당연히 조선족 학교에 보내야 한다는 의식은 거의 사라졌다.

이주와 정착은 보편적인 인간 경험이다. 순수성과 소속감에 대한 열망, 적응과 성공에 대한 열망은 이주민의 속성이 아니라 모든 인간에서 발견되는 보편적인 속성이다. 이주, 소외, 정체성의 혼란 등은 조선족들만이 겪는 특별한 경험이 아니라 세상 어디서든 마주치는 전형적인 현대인의 경험이며 특정한 사람들의 경험을 넘어서 현대인의 역사적 실존이다. 문화를 인종이나 민족과 등치시키는 완고한 민족주의적 의식으로는 더 이상 복잡한 현실을 살아갈 수도 없을 뿐만 아니라, 그것을 이민 2세대에 강요하는 것은 더더욱 불가능하다. 이민 2세대는 그들 나름의 경험과 삶이 있으며 1세대와는 필연적으로 다르다. 순수성의 강요는 더 이상 순수하지도 가능하지도 않다. 물론, 문화 순수주의의 해체, 민족주의의 해체가 허무주의나 다른 한편으로는 세계주의적 신식민주의의 첨병이라는 또 다른 극단으로 치달아서는 안 된다. 따라서 민족의 이주와 정착에 대해 사실은 사실대로 받아들일 수 있는 자각과 균형감이 필요하다. 우리는 이미, 항상 혼성적인 존재이다. 타자와의 교류가 없는 자아의 존재를 생각할 수 없듯이 개인의 정체성에는 국지적인 문화와 국제적인 문화가 동시에 참여한다. 이러한 교류를 막는다는 것은 있을 수도, 있어서도 안 된다. 민족이나 국가에 대한 소속이 반드시 모든 개인에게 동일한 가치를 갖는 지상명령과 같은 선은 아니며, 초민족적인 사유가 민족주의를 좌초시킬 암초라고만 보는 것도 잘못된 생각이다. 민족문화는 민족적 씨줄과 초민족적 날줄이 함께 엮어내는 옷감이다. 민족성이 초민족적 사유에 의해 끊임없이 응전과 자기 교정의 과정을 겪을 때만이 역사의 장으로 나아갈 수 있다.

조선족의 문화는 광복 전 조선의 문화도 아니고, 현재 한국이나 북한의 문화와도 다르다. 정착지인 한족 문화와도 근본적으로 차이가 크다. 조선족의 문화는 단순한 전통문화의 지속도 아니고 정착지 문화에로의 동화도 아니다. 조선족 문화는 타민족 문화와 교류하면서 역사적 환경에 의해 형성된 그들만의 문화이다. 조선족 사회의 생활양식은 중국 조선족의 이주와 적응이라는 삶의 역사가 반영된 결과이다. 출발지 문화를 바탕으로 이민족과 접촉하면서 정치적 환경에 따라 조화롭게 공존하기 위한 적응 전략으로서 축적된 생존의 지혜가 반영된 문화이다. 소수민족 문화를 지지하는 중국 정부의 역사·사회적 통치 전략을 활용하면서 나름의 조선족 문화를 구성해온 것이다. 따라서 조선족 학교의 미래는 조선족이라는 민족적 정체성과 중국인이라는 국가적 정체성을 바탕으로 국내외적으로 활약할 수 있는 능력과 인성을 지닌 인재로 키울 수 있는 교육 체제 구축에 달려 있다.

교육은 본래 공공재이며 국적이 없는 것이다. 교육에는 오직 올바른 인간의 본성을 밝히고 그로 인해 사람들 사이의 평화롭고 이로운 관계를 회복하려는 가치가 내재할 뿐이다. 교육은 국가를 위한 그 무엇이 아니라 바로 인간을 위한 것이기 때문이다. 단지 인간의 본성과 사회적 관계를 회복하는 방식은 국가/민족에 따라 다른 사회적 방식이 있으며 이것이 교육 내용과 방법에 반영된다. 그러므로 소위 '민족교육'이란 자신이 친밀하게 느끼는 문화에 따른 다른 국가/민족적 교육 내용과 방법을 이해하고 향유할 수 있도록 하는 교육이며, 이것이 민족교육의 가치이다. 그런데 민족교육이 순수한 문화적 향유에의 수용과 인간 성장을 목적으로 두지 않고 다른 무엇의 도구가 되는 순간 그 가치는 왜곡된다. 민족교육을 정치적 도구로 이용하는 순간 민족교육은 대립, 갈등, 억압의 원천으로 부상할 수 있으며, 경제적 도구로 선택하는 순간 민족교육은 언제든지 치환 가능한 대체재로서의 수단으로만 기능할 뿐이다. 따라서 국경을 넘어선 이민자들에게 문화적 다양성을 허용하는 민족교육은 출발지와 정착지 양자의 순수하고 특별한 협력관계를 요구한다. 민족교육은 이민자들이 이를 통해 문화적 선택과 향유의 권리를 누릴 수 있도록 양자가 협력할 때 인간 행복과 성장의 원천이 될 것이다.

참고 문헌

1. 자술 자료·구술 자료

1) 자술 자료

「김○환 자술 자료」(1997. 4) / 「방○영 자술 자료」(1997. 7. 5) / 「서○범 자술 자료」
(1997. 6) / 「리○덕 자술 자료」(1997. 6. 25) / 「리○욱 자술 자료」(1997. 7. 1) / 「이
○성 자술 자료」(1997. 8. 10) / 「홍○ 자술 자료」(1998. 2. 20) / 「이○욱 자술 자료」
(1998. 2. 25) / 「김○일 자술 자료」(1998. 2. 26) / 「이○광 자술 자료」(1998. 3. 5) /
「정○권 자술 자료」(1998. 3. 10) / 「한수은 가정사 자술 자료」(1992. 3).

2) 구술 자료

「정○권 구술 자료」(2007. 4. 17; 2007. 4. 22; 2009. 4. 16) / 「집단 면담 구술 자료」
(2009. 4. 14) / 「김○춘 구술 자료」(2009. 4. 15) / 「림○백 구술 자료」(2009. 4. 15)
/ 「석○진 구술 자료」(2007. 6. 14) / 「전○범 구술 자료」(2007. 6. 15) / 「허○ 구술 자
료」(2007. 6. 5) / 「임○ 구술 자료」(2010. 10. 23) / 「김○춘 구술 자료」(2009. 4. 15)
/ 「집단 구술 자료」(2007. 5. 11) / 「강○구·김○근 구술 자료」(2007. 5. 11) / 「권○
룡 구술 자료」(2007. 5. 11) / 「김○수 구술 자료」(2007. 5. 12) / 「김○경 구술 자료」
(2007. 5. 12) / 「김○익·유○호 구술 자료」(2007. 5. 11) / 「왕○상 구술 자료」(2007.
5. 12) / 「이○룡 구술 자료」(2007. 5. 12.) / 「정○조 구술 자료」(2007. 5. 12) / 「강
귀길 구술 자료」(2006. 10. 19) / 「강영석 구술 자료」(2006. 10. 20) / 「김룡호·조봉
숙 구술 자료」(2007. 4. 20) / 「김룡훈 구술 자료」(2006. 9. 30) / 「김성진 구술 자
료」(2007. 4. 24) / 「김인호·주기돈 구술 자료」(2006. 10. 22) / 「김재율 구술 자료」
(2006. 10. 20) / 「리경숙 구술 자료」(2006. 10. 20; 2007. 4. 20) / 「리명순 구술 자
료」(2007. 4. 21) / 「리명춘 구술 자료」(2006. 10. 20) / 「리복녀 구술 자료」(2007. 10.
8) / 「리승낙 부부 구술 자료」(2006. 1. 20) / 「리승대 구술 자료」(2006. 10. 22) / 「리
현균 구술 자료」(2007. 1. 23) / 「박경옥 구술 자료」(2007. 4. 10) / 「박귀임 구술 자
료」(2007) / 「리명순 구술 자료」(2007. 4. 21) / 「박문일 구술 자료」(2006. 10. 19;
2007. 4. 21) / 「박순일 구술 자료」(2007. 4. 10) / 「박진석 구술 자료」(2006. 10. 19)
/ 「박창욱 구술 자료」(2006. 10. 19; 2007. 4. 20) / 「변철호 구술 자료」(2007. 4. 25)
/ 「방현숙 구술 자료」(2006. 10. 20; 2007. 4. 21) / 「송성호 구술 자료」(2006. 10. 26)
/ 「정봉권 구술 자료」(2007. 4. 13; 2007. 4. 24) / 「주옥복 구술 자료」(2006. 10. 20)
/ 「채규억 구술 자료」(2007. 4. 24) / 「천순호 구술 자료」(2006. 1. 20) / 「한수은·김

금순 부부 구술 자료」(2007. 5. 18) / 「현송원 구술 자료」(2006. 10. 26) / 「홍병국 구술 자료」(2006. 10. 23; 2007. 4. 22).

2. 1차 문헌 자료

『吉林新聞』, 『滿鮮日報』, 『동아일보』, 『동북조선민보』, 『연변일보』, 『朝光』, 『女性』, 『朝鮮』, 『四海公論』.

공진항, 『이상향을 찾아서』, 탁암공진항희수기념문집간행위원회, 1970.

軍政部軍事調査部 편, 『滿洲共産匪の研究: 康德 3年(1935)』(영인판), 부산: 민족문화, 1989.

南滿洲鐵道株式會社地方學務課, 『本社經營學事統計表』, 1928. 4.

南滿洲鐵道 柱式會社, 『在滿朝鮮人學校調』, 1930.

南滿洲鐵道株式會社地方學務課, 『滿鐵經營學事統計表』, 1930. 10.

동북조선민족교육과학연구소 편찬, 『중국조선족학교지(하권)』, 연변: 동북조선민족교육출판사, 1988.

동북조선민족교육과학연구소 편찬, 『중국조선족학교현황지』, 연변: 연변교육출판사, 2005.

東洋拓植株式會社, 『間島事情』, 京城: 日韓印刷所, 1918.

滿蒙協會, 『滿蒙年監』, 1930.

滿洲國文教部學務司, 『滿洲國教育方案』, 1932.

滿洲國文教部學務司, 『滿洲國少數民族教育事政』, 大連: 文教社, 1934.

滿洲帝國國務院文教部, 『在滿朝鮮人學校調査表』, 1936.

滿洲國文教部, 『在滿朝鮮人教育宗教一覽表』, 康德 3年(1936).

滿洲國國務院總務廳, 『臨時國稅調査報告』, 1940.

滿洲國警務總局, 『滿洲帝國現住人口統計』, 1941.

文教部總務司調査課, 『在滿朝鮮人學事及宗教統計』, 1936. 6.

民政部總務司調査課, 『在滿朝鮮人事情』, 1933. 9.

桑畑忍, 『在滿朝鮮人教育問題』, 中日文化協會, 1929.

新京總領事館, 『管內在住朝鮮人の概況』, 1933.

新京特別市長官房, 『國都新京』, 滿洲事情案內所刊, 1940.

「연길시중앙소학교 건립 90주년 기념 책자」(내부 자료), 2005.

「연길시중앙소학교 簡介」(내부 자료), 2010. 4.

「연길시중앙소학예술단 소개 자료」(내부 자료), 2011.

「민족전통문화의 숨결이 드높은 배움의 장」(연길시중앙소학교 내부 자료), 2010.

『伪伪滿国务院警务总局, 『主要都市, 市街地人口統計表』, 1943.

장세일, 『중국조선족학교현황지』, 연변: 연변대학교출판부, 2005.

『長春市誌 教育誌』.

『長春市人口志』, 1950년 이후 各年度版.

『長春市志 少数民族志·宗教志』上卷, 長春: 吉林出版社, 1998年 1月版.

장춘시영락소학교동창회, 『장춘시관성구조선족소학교 75년 변천사 대강』(미간행), 1997. 12. 20.

長春市寬城區朝鮮族小學校同窓會, 『長春市寬城區朝鮮族小學變遷史大綱附錄』(미간행), 2008.

장춘시 관성구조선족소학교, 『종합실천활동 조선민속풍속문화』(3, 4, 5, 6학년 교재).

長春市寬城區朝鮮族小學, 『寬城區朝鮮族小學 建校 85周年紀念册』, 2007.

장춘시 관성구조선족소학교, 「장춘시 관성구조선족소학교 변천사 관련 좌담회 일별」(내부 자료), 2008. 11. 21.

在間島日本總領事館, 『間島事情槪要』, 1932.

在滿日本帝國大使館, 『在滿朝鮮人槪況』, 1934.

在滿日本帝國大使館, 『在滿朝鮮人槪況』, 1935.

『全滿朝鮮人民會聯合會會報』.

재외동포재단, 『재외동포 사회 기초 자료집 1- 중국조선족개황』, 1999.

中國敎育年鑑編輯部, 『中國敎育年鑑(1949-1989)』, 北京: 中國大百科全書出版社, 1984.

中國大百科全書總編輯委員會, 『中國大百科全書(敎育)』, 北京: 中國大百科全書出版社, 1985.

『중국인구통계연감』, 2000.

中國統計出版社, 『延吉市統計年監』, 1995.

차철구, 『長春朝鮮族』(미간행), 2009.

허청선·강영덕·박태수, 『중국조선민족교육사료집』 2, 연변: 연변교육출판사, 2003.

「흑룡강성 오상시 민락조선족향 벼생산 발전사, 1934-1999」(미간행), 2000.

「흑룡강성 오상시 민락중심소학교, 1934-2000」(내부 자료), 2000.

3. 저서 및 논문

강문철, 「중국 연길시 도시형성과 변화 과정에 관한 연구: 공간구문론을 중심으로」, 서울시립대 석사학위논문, 2012.

강위원, 『흑룡강성의 조선족』, 서울: 고함커뮤니케이션, 2005.

_____, 『조선족 생활양식의 지속과 변동』, 한국연구재단 결과보고서, 2008.

공진항, 『이상향을 찾아서』, 탁암공진항희수기념문집간행위원회, 1970.

곽차섭, 「까를로 진즈부르그와 미시사의 도전」, 『역사와 경계』 제34집, 부산사학회, 1998.

곽차섭, 「미시사—줌렌즈로 당겨본 역사」, 『역사비평』 통권46호 봄, 역사비평사, 1999.

계근호, 「중국 문화대혁명기 연변 조선족 교원 연구」, 부산대학교 박사학위논문, 2013.

권귀숙, 「기억의 재구성 과정」, 『한국사회학』 38(1), 한국사회학회, 2004.

권영준, 「중국 조선족의 민족교육의 현황과 과제」, 한국동북아경제학회 하계학술발표 논문집, 2010.

권태환 편저, 『중국 조선족 사회의 변화: 1990년 이후를 중심으로』, 서울: 서울대학교 출판부, 2005.

권혁수, 「1920~30년대의 동북지방 조선족 농민의 경제상황에 관하여」, 『명지사론』 5, 명지사학회, 1993.

김경미, 「식민지 교육 경험 세대의 기억」, 『한국교육사학』 27(1), 한국교육사학회, 2005.

김경식, 『재중한민족교육전개사』, 서울: 문음사, 2004.

김경일 외, 『동아시아의 민족이산과 도시-20세기 전반 만주의 조선인』, 서울: 역사비 평사, 2004.

김경일, 「중국 조선족의 문화과정 및 문화선택의 특성」, 『동북아시아 조선민족문화의 계승과 발전 국제학술토론 논문집』, 연변: 연변대학 동북아시아 정치연구소, 1993.

김귀옥, 「한국 구술사 연구 현황-쟁점과 과제」, 『사회와 역사』 71. 한국사회사학회, 2006.

김기봉, 「미시사―하나의 '포스트모던적' 역사서술?」, 『역사교육』 61, 역사교육연구회, 1997.

김기석·이향규, 「구술사: 무엇을, 왜, 어떻게 할 것인가」, 제12회 현대사연구소 집담회 발표문, 1998.

김기훈, 「'만주국'하 재만 조선 농민의 경제상황-1930년대 연길현 陽城村 B屯을 중심 으로」, 육군사관학교 화랑대연구소 연구보고서, 1996.

김기훈, 「1930년대 일제의 조선인 만주 이주 정책」, 『전주사학』 6, 전주대학교 역사문 화연구소, 1996.

김도형 엮음, 『식민지 시기 재만 조선인의 삶과 기억(구술 자료집 1-4)』, 서울: 선인, 2009.

김성례, 「한국 여성의 구술사: 방법론적 성찰」, 조옥라·정지영 편, 『젠더, 경험, 역사』, 서울: 서강대출판부, 2004.

김숙이, 「중국의 소수민족교육정책 연구」, 『교육행정학연구』 15(2), 한국교육행정학회, 1997.

김순녀, 「연변 조선족 교육과 청소년 교양문제」, 『중국 조선족 교육』, 연변: 중국조선족 교육잡지사, 2005.

김봉중, 「미국 구술사의 동향과 쟁점」, 『전남사학』 16, 전남사학회, 2001.

김영범, 「집합기억의 사회사적 지평과 동학」, 한국정신문화연구원 편, 『사회사연구의 이론과 실제』, 성남: 한국정신문화연구원, 1998.

김영범, 「기억에서 대항 기억으로, 혹은 역사적 진실의 회복」, 『민주주의와 인권』 3(2),

5·18연구소, 2003.

김은실, 「식민지 근대성과 여성의 근대 체험: 여성 경험의 구술과 해석에 관한 방법론
적 모색」, 『한국의 근대성과 가부장제의 변형』, 서울: 이화여자대학교출판부, 2003.

김은주, 「1910년대 간도 지역의 민족교육 실태에 관한 연구: 기독교계 사립학교를 중심
으로」, 경남대학교 석사학위논문, 2007.

김정숙, 「재외 한인 민족교육 발전방안」, 전남대 세계한상문화연구단 국내학술회의 자
료, 2008.

김정호, 「다문화 교육으로서의 중국 소수민족교육」, 서울교육대학교 초등사회과 교육
연구소 학술 세미나 발표 원고, 2008.

김종영, 「중국 연길시 조선족 소학교 시설 기초연구」, 『한국교육시설학회논문집』
18(3), 2011. 5.

김태국, 「남만지역 조선인 민회의 설립과 변천(1913-1931)」, 『한국 근현대사 연구』 제
17집, 한국근현대사학회, 2001.

김택현, 「근대사의 새로운 인식; 서발턴 연구의 시작」, 『당대비평』 13, 삼인출판사,
2000.

김풍기·류승렬·허휘훈·장정룡·진용선·전신재·박창묵 편저, 『재중강원인생활사 조사
연구-길림성 연변조선족자치주』, 강원: 강원도 강원발전연구원, 2006.

김풍기·류승렬·허휘훈·장정룡·진용선·전신재·박창묵 편저, 『재중강원인생활사 조사
연구-흑룡강성』, 강원: 강원도 강원발전연구원, 2007.

김해영, 「만주사변 이전 북간도 학생들의 교육운동」, 『교육사상연구』 22-2, 한국교육
사상연구회, 2009.

김호웅, 「조선족 민족교육의 위기와 그 극복 제안」, 『조선어 교육의 실태와 전망 국제
학술회의 논문집』, 2006.

남신동, 「경성 苦學堂 연구: 1923-1931」, 서울대 석사학위논문, 1998.

남일성, 「광복 후 중국 조선족 교육의 전개와 그 평가」, 한국교육사학회 학술발표논문
집, 2002.

동북아역사재단 편, 『근대변경의 형성과 변경민의 삶』, 서울: 동북아역사재단, 2009.

리영식, 「조선족중소학교 학생들이 한족 학교로 전학하거나 한족 학교에서 공부하
는 현상에 대한 사고」, 『조선민족교육과학』 77, 중국 동북조선민족교육과학연구소,
2001.

문형진, 「중국 조선족 대학생의 민족의식과 조선어 교육」, 한국외대 역사문화연구소
국제학술회의자료집, 2002.

朴文一, 「1906-1919年間 中國東北朝鮮族人民的私立學校教育運動及其歷史作用」,
『朝鮮族研究論叢』(三), 延吉: 延邊人民出版社, 1991.

박규찬, 『연변조선족교육사고』, 장춘: 길림교육출판사, 1989.

박금해, 「만주사변 이전 북간도 민족교육에 관한 일연구」, 『인문과학연구논총』, 명지
대학교 인문과학연구소, 1998.

박금해, 「9·18 사변 이전 동북 조선족 교육권에 대한 중일 양국의 쟁탈」, 『북방민족』 4, 1999.

박금해, 「중국에서의 조선족의 교육과 문화」, 『순천향 인문과학논총』 14, 순천향대학교인문과학연구소, 2004,

박금해, 「만주사변 후 일제의 재만 조선인 교육정책 연구」, 『동방학지』 130, 연세대학교 국학연구원, 2005.

박금해, 「20세기 초 한도 조선인 민족교육 운동의 전개와 중국의 대조선인 교육정책」, 『한국 근현대사 연구』 48, 한국근현대사학회, 2009.

박금해, 『중국 조선족 교육의 역사와 현실』, 경인문화사, 2012.

박세영·김태영, 「근대 연길 도심지구의 형성과 발전과정」, 『한국농촌건축학회논문집』 8(2), 2006. 6.

박주신, 「만주사변 이전 일제의 간도 한국인에 대한 식민주의 교육부식 정책」, 『한국교육사학』 20, 한국교육사학회, 1998.

박주신, 「중국의 간도 한국인에 대한 교육정책과 한국인의 교육적 저항」, 『한국교육사학』 21, 한국교육사학회, 1999.

박주신, 『간도한인의 민족교육운동사』, 서울: 아세아문화사, 2000.

박주신, 「1910년대 간도지방 사립학교의 활동과 성격」, 『교육사상연구』, 한국교육사상연구회, 2000.

박주신, 「근대 교육사에서의 서전서숙의 위상」, 『한국교육사학』, 한국교육사학회, 2007.

박재흥, 「기성세대의 생애사와 세대차이 인지에 관한 연구: 질적 접근」, 『한국사회학』 33, 한국사회학회, 1999.

변기찬, 「여성사: 또 하나의 역사」, 『역사비평』 46 봄, 역사비평사, 1999.

북경대학 조선문화연구소, 『교육사』, 북경: 민족출판사, 1997.

서굉일, 「1910년대 북간도의 민족주의교육운동-기독교학교의 교육을 중심으로(Ⅰ)·(Ⅱ)」, 『백산학보』 29·30·31호, 백산학회, 1984. 7~1985. 5.

성근제, 『연변의 문화대혁명』(한국학술진흥재단 연구 성과물), 중앙민족대학, 2006.

小林英夫, 임성모 역, 『만철: 일본제국의 싱크탱크』, 서울: 산처럼, 2004.

손장권·김응렬·유지열, 「중국 및 중국인에 대한 사회인식: 한국인과 중국 조선족의 가치비교」, 『한국학연구』 6, 고려대학교 한국학연구소, 1994.

엄파, 「중국에 있어서의 조선민족 후세 교육 현황과 그의 전망에 대한 토론」, 『제1회 세계한민족학술회의논문집』, 한국정신문화연구원, 1992.

연변대학 교육학심리학교연실, 『연변조선족교육사』, 연변: 연변인민출판사, 1989.

염인호, 「해방 후 중국 연변 조선인 사회의 변동과 학교교육」, 『한국근현대사연구』 26, 한국근현대사학회, 2003.

염인호, 「해방 후 연변 한인 사회의 동향과 6·25전쟁」, 『한국근현대사연구』 28, 한국근현대사학회, 2004.

염인호, 「1946년 가을 연길시 혜란강 혈채 청산투쟁의 시행과 특징」, 『한국학연구』 44, 고려대학교 한국학연구소, 2013.

유균상·곽재석, 『연변 조선족 교육의 현황과 발전 과제』, 서울: 한국교육개발원, 2004.

유병호, 「중국 조선족 제1세대 역사학자 박창욱」, 『정신문화연구』 87, 한국학중앙연구원, 2002.

유원숙, 「1930년대 일제의 조선인 만주이민 정책 연구」, 『역사와 세계』 19, 부산대사학회, 1995.

유철인, 「생애사와 신세타령」, 『한국문화인류학』 22, 한국인류문화학회, 1990.

유철인, 「생애이야기의 주제와 서술전략」, 『한국문화인류학』 29(2), 한국인류문화학회, 1996.

유철인(2001), 「구술 기억으로서의 증언 채록과 해석」, 근·현대 사료의 이해와 수집·활용방안-제20회 국사편찬위원회 사료조사위원회의 발표 요지.

윤해동, 「식민지 인식의 '회색지대'-일제의 '공공성'과 규율권력」, 『당대비평』 13, 삼인출판사, 2000.

윤병석, 『이상설전』, 서울: 일조각, 1984.

윤택림, 「한국 근현대사 속의 농촌 여성의 삶과 역사 이해」, 『사회와 역사』 59, 한국사회사학회, 2001.

윤택림·함한희, 『새로운 역사 쓰기를 위한 구술사 연구방법론』, 서울: 아르케, 2006.

윤형숙, 「여성생애사 방법론」, 『여성연구』 3, 목포대학 여성연구소, 1996.

윤휘탁, 「滿洲國'의 2等 國(公)民, 그 實像과 虛像」, 『歷史學報』 169, 역사학회, 2001.

윤휘탁, 「滿洲國' 勞動界의 民族構成과 民族間 位相」, 『동아시아: 비교와 전망』창간호, 동아대학교 동아시아연구원, 2003.

이경숙, 「만주국의 '국가교사론' 체제」, 『한국교육사학』 33(1), 한국교육사학회, 2011.

이군호, 「일본의 중국 및 만주 침략과 남만주철도: 만주사변(1931) 이전까지를 중심으로」, 『평화연구』 12(1), 고려대학교 평화연구소, 2004.

이길남, 「연변 조선족 인구감소와 민족교육의 위축 위기」, 한국사회학회 사회학대회 논문집, 2010.

이명화, 「1920년대 만주지방에서의 민족교육운동」, 『한국독립운동사연구』 2, 독립기념관 한국독립운동사연구소, 1988.

이석구, 『제국과 민족국가 사이에서: 탈식민시대 영어권 국가 다시 읽기』, 서울: 한길사, 2011.

이시용, 「일제침략기 간도 한국인의 민족교육에 대한 중국과 일본의 교육정책에 관한 연구」, 『교육논총』 23, 경인교육대학교 초등교육연구원, 2004.

이병진, 『중국 조선족 민족교육 실태와 과제』, 한국학술진흥재단결과보고서, 2000.

이용식, 「20세기 초 개방도시 연길의 발전과 다문화 특성」, 『인천학연구』 14, 인천대학교 인천학연구원, 2011.

이희영, 「사회학 방법론으로서의 생애사 재구성: 행위이론의 관점에서 본 이론적 의의와 방법론적 원칙」,『한국사회학』39(3), 한국사회학회, 2005.

임계순,『우리에게 다가온 조선족은 누구인가』, 서울: 현암사, 2003.

전진성,「기억의 정치학을 넘어 기억의 문화사로-'기억' 연구의 방법론적 진전을 위한 제언」,『역사비평』76, 역사비평사, 2006.

정근재,『그 많던 조선족들은 어디로 갔나?』, 서울: 북인, 2005.

정미경,「일제 시기 '배운 여성'의 근대 교육 경험과 정체성에 관한 연구」, 이화여자대학교 석사학위논문, 2000.

정미량,「일제강점기 재만 조선인들의 교육과 그 체험: 장춘(신경)보통학교의 사례를 중심으로(1922-1945)」,『한국교육사학』29(2), 한국교육사학회, 2007.

정미량,「중국 조선족 민족교육, 그 지속과 변화: 길림성 장춘시 관성구조선족소학교 (1945-2009)의 사례를 중심으로」,『한국교육사학』32(1), 한국교육사학회, 2010.

정선이,「개화기·일제강점기 제도교육 연구의 현황과 과제」,『한국교육사학』28(1), 한국교육사학회, 2006.

정신철,「조선족 교육 발전 현황과 대책에 대한 사고」,『중국조선족교육연구』, 연변: 동북조선민족교육출판사, 2006.

조윤덕,「중국 조선족의 정체성 형성과 교육」, 강원대학교 박사학위논문, 2000.

조점환,「중국 건국 이전의 연변 조선족 교육」,『교육행정학연구』9(2), 한국교육행정학회, 1992.

조점환,「중국 조선족 민족교육정책의 수난과 그 특성에 관한 연구」,『논문집』20(1), 한성대학교, 1996.

조정봉,「일제강점기 조선인의 간도 이주와 야학운동」,『한국교육』34(1), 한국교육개발원, 2007.

중국조선족교육사 편찬위원회,『중국조선족교육사』, 연변: 동북조선민족교육출판사, 1991.

채휘균,「일제하 간도 지역의 기독교계 학교 설립과 위상」,『교육철학』29, 한국교육철학회, 2006.

천경화,「일제하 재만 조선인 민족교육에 관한 연구-1906~1920년대를 중심으로」, 건국대학교 박사학위논문, 1988.

최우길,「중국 조선족 사회와 교육의 변화」,『현대중국연구』2, 현대한국학회, 1999.

최우길,「남북관계와 중국 조선족 사회」,『디아스포라연구』5(1), 전남대 세계한상문화연구단, 2011.

최우길,「중국 조선족 교육의 현황과 과제: 한국과의 교육 교류를 중심으로」,『디아스포라연구』6(11), 2012.

최인학,「중국 조선족의 민속과 변이」,『국어교육연구』7, 한국어교육학회, 1995.

한국독립유공자협회,『중국 동북 지역 한국독립운동사』, 서울: 집문당, 1997.

한국예술종합학교 한국예술연구소,『한국 작곡가 사전』, 1995.

한상구,「나의 학문 나의 인생: 조동걸·한국 민족주의 탐구의 새 지평」,『역사비평』

여름, 역사비평사, 1998.

한상복·권태환,『중국 연변의 조선족-사회의 구조와 변화』, 서울: 서울대학교 출판부, 1994.

함한희,「구술사와 문화연구」,『한국문화인류학』33(1), 한국문화인류학회, 2000.

현경미,「식민지 여성 교육 사례 연구: 경성여자고등보통학교를 중심으로」, 서울대학교 석사학위논문, 1998.

황기우,「중국 조선족의 민족교육 실태 분석」,『교육문제연구』21, 고려대학교 교육문제연구소, 2004.

허명철,「중국 조선족 문화에 대한 반성과 재건」, 김동화 편,『당대 중국 조선족 연구』, 서울: 집문당, 1995.

허명철·박금해·김향화·이정,『연변 조선족 교육의 현황과 과제』, 서울: 한국교육개발원, 2003.

현규환,『한국유이민사』(하), 서울: 삼화출판, 1976.

홍종필,「'재만' 조선인 이민의 분포상황과 생업-1910~30년을 중심으로」,『백산학보』41, 백산학회, 1993.

홍종필,「만주사변 이전 재만 조선인의 교육에 대하여」,『명지사론』6, 명지대학교 사학회, 1994.

황룡국,『조선족혁명투쟁사』, 심양: 료녕민족출판사, 1988.

吉田俗,「日本近代史研究とオーラル·ヒストリー—兵士の戰爭體驗を中心に して—」,『オーラル·ヒストリーと體驗史—本多勝—の任事をめぐって—』, 靑木書店, 1988.

槻木瑞生,「日本 植民地における教育-滿洲および間島における朝鮮人教育」,『明古屋大學教育學部紀要』21, 1974.

笠原十九司,「歷史學研究と口述史料」,『オーラル·ヒストリーと體驗史—本 多勝—の任事をめぐって—』, 靑木書店, 1988.

申奎燮,「初期滿洲國における朝鮮人統合政策-全滿朝鮮人民會聯合會の分析を中心に」,『日本植民地研究』9, 1997.

田中隆一,「日帝の滿洲國統治と在滿韓人問題:伍族協和と內鮮一體の上剋」,『만주연구』1, 2004.

竹中憲一,『'滿洲'における教育の基礎的研究(第5卷-朝鮮人教育)』, 栢書房, 2000.

中野卓,『口述の生活史-或る女の愛と呪いの日本近代-』, 東京:御茶の水書房, 1977.

許壽童,「日本の在滿朝鮮人教育政策, 1932-1937」,『一橋研究』27(2), 2002.

廣川禎秀&フィリップ·ジュタ__ル,「オーラル·ヒストリー」,『歷史學研究』683, 歷史學研究會, 1996.

羅正日,「關于黑龍江省朝鮮族教育情況的調查」,『黑龍江民族叢刊』95(6), 2006,

廬鴻德(1996),『日本侵掠東北教育史』, 瀋陽: 遼寧人民出版社.

田志和·馬鴻超·王德才(1996),『長春市志 少數民族志·宗教志』, 吉林人民出版社, 朝

鮮族簡史 編寫組, 『朝鮮族簡史』, 延吉: 延邊人民出版社, 1986.
崔弘洙, 「黑龍江省朝鮮族教育57年」, 『中國朝鮮族近代教育 100周年學術大會 資料集』
　　1-5, 延邊 :延邊大學校出版社,

Blau, P. Michael, *Exchange and Power in Social Life*, New York: John Wiley,
　　1964. Bourdieu, Pierre(trans. Lauretta C. Clough), *The state Nobility: Elite
　　Schools in the Field of Power*, Stanford, California: Stanford University Press.
　　1996.
Brubaker, Rogers, "The 'diaspora' diaspora", Ethnic and Racial Studies, 28(1),
　　2005. 1.
Gellner, Ernest, *Nation and Nationalism*, New York: Cornell University Press,
　　1983.
Jeong, Mi-Ryang, "The Educational World of Choson People Living in
　　Manchuria during Japanese Imperialism", *The Review of Korean Studies*,
　　12(1), 2009.
Shutz, Alfred, *Collected Paper 1: The Problem of Social Reality*, The Hague:
　　Martinus Nijhoff, 1962.

4. 인터넷 사이트

관성구조선족소학교(http://cckccx.com)
연길시 중앙소학교(http://www.zy1915.com/)
연변뉴스(www.ybnews.cn)
연변통신(http://www.yanbiannews.com)
온바오 연변 http://www.onbao.com)
외교통상부(http://mofat.go.kr/)
우리교육(http://koreannet.cn)
(인터넷)길림신문(www.JLCXWB.COM.CN)
재외동포재단(www.korean.net)
조선족글로벌네트워크(http://www.ckywf.com)
흑룡강성 정부 사이트(http://www.hlj.gov.cn)

표 차례

부록 1

예비 질문지

■ 본 면담은 '중국 조선족 민족교육, 그 과거와 미래: 장춘·연길·오상의 조선족 학교 사례 연구'라는 연구 주제하에 한국연구재단의 후원으로 수행하는 구술 면담입니다.

■ 구술 대상자는 ○○○입니다. 면담 일시와 장소는 ○○○년 ○○월 ○○일 ○○에서 진행합니다.

■ 면담자는 ○○○입니다.

1. 가족 관계
• 본관과 가문에 대해 말씀해주시겠습니까?
• 부모님에 대해 말씀해주시겠습니까?(학력, 직업, 성품 등)
• 집안 분위기와 집안 형편은 어떠했습니까?

2. 개인적 이력
• 고향은 어디이고, 어떤 곳입니까?
• 고향은 언제 어떤 이유로 떠나게 되었습니까?
• 초등학교는 어디를 다니셨고, 기억에 남은 일들이 있습니까?
• 중고등학교는 어디를 다니셨고, 그 학교에 가게 된 이유는 무엇이었습니까?
• 중고등학교 당시 학교 분위기는 어떠하였습니까?
• 중고등학교 시절 장래 희망과 관심 있었던 과목은 무엇이었습니까?
• 중고등학교 시절 기억에 남은 일들이 있습니까?

3. 학교 역사

① 교장, 교직원
• 학교 성립될 때 이야기를 들으셨는지?
• 교장, 교직원에 취임, 취직하였을 때 상황은?

- ○○○○년 학교 사정과 분위기는?
- 언제 가장 학생 수가 많았으며, 그 당시 학교 사정과 분위기는?
- 교직원의 대우(임금, 복지, 사회적 인식, 한족 학교와의 차이점)는?

② 동창회원, 재학생
- 언제 학교에 다니셨습니까?
- 당시와 관련한 학교생활 경험은 무엇입니까?
- 당시 가장 어려웠던 점은 무엇이었습니까?
- 당시 주변 상황은 어떠했습니까?
- 당시 생활은 어떠했습니까?
- 자신의 학생 경험에 관해 지금은 어떤 생각을 하고 있으십니까?

4. 현행 학교 현황

① 교장, 교직원
- 학생 수와 교원 수
- 학부모의 직업
- 학교 교과 편성과 운영
- 학생 모집 현황
- 교원 수급 현황
- 한국 초등학교와의 교류 활동
- 한국인 유학생 초청 활동
- 학교 특색 사업 강화 활동
- 민족 특색 교육 활동
- 민족교육의 목적(민족교육의 중요성에 대한 인식)
- 교직원 실태(근무 동기, 임금, 근무 환경 등)

② 학생, 학부모
- 학부모 실태(입학 동기, 학비 조달, 등하교 문제 등)
- 학생 실태(학교 수업 만족도, 진학 문제 등)
- 학교교육 환경 만족도(입학 자격, 학비, 교원 충원, 시설, 수업 운영 등)

• 학교 수업 만족도(만족하는 수업 프로그램, 바라는 수업 프로그램 등)
• 민족교육의 목적(민족교육의 중요성에 대한 인식)

5. 제언과 기대
• 자녀교육관은 무엇이며, 자식·후손들에게 바라는 바는 무엇입니까?
• 조선족 교육의 미래에 대해 어떻게 생각하십니까?
• 조선족 교육의 발전을 위한 발전 방안은 무엇이라고 생각하십니까?
• 중국 정부 및 한국 정부에게 바라는 바는 무엇입니까?
• 민족교육의 전망(민족교육의 방향, 중국 정부 및 한국 정부에 대한 요구사항)

부록 2

1948-2008년 장춘시 관성구조선족소학교 학교 규모

연도	학급 수	학생 수	교직원 수	졸업생 수
1948	1	18	1	-
1949	1	40	2	-
1950	4	91	3	-
1951	4	114	5	-
1952	5	116	6	-
1953	5	168	7	-
1954	5	168	7	-
1955	5	206	9	-
1956	8	336	12	-
1957	10	470	16	-
1958	10	470	18	-
1959	13	573	20	75
1960	14	718	24	66
1961	15	787	24	70
1962	17	796	30	85
1963	16	697	30	88
1964	18	790	32	150
1965	18	820	32	130
1966	19	881	32	-
1967	25	-	-	-
1968	25	970	36	-
1969	18	775	36	204
1970	12	541	27	105
1971	12	516	28	107
1972	12	466	27	90
1973	11	453	31	82
1974	11	422	33	128
1975	9	376	33	117
1976	9	-	33	93
1977	9	351	33	69
1978	9	303	34	28

1979	10	256	36	34
1980	8	195	36	56
1981	6	170	36	35
1982	5	129	37	36
1983	6	140	37	34
1985	6	177	38	22
1987	6	189	47	30
1988	6	202	50	21
1990	6	217	40	43
1991	6	224	37	36
1992	6	226	38	28
1993	6	278	50	39
1994	10	335	56	38
1995	10	348	57	50
1996	10	379	59	48
1997	10	387	62	60
2000	-	279	42	93
2003	-	261	40	60
2008	6	287	48	41

1945년~현재 장춘시 관성구조선족소학교 변천 일람

연도	교명	교지	교장	관리 기관	역사 배경
1945. 8. 15 ~1946. 4. 13	장춘 제1대한 국민학교	로송정 (舊 영락소학교 교사, 現 향항로 1호의 상해로 소학교 교사 1층/2층 동쪽은 동진중학교, 2층 서쪽은 정덕여자중학교)	鄭環禎(제3대) (광복전 제2대 교장 까지 있었음)	조선민회	국공 내전 이전 (국민당 점령)
1946. 4. 14 ~1946. 5. 23	장춘시 조선인민 소학교	상동 (동진중학교는 장춘시조선 인민중학교로 개명)	鄭環禎(제3대)	조선민회	국공 내전기 (공산당 점령)
1946. 5. 24 ~1948. 11. 14	장춘시 한국 교민학교	상동 1948. 10~1948. 11. 14. 신재춘 자택	미상 (1948. 3~7: 辛在春 주임) 1948. 8~10: 박선생(혹은 리주임) 1948. 10~11: 신재춘 주임	조선민회	국공 내전기 (국민당 점령)
1948. 11. 15 ~1949. 11. 30	장춘 사범학교 부속조선 소학반/장춘 사범학교 부속소학교 조선분교	상동 학생 수 감소로 교사가 장춘사범학교 기숙사가 됨 1949. 11: 청도로소학교	辛在春(분교주임) 학교 책임자는 해방군 156사 (조선인 구성 부대) 에서 파견해온 여군관 김 모	조선민회 시 교육국	
1949. 12 ~1950. 11.	장춘시 서5마로 완전소학교 조선반	1949. 12: 서5마로소학교로 이전	1951. 2까지: 金鍾大(대리교장)	조선민회 시 교육국	
1950. 12 ~1952	장춘시 제3구 조선소학교	민회사무청사 (상해로 26호, 現 조선족군중예술관)	1951. 3~1951. 12: 洪明哲(대리교장)	조선민회 시 교육국	인민 정부 시기 (공산당 해방)
1952 ~1953	52년: 장춘시시립 조선소학교/ 53년: 장춘시 조선소학교	상동 1953년: 오송로 옛 일본인 절 대정사(大正寺)로 이전	1952. 7: 林靑柏(제4대) (장춘시 교육국에서 정식 임명 후 파견)	조선민회 시 교육국	
1954 ~현재	54년: 제2구조선족 완전소학교 55년: 두도구 조선족 소학교 56년: 관성구 조선족 소학교	동5조가 서호통 13호 (舊 만철 창업관 옆)	1954~1959: 림청백 1959~1961: 李金燮 주임 1962~1992: 全哲范(제5대) 1993~2004: 金玉春(제6대) 2005~현재: 權紅(제7대)	조선민회 구 교육국	

삶의 행복을 꿈꾸는 교육은 어디에서 오는가?

미래 100년을 향한 새로운 교육

▶ 교육혁명을 앞당기는 배움책 이야기
혁신교육의 철학과 잉걸진 미래를 만나다!

핀란드 교육혁명
한국교육연구네트워크 총서 01 | 320쪽 | 값 15,000원

일제고사를 넘어서
한국교육연구네트워크 총서 02 | 284쪽 | 값 13,000원

새로운 사회를 여는 교육혁명
한국교육연구네트워크 총서 03 | 380쪽 | 값 17,000원

교장제도 혁명
한국교육연구네트워크 총서 04 | 268쪽 | 값 14,000원

새로운 사회를 여는 교육자치 혁명
한국교육연구네트워크 총서 05 | 312쪽 | 값 15,000원

혁신학교에 대한 교육학적 성찰
한국교육연구네트워크 총서 06 | 308쪽 | 값 15,000원

혁신학교
성열관·이순철 지음 | 224쪽 | 값 12,000원

행복한 혁신학교 만들기
초등교육과정연구모임 지음 | 264쪽 | 값 13,000원

서울형 혁신학교 이야기
이부영 지음 | 320쪽 | 값 15,000원

혁신교육, 철학을 만나다
브렌트 데이비스·데니스 수마라 지음
현인철·서용선 옮김 | 304쪽 | 값 15,000원

혁신교육 존 듀이에게 묻다
서용선 지음 | 292쪽 | 값 14,000원

다시 읽는 조선 교육사
이만규 지음 | 750쪽 | 값 33,000원

프레이리와 교육
한국교육연구네트워크 번역 총서 01
존 엘리아스 지음 | 한국교육연구네트워크 옮김
276쪽 | 값 14,000원

교육은 사회를 바꿀 수 있을까?
한국교육연구네트워크 번역 총서 02
마이클 애플 지음 | 강희룡·김선우·박원순·이형빈 옮김
352쪽 | 값 16,000원

비판적 페다고지는 세상을 변화시킬 수 있는가?
한국교육연구네트워크 총서 03
Seewha Cho 지음 | 심성보·조시화 옮김 | 280쪽 | 값 14,000원

마이클 애플의 민주학교
한국교육연구네트워크 번역 총서 04
마이클 애플·제임스 빈 엮음 | 강희룡 옮김 | 276쪽 | 값 14,000원

미래교육의 열쇠, 창의적 문화교육
심광현·노명우·강정석 지음 | 368쪽 | 값 16,000원

대한민국 교사, 어떻게 가르칠 것인가?
윤성관 지음 | 320쪽 | 값 15,000원

아이들을 어떻게 가르칠 것인가
사토 마나부 지음 | 박찬영 옮김 | 232쪽 | 값 13,000원

아이들의 배움은 어떻게 깊어지는가
이시이 준지 지음 | 방지현·이창희 옮김 | 200쪽 | 값 11,000원

모두를 위한 국제이해교육
한국국제이해교육학회 지음 | 364쪽 | 값 16,000원
2015 세종도서 학술부문

경쟁을 넘어 발달 교육으로
현광일 지음 | 288쪽 | 값 14,000원

독일 교육, 왜 강한가?
박성희 지음 | 324쪽 | 값 15,000원

대한민국 교육혁명
교육혁명공동행동 연구위원회 지음 | 152쪽 | 값 5,000원

▶ 비고츠키 선집 시리즈
발달과 협력의 교육학 어떻게 읽을 것인가?

 생각과 말
레프 세묘노비치 비고츠키 지음
배희철·김용호·D. 켈로그 옮김 | 690쪽 | 값 33,000원

 성장과 분화
L.S. 비고츠키 지음 | 비고츠키 연구회 옮김
308쪽 | 값 15,000원

 도구와 기호
비고츠키·루리야 지음 | 비고츠키 연구회 옮김
336쪽 | 값 16,000원

 관계의 교육학, 비고츠키
진보교육연구소 비고츠키교육학실천연구모임 지음
300쪽 | 값 15,000원

 어린이 자기행동숙달의 역사와 발달 I
L.S. 비고츠키 지음 | 비고츠키 연구회 옮김
564쪽 | 값 28,000원

 비고츠키 생각과 말 쉽게 읽기
진보교육연구소 비고츠키교육학실천연구모임 지음
316쪽 | 값 15,000원

 어린이 자기행동숙달의 역사와 발달 II
L.S. 비고츠키 지음 | 비고츠키 연구회 옮김
552쪽 | 값 28,000원

 비고츠키와 인지 발달의 비밀
A.R. 루리야 지음 | 배희철 옮김 | 280쪽 | 값 15,000원

 어린이의 상상과 창조
L.S. 비고츠키 지음 | 비고츠키 연구회 옮김
280쪽 | 값 15,000원

 수업과 수업 사이
비고츠키 연구회 지음 | 196쪽 | 값 12,000원

 연령과 위기
L.S. 비고츠키 지음 | 비고츠키연구회 옮김
336쪽 | 값 17,000원

▶ 평화샘 프로젝트 매뉴얼 시리즈
학교 폭력에 대한 근본적인 예방과 대책을 찾는다

 학교 폭력 어떻게 만들어지는가
문재현 외 지음 | 300쪽 | 값 14,000원

 아이들을 살리는 동네
문재현·신동명·김수동 지음 | 204쪽 | 값 10,000원

 학교 폭력, 멈춰!
문재현 외 지음 | 348쪽 | 값 15,000원

 평화! 행복한 학교의 시작
문재현 외 지음 | 252쪽 | 값 12,000원

 왕따, 이렇게 해결할 수 있다
문재현 외 지음 | 236쪽 | 값 12,000원

 마을에 배움의 길이 있다
문재현 지음 | 208쪽 | 값 10,000원

 젊은 부모를 위한 백만 년의 육아 슬기
문재현 지음 | 248쪽 | 값 13,000원

▶ 교과서 밖에서 만나는 역사 교실
상식이 통하는 살아 있는 역사를 만나다

전봉준과 동학농민혁명
조광환 지음 | 336쪽 · 값 15,000원

남도의 기억을 걷다
노성태 지음 | 344쪽 · 값 14,000원

응답하라 한국사 1·2
김은석 지음 | 356쪽·368쪽 · 각권 값 15,000원

즐거운 국사수업 32강
김남선 지음 | 280쪽 · 값 11,000원

즐거운 세계사 수업
김은석 지음 | 328쪽 · 값 13,000원

강화도의 기억을 걷다
최보길 지음 | 276쪽 · 값 14,000원

광주의 기억을 걷다
노성태 지음 | 348쪽 · 값 15,000원

**선생님도 궁금해하는
한국사의 비밀 20가지**
김은석 지음 | 312쪽 · 값 15,000원

교과서 밖에서 배우는 역사 공부
정은교 지음 | 292쪽 · 값 14,000원

팔만대장경도 모르면 빨래판이다
전병철 지음 | 360쪽 · 값 16,000원

빨래판도 잘 보면 팔만대장경이다
전병철 지음 | 360쪽 · 값 16,000원

영화는 역사다
강성률 지음 | 288쪽 · 값 13,000원

친일 영화의 해부학
강성률 지음 | 264쪽 · 값 15,000원

한국 고대사의 비밀
김은석 지음 | 304쪽 · 값 13,000원

조선족 근현대 교육사
정미량 지음 | 320쪽 · 값 15,000원

▶ 창의적인 협력수업을 지향하는 삶이 있는 국어 교실
우리말 글을 배우며 세상을 배운다

중학교 국어 수업 어떻게 할 것인가?
김미경 지음 | 332쪽 · 값 15,000원

토론의 숲에서 나를 만나다
명혜정 엮음 | 312쪽 · 값 15,000원

토닥토닥 토론해요
명혜정·이명선·조선미 엮음 | 288쪽 · 값 15,000원

이야기 꽃 1
박용성 엮어 지음 | 276쪽 · 값 9,800원

이야기 꽃 2
박용성 엮어 지음 | 294쪽 · 값 13,000원

인문학의 숲을 거니는 토론 수업
순천국어교사모임 엮음 | 308쪽 · 값 15,000원

▶ 4·16, 질문이 있는 교실 마주이야기
통합수업으로 혁신교육과정을 재구성하다!

통하는 공부
김태호·김형우·이경석·심우근·허진만 지음
324쪽 | 값 15,000원

내일 수업 어떻게 하지?
아이함께 지음 | 300쪽 | 값 15,000원

인간 회복의 교육
성래운 지음 | 260쪽 | 값 13,000원

교과서 너머 교육과정 마주하기
이윤미 외 지음 | 368쪽 | 값 17,000원

수업 고수들 수업·교육과정·평가를 말하다
박현숙 외 지음 | 368쪽 | 값 17,000원

도덕 수업, 책으로 묻고 윤리로 답하다
울산도덕교사모임 지음 | 320쪽 | 값 15,000원

체육 교사, 수업을 말하다
전용진 지음 | 304쪽 | 값 15,000원

교실을 위한 프레이리
아이러 쇼어 엮음 | 사람대사람 옮김 | 412쪽 | 값 18,000원

걸림돌
키르스텐 세룹-빌펠트 지음 | 문봉애 옮김
248쪽 | 값 13,000원

마음의 힘을 기르는 감성수업
조선미 외 지음 | 300쪽 | 값 15,000원

작은 학교 아이들
지경준 엮음 | 376쪽 | 값 17,000원

감성 지휘자, 우리 선생님
박종국 지음 | 308쪽 | 값 15,000원

주제통합수업, 아이들을 수업의 주인공으로!
이윤미 외 지음 | 392쪽 | 값 17,000원

수업과 교육의 지평을 확장하는 수업 비평
윤양수 지음 | 316쪽 | 값 15,000원
2014 문화체육관광부 우수교양도서

교사, 선생이 되다
김태은 외 지음 | 260쪽 | 값 13,000원

교사의 전문성, 어떻게 만들어지나
국제교원노조연맹 보고서 | 김석규 옮김 392쪽 | 값 17,000원

수업의 정치
윤양수·원종희·장군 지음 | 280쪽 | 값 14,000원

학교협동조합,
현장체험학습과 마을교육공동체를 잇다
주수원 외 지음 | 296쪽 | 값 15,000원

거꾸로교실,
잠자는 아이들을 깨우는 수업의 비밀
이민경 지음 | 280쪽 | 값 14,000원

교사는 무엇으로 사는가
정은균 지음 | 292쪽 | 값 15,000원

마을교육공동체란 무엇인가?
서용선 외 지음 | 360쪽 | 값 17,000원

21세기 교육과 민주주의
한국교육연구네트워크 번역 총서 05
넬 나딩스 지음 | 심성보 옮김 | 392쪽 | 값 18,000원

교사, 학교를 바꾸다
정진화 지음 | 372쪽 | 값 17,000원

함께 배움
학생 주도 배움 중심 수업 이렇게 한다
니시카와 준 지음 | 백경석 옮김 | 280쪽 | 값 15,000원

▶ 남북이 하나 되는 두물머리 평화교육
분단 극복을 위한 치열한 배움과 실천을 만나다

10년 후 통일
정동영·지승호 지음 | 328쪽 | 값 15,000원

선생님, 통일이 뭐예요?
정경호 지음 | 252쪽 | 값 13,000원

분단시대의 통일교육
성래운 지음 | 428쪽 | 값 18,000원

김창환 교수의 DMZ 지리 이야기
김창환 지음 | 264쪽 | 값 15,000원

▶ 출간 예정

근간 **입시혁명**
참교육연구소 입시연구팀 지음

근간 **교사를 세우는 교육과정**
박승열 지음

근간 **미국의 진보주의 교육 운동사**
윌리엄 헤이스 지음 | 심성보 외 옮김

근간 **공교육 혁신, 아이의 미래를 바꾸다**
홍섭근 지음

근간 **존 듀이와 교육**
한국교육연구네트워크번역총서 06 | 짐 개리슨 외 지음

근간 **조선근대교육의 사상과 운동**
윤건차 지음 | 이명실·심성보 옮김

근간 **민주시민을 위한 역사교육**
황현정 지음

근간 **한글혁명**
김슬옹 지음

근간 **경기의 기억을 걷다**
경기남부역사교사모임 지음

근간 **왜 학교인가**
마스켈라인 J. & 시몬 M. 지음 | 윤선인 옮김

근간 **함께 만들어가는 강명초 이야기**
이부영 외 지음

근간 **핀란드 교육의 기적은 어떻게 만들어지나**
Hannele Niemi 외 지음 | 장수명 외 옮김

근간 **민주주의와 교육**
Pilar Ocadiz, Pia Wong, Carlos Torres 지음 | 유성상 옮김

근간 **역사 교사로 산다는 것은**
신용균 지음

근간 **고쳐 쓴 갈래별 글쓰기 1**
(시·소설·수필·희곡 쓰기 문예 편)
박안수 지음(개정 증보판)

근간 **고쳐 쓴 갈래별 글쓰기 2**
(논술·논설문·자기소개서·자서전·독서비평·
설명문·보고서 쓰기 등 실용 고교용)
박안수 지음(개정 증보판)

근간 **어린이와 시 읽기**
오인태 지음

참된 삶과 교육에 관한
생각 줍기